Marie Jahoda
Rekonstruktionen meiner Leben

Europa neu erzählen

Marie Jahoda

Rekonstruktionen meiner Leben

Mit einem Essay
der Tochter Lotte Bailyn

Herausgegeben von Johann Bacher,
Waltraud Kannonier-Finster und Meinrad Ziegler

Edition Konturen
Wien · Hamburg

Gefördert von der Stadt Wien Kultur, Arbeiterkammer Wien, Arbeiterkammer Oberösterreich, Stadt Linz, dem Marie Jahoda-Otto Bauer Institut Linz und dem Linzer Hochschulfonds.

Bibliografische Information der Deutschen Bibliothek
Die Deutsche Bibliothek verzeichnet diese Publikation in der Deutschen Nationalbibliografie, detaillierte bibliografische Daten sind im Internet über http://dnb.ddb.de abrufbar.

Umschlaggestaltung: Michael Holzer
Umschlagbild: Marie Jahoda
Lektorat: Georg Hauptfeld und Evelyn Bubich

ISBN 978-3-902968-95-1

Druck: Druckerei Berger, 3580 Horn
Printed in Austria

Inhalt

Zwei Sozialforscherinnen

Marie Jahoda (1907–2001), in Wien geborene Sozialforscherin, wurde als Autorin – gemeinsam mit Paul F. Lazarsfeld und Hans Zeisel – der Studie *Die Arbeitslosen von Marienthal* weltweit bekannt.[1] In Österreich wird sie heute vor allem mit dieser frühen Arbeit aus dem Jahr 1933 assoziiert. Schon damals war ihr Anliegen eine empirische Forschung, die die realen Lebensverhältnisse der Menschen ernster nimmt als abstrakte Theoriegebäude und blindes Befolgen methodologischer Regeln. In vielen späteren Arbeiten plädierte sie für eine „lebensnahe Sozialforschung", die ihre Themen aus der Problematik der Gegenwart wählt. Eine solche Forschung „sucht nicht nach zeitunabhängigen Antworten, sondern erkennt die Zeitgebundenheit sozialen Geschehens und menschlichen Verhaltens. Sie will nicht beweisen, sondern entdecken; sie will das Unsichtbare sichtbar machen. Weil im sozialen Geschehen Dinge zählen, die nicht gezählt werden können, sind hier qualitative Methoden ebenso am Platz wie quantitative. Lebensnahe Studien haben ihre Probleme: Nicht nur sind sie mühsamer als Experimente im Laboratorium, sie bringen auch weniger Prestige und werden von manchen Theoretikern als unwissenschaftlich beiseite geschoben. Aber das tritt in den Hintergrund, wenn man einmal die tiefe Befriedigung erlebt hat, die von einer erfolgreichen lebensnahen Studie stammt, weil sie die Möglichkeit bietet, zur Bewältigung der Probleme der Gegenwart beizutragen."[2]

In den ersten drei Jahrzehnten ihres Lebens, die sie in Wien verbrachte, so erinnert sich Jahoda 1985, war sie auch gezwungen, mit Widersprüchen zu leben.[3] Wien sei nicht nur ein guter Boden für neue Ideen in Kunst, Politik und Wissenschaft, sondern auch für Nationalismus und Antisemitismus gewesen. Einer dieser Widersprüche, den sie als junge Frau besonders

---

1 Marie Jahoda, Paul F. Lazarsfeld und Hans Zeisel. 1975. *Die Arbeitslosen von Marienthal. Ein soziographischer Versuch über die Wirkungen langandauernder Arbeitslosigkeit*. Mit einem Anhang zur Geschichte der Soziographie. Frankfurt a. M.: Suhrkamp.
2 Marie Jahoda. 1994. *Dankworte zur Gastprofessur an der Universität Bochum. Rede zur Eröffnung der Marie Jahoda-Gastprofessur an der Ruhr-Universität Bochum am 4. November*. Unveröff. Manuskript. Archiv für die Geschichte der Soziologie in Österreich (AGSÖ), Nachlass Marie Jahoda.
3 Marie Jahoda. 1987. Rede bei einer Zeitzeugenveranstaltung anlässlich des 40. Geburtstages der 2. Republik 1985. In: *Zeitzeugen. Wege zur Zweiten Republik*, hrsg. Universität Salzburg und Landesstudie Salzburg des ORF, 133–144. Wien: Kremayr & Scheriau.

deutlich wahrnahm, war die tiefe politische Spaltung Österreichs in eine christlichsoziale und eine sozialdemokratische Weltanschauung. Sie selbst, so erzählte sie in dieser Rede, kam allerdings mit der Gedankenwelt der Christlichsozialen kaum in Berührung und wuchs nur in der sozialdemokratischen Hälfte des Landes auf. Die Idee eines demokratischen Sozialismus erlebte sie als lebensbereicherndes und identitätsformendes Ideal, aber eben als ein Ideal, das sich der Realität beugen musste: Auf das fortschrittliche *Rote Wien* folgten Austrofaschismus und der Einmarsch Hitlers in Österreich. Jahoda studierte in den 1920er Jahren an der Universität Wien Psychologie, heiratete den Psychologen Paul Lazarsfeld und brachte 1930 die gemeinsame Tochter Lotte zur Welt. Fester Bestandteil ihrer damaligen Lebensplanung, eingebunden in das reformerische Projekt der Sozialdemokratie, war es, eine politische Laufbahn einzuschlagen. In den wissenschaftlichen Ausbildungen als Psychologin und als Volksschullehrerin sah sie einen sinnvollen Schritt, sich für ihre Zukunft als Erziehungsministerin vorzubereiten. Die Realität der historischen Entwicklung durchkreuzte ihre Vorstellungen. Die Teilnahme am Kampf gegen den Austrofaschismus nach dem Februar 1934 machte sie 1936 zu einem politischen Häftling und zwang sie 1937, Österreich zu verlassen und nach England zu gehen. Damit verbunden war eine Trennung von ihrer Tochter, die sie dem mittlerweile in den USA lebenden Vater übergab. Erst acht Jahre später sah sie Lotte in New York wieder, die dort mittlerweile mit ihrem Vater und Herta Herzog, Lazarsfelds zweiter Frau, lebte. Die Verhältnisse im Nachkriegsösterreich und eine abweisende Haltung der österreichischen Sozialdemokraten hielten Jahoda davon ab, nach Österreich zurückzukehren. Sie konzentrierte sich nun auf eine Laufbahn als Sozialforscherin und Sozialpsychologin. Im Alter von 42 Jahren erhielt sie ihre erste akademische Anstellung und wenige Jahre später wurde sie Professorin für Sozialpsychologie an der New York University. Aber schon 1958 gab sie diese Position wieder auf und übersiedelte erneut nach England, um Austen Albu, einen Abgeordneten der Labour Party, zu heiraten. Ihre Erfolge in der akademischen Welt konnte sie in England wiederholen.

Die vorliegenden Erinnerungen erzählen vom Leben einer Frau, die die historisch gegebenen Grenzen dafür, was in einem weiblichen Lebensverlauf gelebt werden kann, gleich mehrfach überschritten hat. Manchmal geschah dieses Aufbrechen von Barrieren aus eigenem Antrieb, manchmal unter dem

Zwang historischer Umstände und politischer Verhältnisse. Jahodas Text ist keine systematische Autobiografie. Als sie daran zu arbeiten begann, wollte sie ihren Enkeln von ihrem persönlichen Werdegang erzählen: von den prägenden Einflüssen ihres familiären, kulturellen und politischen Umfeldes in Wien und – nach ihrer Vertreibung aus Österreich im Jahr 1937 – von vielfältigen Erfahrungen und sozialen Beziehungen, die zuerst in England, dann in den USA und letztlich wiederum in England aus ihr eine international anerkannte, politisch engagierte und kritische Sozialpsychologin machten.

In den letzten beiden Jahrzehnten ihres Lebens wurden zahlreiche Interviews mit Marie Jahoda aufgezeichnet und einige davon auch veröffentlicht. Die meisten dieser Gespräche fanden unter einem jeweils besonderen Interesse an ihrer wissenschaftlichen Arbeit oder ihren Erfahrungen als Zeitzeugin historischer Verhältnisse und Prozesse statt. So interviewte Mathias Greffrath sie 1979 als eine jener zahlreichen Sozialwissenschaftlerinnen, die vom Nationalsozialismus vertrieben wurden.[4] 1983 wurde ein Gespräch zwischen Jahoda und dem damaligen ORF-Journalisten Franz Kreuzer aus Anlass des 50. Jahres des Erscheinens der Studie *Die Arbeitslosen von Marienthal* im Fernsehen ausgestrahlt.[5] Jahodas Verständnis für Sozialpsychologie – ein Forschungsfeld, das sie deutlich von der Psychologie abgrenzt, weil die Sozialpsychologie den sozialen Kontexten des individuellen Verhaltens großes Gewicht einräumt – war 1986 Thema eines Gesprächs mit David Fryer.[6] 1987 thematisierte Christian Fleck in einem Interview vor allem die historischen Kontexte und methodologischen Aspekte der Marienthal-Studie.[7] 1996 erschien ein Artikel von Hans-Joachim Dahms, der weitgehend auf einem Interview aus dem Jahr 1992 beruht, über Jahodas Verhältnis zur Frankfurter Schule und ihre Rolle in dem Forschungsprojekt zur autoritären Persönlichkeit von Max Horkhei-

---

4   „Ich habe die Welt nicht verändert." Gespräch mit Marie Jahoda. In: *Die Zerstörung einer Zukunft. Gespräche mit emigrierten Sozialwissenschaftlern*, hrsg. Mathias Greffrath, 103–144. Reinbek bei Hamburg: Rowohlt.
5   Vgl. Gespräch mit Marie Jahoda. In: *Des Menschen hohe Braut – Arbeit, Freizeit, Arbeitslosigkeit*. Franz Kreuzer im Gespräch mit Marie Jahoda, fünfzig Jahre nach der Untersuchung „Die Arbeitslosen von Marienthal", hrsg. Franz Kreuzer und Marie Jahoda, 7–33. Wien: Deuticke.
6   David Fryer: The social psychology of the invisible: An interview with Marie Jahoda. *New Ideas in Psychology* 4(1): 107–118.
7   Auszugsweise in: Reinhard Müller. 2008. *Marienthal. Das Dorf – Die Arbeitslosen – Die Studie*. Innsbruck: Studienverlag: 365–369.

mer und Theodor W. Adorno.[8] Ihre Kindheits- und Studienerfahrungen in Wien standen bei einem Gespräch im Jahr 1996 mit Hubert Christian Ehalt im Vordergrund.[9] In den 1990er Jahren wurden auch zwei lebensgeschichtliche Interviews mit Marie Jahoda geführt. Steffani Engler und Brigitte Hasenjürgen veröffentlichten 1997 ein Buch mit Lebenserinnerungen Jahodas, das ein 1996 durchgeführtes Interview und ihren autobiografischen Text *Rekonstruktionen* enthielt.[10] Und schließlich erschien 1999 in der Wochenzeitung *Die Zeit* das Protokoll eines Gesprächs mit Miriam Gebhardt, in dem Jahoda entlang einer chronologischen Liste ausgewählter Lebensjahre über ihre persönlichen Erfahrungen und Eindrücke erzählte.[11]

Es ist ein Unterschied, ob eine Person gegenüber anderen auf Fragen zu ihrem Leben antwortet oder ob sie aus persönlichen Motiven ihre autobiografischen Erinnerungen für ihre Nachkommen rekonstruiert. In den Interviews spricht Jahoda über ihre politische Entwicklung, ihren wissenschaftlichen Werdegang und reflektiert historische Ereignisse und Brüche, die ihr Leben geprägt haben. In ihren autobiografischen Erinnerungen bilanziert sie nicht so sehr die äußere, öffentliche Seite ihrer Biografie, sondern thematisiert vor allem die vielfältigen, für sie bedeutsamen sozialen Beziehungen in ihrem wissenschaftlichen und familiären Umfeld.

Unsere Neuausgabe der *Rekonstruktionen* unterscheidet sich von der Veröffentlichung von 1997 in mehreren Punkten: Engler und Hasenjürgen übernahmen nur eine gekürzte Version der *Rekonstruktionen* in ihr Buch. Die vorliegende Ausgabe enthält erstmals den vollständigen Text in deutscher Übersetzung mit historischen Erläuterungen und bibliografischem Apparat. Darüber hinaus ergänzt sie Jahodas retrospektive Sichtweise in den Erinnerungen durch eine Auswahl von Briefen aus den Jahren 1939 bis 1948, eine Zeit, die wohl eine der schwierigsten Phasen ihres Lebens war. Die

8 Hans-Joachim Dahms. 1996. Marie Jahoda und die Frankfurter Schule. Ein Interview mit einem Epilog zum Verhältnis von Wissenschaft und Politik. In: *Jahrbuch für Sozialgeschichte 1994*, hrsg. Carsten Klingemann, Michael Neumann, Karl S. Rehberg, Ilja Srubar und Erhard Sölting, 321–356. Opladen: Leske + Budrich.

9 2008 erschienen in: *Ich stamme aus Wien. Kindheit und Jugend von der Wiener Moderne bis 1938*, hrsg. Hubert Christian Ehalt, 116–130. Weitra: Bibliothek der Provinz.

10 Marie Jahoda. 1997. *„Ich habe die Welt nicht verändert.“ Lebenserinnerungen einer Pionierin der Sozialforschung*, hrsg. Steffani Engler und Brigitte Hasenjürgen. Frankfurt/Main und New York: Campus.

11 Wie kommt man durchs Leben, Frau Jahoda? Protokoll Miriam Gebhardt. *Die Zeit* 1999, Nr. 24. https://www.zeit.de/1999/24/199924.gr._geschichte_j.xml

Briefe an Joseph Buttinger zeigen unmittelbar und dramatisch, wie Jahoda die Jahre des Krieges im englischen Exil erlebte und machen ihre Schwierigkeiten spürbar, sich nach der Zerschlagung ihrer politischen Ideale neu zu orientieren. Mit Walter Hacker korrespondiert Jahoda nach Kriegsende aus New York. Die Briefe zeigen einerseits ihr Bemühen, Familien in Wien mit Hilfspaketen zu unterstützen. Andererseits verdeutlichen sie die Missverständnisse, die ihre Erwägungen im Zusammenhang mit der Entscheidung, ob sie nach Österreich zurückkehren solle, provoziert haben. Jahoda wollte auf keinen Fall ohne Möglichkeit einreisen, das Land wieder verlassen zu können. Eine allfällige Rückkehr hätte auch bedeutet, sich neuerlich von ihrer Tochter Lotte trennen zu müssen.

Als Kontext zu Jahodas Lebenserinnerungen haben wir in den Band auch einen 1997 entstandenen Essay der Tochter Lotte Bailyn aufgenommen. Bailyn erzählt darin, wie sie in den Lebensgeschichten der Frauen ihrer eigenen Familie das Ringen um eine Balance zwischen beruflichen und privaten Ansprüchen und Verpflichtungen wahrnimmt.

Marie Jahodas *Rekonstruktionen* weisen im Vergleich mit anderen autobiografischen Texten drei besondere Eigenschaften auf: Bei der Rückschau über ihr Leben ist sie *erstens* ungewöhnlich kritisch und distanziert. Im Fall von persönlichen Erinnerungen können wir, so Jahoda, kaum von Wahrheiten sprechen. Unsere Erfahrungen und Erlebnisse spiegeln die Wirklichkeit nicht, sondern interpretieren sie. In der Rückschau re-konstruieren wir diese Konstruktionen. Das heißt, gegenwärtige Erinnerungen interpretieren vor Jahren Erlebtes im Lichte späterer Erfahrungen und Erkenntnisse, stellen damalige Ereignisse in andere Zusammenhänge. Unter Umständen fügen sie auch nur vermeintliche den realen Erfahrungen hinzu. Erinnerungen können irren, ohne dass sie deshalb schon als Lügen zu werten wären.

Als *zweite* Eigenschaft finden wir eine radikal anti-heroische Position. Jahoda verlässt mehrfach die Perspektive der linearen Erzählung und macht auf einer methodologischen Metaebene selbstreflexiv auf verborgene Fallstricke des autobiografischen Erzählens aufmerksam. Ihre Darstellung vermittelt nicht eine Lebensgeschichte, in der eine Autorin selbstbewusst ihr Leben meistert und zielstrebig Pläne entwickelt, verfolgt und umsetzt. Stattdessen nimmt sie gegenüber dem eigenen Leben eine sozialwissenschaftliche Haltung ein, reflektiert ihre Platzierungen und Deplatzierungen im sozialen Raum und berichtet, was sie aus dem gemacht hat, was die historischen und politischen Verhältnisse ihr zugemutet haben. Auf dieser Metaebene spricht sie auch ein Grundproblem jeder historischen Betrachtung an: Autobiografisches Schreiben neigt dazu, eine lineare kausale Ordnung zu konstruieren. In der Retrospektive werden nacheinander folgende Ereignisse logisch miteinander verbunden und erzeugen so eine Ergebniskette, die sich gewissermaßen als Notwendigkeit darstellt. Jahodas reflexiver Blick auf die eigene Biografie macht jedoch deutlich, dass sich ihr Leben an mehreren Wendepunkten aus Entscheidungen zusammensetzt, in denen alternative Möglichkeiten zurückgestellt oder verworfen wurden.[12] Ein in dieser Weise „ungelebtes Leben" begleitet jedes gelebte Leben.

Eine *dritte* Eigenschaft der *Rekonstruktionen* ist der mehrfache Wechsel von Zeitperspektiven. Besonders in Schlusspassagen des Textes thematisiert Jahoda drängende Probleme ihrer aktuellen Lebensumstände, die den Schreibprozess belasten. Die Leserschaft wird zum Zeugen, wie die 87-Jährige mit unabweisbaren Widrigkeiten des Alters kämpft.

Seit ihrem 70. Geburtstag, also seit 1977, trug sie sich mit dem Gedanken, autobiografische Erinnerungen zu verfassen. Erst 15 Jahre später hat sie tatsächlich begonnen, daran zu arbeiten. In den Jahren davor hätte sie dafür kaum Zeit gefunden. Zwei Buchprojekte, 30 Beiträge für fachwissenschaftliche Zeitschriften und Sammelwerke sowie zahllose Rezensionen und Vorworte dürften ihre Kapazitäten vollständig in Anspruch genommen haben.[13] Wir können davon ausgehen, dass der vorliegende Text zwischen 1992 und 1996 entstanden ist. Was Jahoda ursprünglich bewegt hat, die Arbeit an den *Rekonstruktionen* auf sich zu nehmen, beschreibt sie auf den ersten Seiten: die Lust am Schreiben und das Vergnügen, sich dabei nicht mehr den Zwängen von Systematik und wissenschaftlichen Regeln unterwerfen zu wollen. Diese Freiheit ist es, die Platz dafür macht, dass Jahodas literarische Fähigkeiten in dem Text zum Ausdruck kommen. Schriftstellerin und Lyrikerin zu sein, war eines jener ungelebten Leben, das in Jahodas bewegter und von historischen Brüchen gezeichneter Geschichte nur wenig eigenständigen Raum finden konnte; lebendig wird dieser Anspruch aller-

---

12 Thomas Fuchs. 2008. Das ungelebte Leben. In: *Leib und Lebenswelt. Neue philosophisch-psychiatrische Essays*, 221–238. Kusterdingen: Graue Edition.
13 Vgl. dazu das vollständige Schriftenverzeichnis in Marie Jahoda. 2017. *Lebensgeschichtliche Protokolle der arbeitenden Klassen 1850–1930. Dissertation 1932*. Mit einem Porträt über die Autorin von Christian Fleck, hrsg. Johann Bacher, Waltraud Kannonier-Finster und Meinrad Ziegler, 365–385. Innsbruck: Studienverlag.

dings in vielen ihrer empirischen Forschungsarbeiten, insbesondere in der Marienthal-Studie. Sie hat sich immer wieder dagegen gewehrt, als „Klassikerin" der Sozialforschung adressiert und für ihre wissenschaftliche Arbeit ausgezeichnet zu werden.[14] In einem um 1994 aufgezeichnetem Gespräch zwischen ihr und David Fryer wird sie gefragt, was sie denn ihrer Meinung nach hätte tun sollen, um anzuerkennen, dass sie eine „wirklich wertvolle Leistung" vollbracht habe. Ihre Antwort – nach einer langen Pause – lautete: „bessere Gedichte schreiben".[15]

Ab 1994 verschlechterten sich jedoch die objektiven Bedingungen für die Arbeit an ihren Erinnerungen. Dramatische Ereignisse im engsten familiären Umfeld und ihre gesundheitliche Verfasstheit zwingen sie, die Niederschrift des Textes mehrfach für mehrere Monate zu unterbrechen. Austen Albu erkrankte in seinen letzten Jahren an Alzheimer, wurde von Jahoda bis zu ihrer Erschöpfung zu Hause gepflegt und starb – nach der Verlegung in ein Pflegeheim – im November 1994. Etwas später erlitt Jahoda einen leichten Schlaganfall, der mit einer Beeinträchtigung ihres Sehvermögens verbunden war. Es war ihr kaum mehr möglich, das Geschriebene zu lesen. Das Schreiben wurde physisch zu einer Belastung. Unter diesen Umständen dürfte sie sich gezwungen gesehen haben, den Text vorzeitig abzuschließen. Im Wesentlichen bricht die Niederschrift ihrer Erinnerungen mit den Ereignissen in den 1960er Jahren ab. Von ihrem Neubeginn in England ab 1958, ihren Arbeiten am Brunel College und an der University of Essex sowie von den Jahren mit Austen Albu erfahren wir nur wenig. Die letzten Seiten konzentrieren sich auf das engere familiäre Umfeld, ihre Beziehungen zur Tochter Lotte und zu den Enkeln ihrer englischen Familie.

Im Herbst 2022 haben wir Lotte Bailyn, die in der Nähe von Boston lebt, besucht. Es gab damals bereits den Plan, Marie Jahodas *Rekonstruktionen* zu veröffentlichen, und wir hielten es für wichtig, das Konzept dafür mit Bailyn persönlich zu besprechen sowie die Freigabe der Rechte zu klären. Gleichzeitig wollten wir sie nicht nur als Jahodas Tochter, sondern auch als Sozialpsychologin und innovative Forscherin kennenlernen. Im Laufe

---

14 Vgl. dazu Christian Fleck. 1998. Marie Jahoda (geb. 1907). Lebensnähe der Forschung und Anwendung in der wirklichen Welt. In: *Frauen in der Soziologie. Neun Porträts*, hrsg. Claudia Honegger und Theresa Wobbe, 258–285 und 326–333. München: Beck, hier: Fn 17, 327.

15 *Interview with Professor Marie Jahoda*. Unveröffentlichtes Transkript, undatiert. Nachlass Marie Jahoda, 41/2.1., p 734–767. AGSÖ-Archiv für die Geschichte der Soziologie in Österreich, Univ. Graz.

der Gespräche tauchte irgendwann die Frage auf, ob Jahodas Memoiren aus den 1990er Jahren in der Familie etwas bewirkt hätten und ob es vielleicht auch von Lotte autobiografische Aufzeichnungen gebe. Nach anfänglichem Zögern stand Bailyn auf, verschwand für eine Weile und kehrte mit einer Printversion von *Four Generations: A Memoir of Women's Lives* aus dem Jahr 1997 zurück. Der Text sei, so erzählte sie, im Rahmen einer Gastprofessur am Radcliffe Public Policy Institute entstanden, bei der sie mit Studierenden über ihre Forschungen zum spannungsreichen Verhältnis von Arbeit und Familie in wirtschaftlichen Organisationen arbeitete. Zu den Verpflichtungen einer Gastprofessorin gehörte, jährlich einen öffentlichen Vortrag zu halten. Sie habe damals vermeiden wollen, den üblichen und erwarteten Überblick zu ihren Forschungsaktivitäten zu geben. Stattdessen entschloss sie sich, am exemplarischen Beispiel der Frauen der eigenen Familie über den historischen Wandel von weiblichen Lebenswegen zu sprechen.

Beim Lesen dieses Essays entstand die Idee, ihn als Ergänzung zu den Erinnerungen von Jahoda in das Buch aufzunehmen. In den *Rekonstruktionen* ist wiederholt von der Beziehung zur Tochter und dem inneren Zwiespalt die Rede, der damit verbunden war. Die Aktivitäten zur Unterstützung der Revolutionären Sozialisten in der Illegalität ab 1934 gingen nur schwer mit dem Leben einer alleinerziehenden Mutter zusammen. 1937 erzwangen die politischen Umstände eine für mehrere Jahre andauernde Trennung von Mutter und Tochter. Erst nach 1945, als Lotte bereits dem Kindesalter entwachsen war, konnten beide ihre Beziehung durch direkten Kontakt und Erfahrungen neuer Gemeinsamkeiten wieder entwickeln. Jahodas *Rekonstruktionen* durch Bailyns Text zu erweitern, erschien uns sinnvoll, weil dieser Hinweise darüber vermittelt, wie Leben und Arbeit der Mutter aus der Perspektive der Tochter wahrgenommen wurden.

In ihrem Essay rekonstruiert Lotte Bailyn die Lebenswege der vier Generationen von Frauen ihrer Familie nicht unter einer familiengeschichtlichen Perspektive. Ihre Fragestellung ist eine, die seit den 1970er Jahren Thema der Geschlechterforschung ist: Mit welchen Einschränkungen werden Frauen konfrontiert, wenn sie die häusliche Sphäre des familiären Umfeldes verlassen und sich mit ihren jeweiligen Fähigkeiten in Bereichen des wirtschaftlichen oder öffentlichen Lebens zu profilieren versuchen? Diese Einschränkungen haben sich in den letzten 100 Jahren verändert. Früher waren sie normativ geregelt und kulturell abgesichert. Diese Grenzen sind mittlerweile weitgehend eingerissen. Wir erleben auf der Ebene der Diskurse eine „rhetorische Modernisierung", die jedoch kaum mit einem Wandel in den gesellschaftlichen Praktiken verbunden ist.[16] Frauen stehen heute theoretisch viele Möglichkeiten offen. In der Praxis treffen sie allerdings auf betriebliche und organisatorische Strukturen, die es Beschäftigten schwer machen, neben ihren beruflichen Aufgaben und Anforderungen auch andere, familiäre und soziale Verpflichtungen wahrzunehmen.

Lotte Bailyns Fokus wird nachvollziehbar, wenn wir ihn zu ihrem wissenschaftlichen Hintergrund in Beziehung setzen. Sie ist Sozialpsychologin und Professorin emerita an der Sloan School of Management des Massachusetts Institute of Technology (MIT). Seit den 1970er Jahren forschte sie zur Entwicklung und zu Problemen weiblicher Berufslaufbahnen. 1990 war sie Mitglied eines Forschungsteams, finanziert von der Ford Foundation und geleitet von June Zeitlin und Rhona Rapoport, das mit Methoden der Aktionsforschung in drei verschiedenen großen Unternehmen der Frage nachging, ob und wie in einzelnen Abteilungen die Arbeitsläufe so moduliert werden können, dass sowohl persönlichen Bedürfnissen der Beschäftigten als auch sachlich arbeitsbezogenen Erfordernissen Rechnung getragen wird.[17] Gemeinsam mit Joyce Fletcher bearbeitete Lotte Bailyn diese Fragestellung in der Xerox Corporation. Das Projekt zeichnete sich in Abgrenzung zu traditionellen Praktiken der betrieblichen Frauenförderung durch einen grundlegend neuen Ansatz aus: Statt mit Maßnahmen zur individuellen Unterstützung der Beschäftigten bei familiären Verpflichtungen zu experimentieren, wurde versucht, unter Beteiligung der Beschäftigten Arbeitsabläufe und Arbeitszeiten im Sinn der doppelten Aufgabenstellung umzugestalten. Fokussiert wurden nicht jene Personen, die Probleme hatten, sondern Organisationspraktiken, die Probleme bereiteten. Bailyn erläutert die Logik des Projekts am Beispiel einer Fabel.

Diese handelt von einem Land, in dem kleinwüchsige Menschen leben. Dementsprechend waren Wohnhäuser und Betriebe gebaut: Tür- und Fensteröffnungen und Stühle sind so dimensioniert, wie es sich für die Bewohner des Landes als passend und angenehm erweist. Alles läuft gut, bis plötzlich

---

17 Vgl. dazu: Rhona Rapoport, Lotte Bailyn, Joyce K. Fletcher, Bettye H. Pruitt. 2001. *Beyond Work-Family Balance: Advancing Gender Equity and Workplace Performance*. Hoboken: Wiley.

große Menschen auftauchen, sich in dem Land niederlassen und Arbeit zu suchen beginnen. Die Neueinsteiger sind willkommen, haben jedoch große Probleme, die Eingangsportale der Firmengebäude zu benützen; ebenso stellt es sich für sie schwierig dar, von einem Büroraum in einen anderen zu gelangen. Was ist zu tun? Die Unternehmer haben eine einfache Idee: Wir lernen den großen Menschen, sich klein zu machen und zu bücken; dann werden sie fähig sein, durch die Türen zu kommen. Es gibt auch Bereitschaft, Zeitflexibilität einzuräumen, bis sich die Neuen an die besonderen Herausforderungen gewöhnt haben, die für sie in einem Land von kleinen Menschen bestehen. Die Reformer schätzen sich selbst als tolerant gegenüber allen ein, die einen Beitrag für das Land leisten möchten. Soweit die Fabel; sie macht deutlich, was getan werden müsste, um Gleichheit zwischen kleinen und großen Menschen herzustellen, nämlich die Schaffung neuer Strukturen, etwa durch eine Umgestaltung von Räumen.[18] Legen wir diese Erzählung auf eine Menschenwelt um, die weniger nach Körpergröße, sondern viel stärker nach Geschlecht ungleich ist. In dieser finden Frauen historisch gewachsene Strukturen in der Arbeitswelt vor, die für eine homogene Belegschaft – vollbeschäftigte Männer, in Privathaushalten von unbezahlter Arbeit ihrer Frauen versorgt – entwickelt und über Generationen aufrechterhalten wurden. Und was wird ihnen in dieser Umwelt geboten, um zu gleichen Chancen zu kommen? Es werden Trainings veranstaltet, um das Geschick zu fördern, sich durchzusetzen und sich zu bücken.

Auf das von der Ford Foundation finanzierte Großprojekt folgten viele kleinere. Nicht alle verliefen erfolgreich, aber in vielen Fällen war es tatsächlich möglich, Arbeitsplätze im Rahmen der doppelten Aufgabenstellung zu reorganisieren, also den betrieblichen Erfordernissen und ebenso den Bedürfnissen der Beschäftigten Genüge zu tun. Es gibt, so die Argumentation der Forscherinnen, Voraussetzungen dafür, dass entsprechende Reorganisationen funktionieren. Bailyn und Fletcher verweisen auf implizite kulturelle Überzeugungen in der westlichen Welt darüber, wie eine effiziente Organisation der Wirtschaft auszusehen habe.[19] Eine dieser Annahmen

---

18 Vgl. Lotte Bailyn. 2011. Redesigning work for gender equity and work-personal life integration. *Community Work and Family* Vol 14 (1): 97–112; DOI: 10.1080/13668803.2010.532660; Lotte Bailyn. 2006. *Breaking the Mold. Redesigning Work for Productive and Satisfying Lives.* Ithaka NY: Cornell University Press.
19 Lotte Bailyn and Joyce K. Fletcher. 2004. *Work Redesign: Theory, Practice, and Possibility.* MIT Sloan Working Paper 4470-04; http://ssrn.com/abstract=509762; download 9.11.2023.

spricht Bailyn am Ende ihres Essays an, die Vorstellung, wie eine ideale Arbeitnehmerin oder ein idealer Arbeitnehmer auszusehen habe. Sie oder er kennt keine anderen Verpflichtungen als jene, die im Zusammenhang mit der lohnabhängigen Beschäftigung wahrzunehmen sind. Diese Vorstellung wiederum ist eng mit der Annahme verbunden, die gesellschaftlichen Sektoren – Erwerbsarbeit auf der einen und Familie und privates Leben auf der anderen Seite – seien nicht nur Folge einer historischen Entwicklung des Kapitalismus, sondern auch essenziell widersprüchlich und deshalb notwendig getrennt voneinander zu organisieren. Die Position Lotte Bailyns, von der sie gegen Ende ihres Essays bei dem Kommentar zu den Aussichten der jüngeren Generationen ausgeht, lautet: Wenn es gesellschaftlich und kulturell nicht gelingt, mit diesen Überzeugungen zu brechen, dann wird es für Frauen und Männer auch zukünftig nicht möglich sein, ein Leben mit sowohl zufriedenstellendem beruflichen Engagement als auch mit tiefen familiären und sozialen Bindungen zu leben.

In aktuellen Debatten, die das konflikthafte Verhältnis zwischen Beruf und Familie thematisieren, wird überwiegend mit Begriffen wie „Balance" oder „Vereinbarkeit" argumentiert. Bailyn sieht diese Begriffe kritisch.[20] Sie würden unterstellen, dass Arbeit und Leben getrennte Bereiche seien, die in ein Gleichgewicht zu bringen wären. Eines der großen Probleme in dieser Frage sei aber, dass die Arbeit mehr und mehr in alle Lebensbereiche eindringe und diese Entwicklung brauche Widerstand und Wandel. Deshalb zieht sie den Terminus der Integration von Arbeit und Familie vor.

Lotte Bailyn und Marie Jahoda nehmen in ihren Forschungen eine kritische Haltung zu grundlegenden Fragen der Organisation gesellschaftlicher Arbeit ein. Jahoda versuchte wiederholt deutlich zu machen, dass es zu kurz greift, Arbeitslosigkeit, Verteilung der Arbeit und Arbeitsbedingungen als Themen der Wirtschaftspolitik oder des Arbeitsmarkts zu behandeln. Das Thema Arbeit ist Gegenstand der Gesellschaftspolitik. Sie verstand Arbeit als historisch gewachsene Institution der modernen Industriegesellschaften, die unterschiedliche soziale Gruppen zusammenbringt und damit Stabilität und Zusammenhalt der Gesellschaft fördern kann. Erwerbsarbeit, so argumentierte sie, stellt für Frauen und Männer einen Erfahrungsbereich dar, in

---

20 Vgl. Lotte Bailyn. 2022. Epilog. Erinnerungen an Wien. In: *Akteneinsicht. Jahoda in Haft*, hrsg. Johann Bacher, Waltraud Kannonier-Finster und Meinrad Ziegler, 235–237. Innsbruck: Studienverlag.

dem sie sich als soziale Wesen erleben können, die in kollektive Ziele und Anstrengungen eingebunden und anerkennungsfähig sind.[21]

Bailyn konzentriert ihre Kritik auf die Ignoranz der meisten Wirtschaftsbetriebe gegenüber den außerbetrieblichen sozialen Verpflichtungen ihrer Beschäftigten. Sie fordert, dass diese nicht mehr nur einfach als Arbeitskräfte wahrgenommen werden, sondern als Menschen mit einem äußerst komplexen Leben, in dem Arbeit zwar eine zentrale Aktivität darstellt, die aber nicht die einzige ist, mit der sie zurechtkommen müssen. Mit ihren empirischen Studien greift sie diese Problemlage in konkreten Betrieben auf, leitet sie also nicht von theoretischen Modellen ab. Wir haben eingangs auf Jahodas Konzept einer lebensnahen Sozialforschung verwiesen und können abschließend festhalten, dass auch Bailyn diesen Forschungsstil praktiziert. Natürlich haben sich die Arbeitswelten der industriellen Gesellschaften des Westens historisch verändert und damit auch die drängenden Probleme ihrer Organisation. Zu bestehenden Konfliktpunkten bildet sich in den letzten Jahren mehr und mehr eine zusätzliche soziale Problematik heraus, nämlich die Frage, wie die moderne Arbeitswelt strukturiert sein müsste, damit sie für Frauen und Männer gleichermaßen attraktiv und lebbar erfahren werden kann. Eine der Schlussfolgerungen, die aus der Arbeit von Jahoda und Bailyn gezogen werden kann, ist, dass sich die Arbeitskämpfe der Zukunft neben materiellen Werten vermutlich verstärkt um soziale und qualitative Werte wie Arbeitszeit- und Lebensmodelle drehen werden.

Beide Frauen sehen die kritische Auseinandersetzung mit gesellschaftlicher Organisation der Arbeit als Frage der sozialen Gerechtigkeit und nicht als Anliegen, das nur Frauen betreffen würde. Demnach liegen auch die Lösungen für diese Probleme in den Händen von Frauen und Männern der kommenden Generationen.

Johann Bacher, Waltraud Kannonier-Finster und Meinrad Ziegler

---

21 Marie Jahoda. 1983. *Wieviel Arbeit braucht der Mensch? Arbeit und Arbeitslosigkeit im 20. Jahrhundert.* Weinheim, Basel: Beltz; Marie Jahoda. 1984. Braucht der Mensch die Arbeit? In: *Leben wir, um zu arbeiten? Die Arbeitswelt im Umbruch*, hrsg. Frank Niess, 11–17. Köln: Bund-Verlag.

Rekon
struk
tionen

Rekonstruktionen

Marie Jahoda

Für meine Enkel Charles, John, Mike, Lucy, Tom, Susan und Ben
und für die Kinder, die sie sich wünschen

Eher beiläufig griff ich, um im Zug nach London etwas zu lesen zu haben, zu
Virginia Woolfs Erinnerungen, und es wurde eine folgenreiche Offenbarung.
Ich hatte fast vergessen, wie schön und wie bildkräftig ihre Sprache ist. In
meiner Erinnerung hatten die – auf ihre Weise faszinierenden – Produkte
der Bloomsbury-Industrie[1] Virginia Woolfs schöpferische Sensibilität ganz
überschattet.

Die Folge: Nach langem Hin und Her habe ich mich endlich doch entschlossen, einige meiner eigenen Erinnerungen zu Papier zu bringen. Begonnen hatte dieses Hin und Her im Jahr 1977, also vor 15 Jahren an meinem
70. Geburtstag, als Freunde mir nahelegten, eine Autobiografie zu schreiben
und zu veröffentlichen.

Das Verlockende daran: Im Alter, wenn die Vergangenheit so lang, die
Zukunft unbekannt kurz ist und die Gegenwart immer leerer wird an Freunden, Arbeit, Verantwortungen und Freuden, bietet die Beschäftigung mit
der Vergangenheit einen gewissen Ausgleich für diese Defizite. Schreiben ist
ein großer Teil und eine der größten Befriedigungen meines Arbeitslebens
gewesen. Dass ich beruflich noch irgendetwas Nennenswertes zu sagen
hätte, traue ich mir nicht mehr zu, aber ganz ohne Schreibprojekt fühle ich
mich wie im Entzug. Warum also nicht das eine Thema nehmen, in dem
ich gewissermaßen Expertin bin und sicher glaubwürdiger als irgendjemand
sonst, und ein Projekt daraus machen?

---

1   Die „Produkte der Bloomsbury-Industrie" stehen hier für die zahlreichen Arbeiten der
    Bloomsbury Group, einem Freundeskreis von englischen Kritikern und Schriftstellern,
    darunter auch Virginia Woolf, Verlegern, Malern, Wissenschaftlern und Philosophen, der von
    1907 bis etwa 1930 das intellektuelle Leben Londons prägte. Die Teilnehmer der Bloomsbury
    Group, so benannt nach einem Stadtteil Londons, wo auch Woolf wohnte, verfolgten alle auf
    ihre Weise das gleiche Ziel: die schärfere Durchdringung der Wirklichkeit. Vgl. Virginia Woolf.
    1993. *Augenblicke. Skizzierte Erinnerungen*. Mit einem Essay von Hilde Spiel, 212 ff. Frank-
    furt a. M.: Fischer.

Die Gegenargumente: Ich bin die Schlechteste nicht. Aber ich bin auch nicht so größenwahnsinnig anzunehmen, alles, was ich gemacht habe, wäre für Fremde interessant. Und auch weniger selbstkritisch betrachtet, ist meine Erinnerung kaleidoskopisch, unzuverlässig bei Datierungen und durchaus nicht wohlgeordnet. Ein Leben in drei verschiedenen Teilen der Welt hat den Verlust von Dokumenten, Tagebüchern und Briefen mit sich gebracht. (Selbst in meinem offiziellen Lebenslauf sind manche Daten nur Vermutungen, insbesondere was meine Aktivitäten in Österreich angeht.) Und ich bin nicht Virginia Woolf, bei der noch die winzigsten Erinnerungen an St. Ives bleibenden dichterischen Wert haben.[2] Handfeste Gründe also gegen eine Autobiografie.

In diesem Dilemma kam mir Virginia Woolf zu Hilfe. Ihre Erinnerungen wurden etwa 20 Jahre nach ihrem Tod veröffentlicht; sie schrieb sie nicht, um sie zu veröffentlichen, sondern für ihren Neffen Julian, der mehr über die Kindheit seiner Mutter wissen wollte. Ganz frei mischte sie Vergangenheit und Gegenwart, kümmerte sich nicht um Chronologie oder Daten, schrieb aus Lust am Schreiben und zur Erholung von ihren anderen Arbeiten. Und so will ich es auch halten: Dies hier ist nicht zur Veröffentlichung gedacht, sondern für die, die Lottes[3] Meinung nach ein Interesse daran haben könnten, es zu lesen. Von meinen Enkeln hat nur Michael mich gebeten, über mein Leben zu schreiben, aber auch die anderen möchten vielleicht eines Tages etwas darüber wissen. Werde ich die Wahrheit sagen, die ganze Wahrheit und nichts als die Wahrheit? Ich werde nicht lügen, fühle mich aber auch nicht verpflichtet, die ganze Wahrheit zu sagen. ‚Und nichts als die Wahrheit' – wer könnte dafür schon einstehen? Rekonstruktionen enthalten immer auch ‚Erfundenes' oder vielmehr Interpretationen im Lichte späterer Erfahrungen.

Um vorzuführen, wie bedenkenlos unsystematisch ich sein werde, hier die Geschichte, wie ich lernte, was dieser letzte Satz bedeutet: Vor vielen Jahren, als ich noch Studentin in Wien war, hatte ich eine schlaflose Nacht. Die Geschichte von der kleinen Meerjungfrau kam mir in den Sinn, die ich als kleines Kind vorgelesen oder erzählt bekommen hatte. In jener Nacht ließ ich sie in der totalen Tragödie enden: Alle Fischer, die die kleine Meer-

---

2   St. Ives ist ein Küstenort in der Grafschaft Cornwall, in dem Virginia Woolf mit ihrer Familie die Sommerferien verbrachte.
3   Gemeint ist Lotte Bailyn (geb. 1930), die Tochter von Marie Jahoda.

jungfrau ansahen, starben, weil ihnen der Anblick ihres von Verzweiflung entstellten Gesichts unerträglich war. Am nächsten Tag nahm ich Andersens Märchen zur Hand und entdeckte, dass es zwar traurig ausgeht, aber doch nicht ganz so hoffnungslos für die kleine Meerfrau. Ich verstand sogleich den Grund für meine falsche Rekonstruktion: Ich war damals unglücklich, fühlte mich verlassen und sah keinen Ausweg – zumindest nicht bei Nacht. Bei Tage merkte ich, dass ich auf eine Methode gestoßen war, wie man das Langzeitgedächtnis untersuchen konnte. Ich bat ein Dutzend junger Erwachsener, mir ihre Erinnerung an die kleine Meerjungfrau zu erzählen. Alles, was ich von dieser nie zu Papier gebrachten Studie noch weiß, ist, dass die redselige Liesl Zerner[4] meinte: „Ich kann mich nicht an viel erinnern, nur dass das Schlimmste war, dass man ihr die Zunge abgeschnitten hatte und sie nicht mehr reden konnte."

Als Lotte drei oder vier war, las ich ihr Andersens Fassung vor, aber als es der kleinen Meerjungfrau immer schlechter ging, fing sie an zu weinen. Töricht und ichbezogen, wie ich war, begriff ich nicht, dass auch sie sich verlassen fühlte.

Mein Vater, Carl Jahoda,[5] war der jüngste von fünf Brüdern. Sein Vater war Drucker und als junger Mann aus Böhmen, das damals noch zur österreichisch-ungarischen Monarchie gehörte, nach Wien gekommen. Diesen Großvater, den ich nie gekannt habe, stelle ich mir als *bon viveur* vor, als Liberalen, als agnostischen Juden, mit Familiensinn und einigermaßen erfolgreich, wenn auch nie wohlhabend.[6] Über meine Großmutter, eine geborene Buchheim, weiß ich wenig, nur über ihren Bruder etwas, der mit 18 in Budapest an der 1848er-Revolution teilnahm. Nachdem diese gescheitert war, floh er. Er wurde in Abwesenheit zum Tode verurteilt und schlug sich nach London durch, wo er im Laufe der Zeit am King's College Professor für Deutsch wurde.

Das Geld reichte nur für den Universitätsbesuch der beiden ältesten Söhne. Emil, der älteste, den ich als Onkel Doktor kannte, studierte Medizin. Er war beeindruckend und autokratisch, vergöttert von seinen adeligen

---

4 Elisabeth Zerner (1903–1983) ist Marie Jahodas Schwägerin, Paul F. Lazarsfelds Schwester.
5 Carl Jahoda wurde 1867 in Wien geboren und starb ebendort 1926.
6 Der Großvater väterlicherseits war Salomon Jahoda (1831–1905) und die Großmutter war Johanna Jahoda, geb. Buchheim.

und anderen Patienten, ein Amateurnaturforscher und -astronom. Rosi[7] war seine Lieblingsnichte, deren Interesse an der Biologie er als Erster weckte. Ich mochte ihn nicht und bewunderte ihn zugleich. Während er einmal schmerzhaft einen Abszess bei mir behandelte, prüfte er, ob ich meine unregelmäßigen lateinischen Verben konnte! Meine Mutter machte ihm trotzdem zum Dank sein Leibgericht – Karpfen in Aspik mit Mandeln –, und ich schrieb als Beilage zum Fisch einen lateinischen Vers mit einem Wortspiel über meinen Namen. Er hat meine Mühe nie gewürdigt, die etwa so lautete:

> Optimo medico quem tempora hodie noscent omnes gratiam dant, et Maria piscibus suis.
> [Dem besten Arzt, den die Zeiten heute kennen, danken alle, auch die Meere mit ihren Fischen.]

Während des Ersten Weltkriegs leitete er das Militärkrankenhaus, das in der Universität untergebracht war. Ich sehe ihn noch vor mir, wie er in seinem weißen Mantel oben an der Treppe steht, jeder Zoll der Chef, während meine Mutter die Treppe mit mir hinaufsteigt, damit er meinen Hals untersucht, großartig und achtunggebietend. Mit ihm als ältestem Bruder muss es nicht leicht gewesen sein. Mein Vater hat mir erzählt, wie dieser ihn immer mit dem Taschengeld hereinlegte. Emil brauchte gar nicht erst Gewalt anzuwenden, zumindest nicht oft, er musste nur die Liebe des Jüngsten zu diesem stattlichen großen Bruder ausnützen. Nur einmal erlebte ich Onkel Doktor von seiner sanften, liebevollen Seite. Als ich in den Wehen lag, fand er sich zu alt, um selbst Geburtshilfe zu leisten. Die Wehen zogen sich hin. Viele Stunden lang lag ich allein im Zimmer. Gelegentlich schaute eine Schwester herein, um mir zu versichern, dass außer Schmerzen nicht viel passierte. Dann kam er herein. Er setzte sich an mein Bett, hielt meine Hand. Er sagte nicht viel, aber sein Gesicht war voller Liebe, Verständnis und Mitleid mit mir und allen Frauen und ihren Leiden im Kindbett.

Zu Onkel Doktors 60. Geburtstag machte mein Vater ein Gedicht, das wir Kinder nach einer populären Melodie sangen; ich erinnere mich nur noch an einen Vers:

---

7 Rosi Kuerti (1905–2004), geb. Jahoda, ist Marie Jahodas ältere Schwester. Sie studierte Biologie und arbeitete als Lehrerin.

Astronomie betreibt er gern
mit Frau Stern, mit Frau Stern.

Frau Stern, eine hochintelligente Frau, war seine damals amtierende Freundin. Sie hatte mehrere Vorgängerinnen. Rückblickend erstaunt mich die unbekümmerte Offenheit, mit der über seine Affären gesprochen wurde. Ich wüsste gern, wie es seiner Frau bei unserem Auftritt ging. Seine Tochter Emma liebte ihn über alles; sein Sohn Ernst hasste ihn.

Er pflegte mit Freud im Kaffeehaus Tarock zu spielen und stand der Psychoanalyse aufgeschlossen gegenüber: Er wäre durchaus bereit, sagte er, einen Patienten zu Freud zu schicken, wenn er selbst mit seinem Latein am Ende wäre. Allerdings denke ich, dass er sich nie und nirgends mit seinem Latein so ganz am Ende fühlte. Er heilte auch Warzen mit Erfolg, indem er sie mit roter Tinte bepinselte.

Rudolf war der zweite Bruder. Er studierte Chemie, wurde Direktor einer Chemiefabrik, besaß mehrere Patente, unter anderem auf eine Farbe, die im Dunkeln leuchtete und wahrscheinlich den Krebs verursachte, an dem er am Ende starb. Vor allem aber war er Musiker, ein sehr fähiger Pianist, der Unterricht bei Brahms genommen hatte. Er war vollkommen anders als Emil: freundlich, sensibel und melancholisch. Er mochte mich sehr und ich ihn. Als Kind ging ich oft zu seinem Haus in Heiligenstadt,[8] vorbei an der Beethovenstatue im Park, immer gespannt, ob der Taktstock, den Beethoven in der Hand hielt, wieder einmal gestohlen worden war. Als ich mich an einem heißen Sommertag dem Haus durch den Garten näherte, drang aus den offenen Fenstern eine Etüde von Chopin. Wann immer ich sie jetzt höre, ergreift mich dieses Bild und diese Stimmung.

Bei Onkel Rudolf gab es regelmäßig Hausmusik, zu der auch alle Brüder und ihre Frauen kamen. Er saß am Klavier, seine Frau, Tante Pina, war die erste Geigerin; die anderen Spieler wurden unter jungen Konservatoriumsmusikern engagiert. In den 1950er Jahren veröffentlichte einer dieser jungen Männer, inzwischen auch schon in fortgeschrittenem Alter, ein Buch, in dem er einen solchen Abend in Heiligenstadt beschreibt. Er hatte meinen Onkel gebeten, einen jungen Freund zum Zuhören mitbringen zu dürfen. Dieser Freund war Adolf Hitler, der von der Zahl

---

8 Stadtteil Wiens im 19. Bezirk.

der Bücher im Hause und von dem guten Essen, das er bekam, sichtlich beeindruckt war.[9]

Ihr Leben lang standen sich die Brüder sehr nahe und setzten auch das gesellige Leben ihres Elternhauses fort. Jeden Samstag trafen sie und ihre Frauen sich in einem guten Restaurant. Sonntags fanden wir Kinder am Morgen kleine *petits fours*[10] an unseren Betten.

Aber als Emil und Rudolf junge Männer waren, ging nicht alles so problemlos. Sie hatten sich beide in dieselbe Frau verliebt. Pina war Italienerin. Warum sie Italien verlassen hatte, kam erst nach ihrem Tode heraus: Sie hatte dort ein uneheliches Kind zurückgelassen. Sie war eine faszinierende Person, begabt für die Musik und mehr noch in ihren Beziehungen zu Männern. Ihr Gesicht war eher fesselnd als schön, mit dunklen, funkelnden Augen, ihr Umgang mit jedermann, Mann, Frau und Kind, liebenswürdig und einschmeichelnd. Meine Mutter nannte es falsch. Sie hatte außerdem einen leichten Buckel. Gleichwohl brachte sie mit über 40 zwei Kinder zur Welt. Nach Rudolfs Heirat redeten die beiden Brüder einige Zeit nicht miteinander. Emil heiratete eine Angehörige des niederen Adels, eine schöne Frau, aber gelangweilt, ein wenig hochnäsig und für ein Kind wenig anziehend.

Der dritte Bruder, Georg, war in der Druckerei seines Vaters in die Lehre gegangen, die er schließlich übernommen und zu einem erstklassigen kleinen Verlag ausgebaut hatte.[11] Zu seinem wichtigsten Autor und zu seiner Obsession wurde Karl Kraus.[12] Nur ein obsessiv hingebungsvoller Verleger hätte angesichts von Karl Kraus' Charakter *Die Fackel* jahrein, jahraus

---

9 Diese Begegnung und andere Eindrücke aus dem damaligen Wien finden sich in Brigitte Hamann, Johannes Sachslehner und Oliver Rathkolb. 2022. *Hitlers Wien. Lehrjahre eines Diktators. Der Klassiker komplett neu bearbeitet.* Wien: Molden. Marie Jahoda ist auch als Zeitzeugin erwähnt.

10 Kleine Mehlspeise.

11 1893 gründeten Georg Jahoda und Emil Siegel die Druckerei Jahoda & Siegel in der Hinteren Zollamtsstraße 3, 1030 Wien. Als Georg Jahoda 1926 starb, führte sein Sohn Martin gemeinsam mit Emil und – nach dessen Tod 1934 – mit Friedrich Siegel die Geschäfte weiter. 1938 wurde das Unternehmen „arisiert". Martin Jahoda und Friedrich Siegel emigrierten 1938 in die USA.

12 Karl Kraus (1874–1936) war österreichischer Schriftsteller und ein emphatischer Sprach-, Kultur- und Gesellschaftskritiker. 1899 gründete er die Zeitschrift *Die Fackel*, in der er Missstände, Kulturfragen und das Zeitgeschehen scharfzüngig begleitete, meist in Form von satirischen Aphorismen, Epigrammen, Essays und Gedichten. Mit seinem Hauptwerk *Die letzten Tage der Menschheit* (erstmals 1918/19, publiziert als Sonderheft in *Die Fackel*) über den Ersten Weltkrieg beeinflusste er das epische Theater Bertold Brechts. Er ‚entdeckte' u. a. Oskar Kokoschka und Else Lasker-Schüler und grub den Dichter Johann Nepomuk Nestroy wieder aus.

ohne einen Druckfehler produzieren können. Der Verlag war beim Geschäft meines Vaters gleich um die Ecke, getrennt durch ein Café, in dem sich die beiden Brüder täglich zum Morgenkaffee trafen. Sie waren sich sehr nahe. Wir müssen nicht reden, pflegte mein Vater zu sagen, wir verstehen uns auch so. Kein Wunder, dass Karl Kraus auch unser Familiengott wurde. Erst als er im Jahre 1927, nachdem die Polizei 98 Menschen getötet hatte, die gegen den Freispruch von politischen Mördern demonstrierten,[13] in ganz Wien Plakate kleben ließ, auf denen stand: „Johann Schober (der Polizeipräsident), treten Sie ab!", gezeichnet von Karl Kraus, begann uns sein ungebremster Größenwahn zu irritieren. Ich war damals in der sozialdemokratischen Partei aktiv, für deren Veröffentlichungen Karl Kraus nur Verachtung übrig hatte.

Als mein Onkel starb, einen Monat vor meinem Vater, veröffentlichte Karl Kraus zum Gedenken an ihn ein schönes Gedicht. Georg und mein Vater waren beide Meister in einem weit verbreiteten Wiener Zeitvertreib: Reimereien zu jeder nur denkbaren Gelegenheit: Geburtstage, Hochzeitstage, alle möglichen Familienfeiern. Erst vor Kurzem bin ich dahintergekommen, wo diese Sucht vermutlich herkam – Goethe. Selbst in beiläufigen Gesprächen hatte jedermann Goethe-Zitate auf den Lippen. Als ich zum ersten Mal den *Faust* las, war ich ganz überrascht, dort zu entdecken, was ich für Familienweisheiten gehalten hatte. Vor Kurzem habe ich systematisch Goethes gesammelte Gedichte gelesen. Da gibt es gleich neben ein paar einmalig großen Gedichten einen Haufen Knittelverse, die im Vergleich mit den Familienversen keineswegs besser abschneiden.[14]

Der vierte Bruder, Edmund, war geistig zurückgeblieben. Er war freundlicher und liebesbedürftiger, als uns Kindern bei einem so fremdartigen Wesen geheuer war. Die Brüder sorgten sehr gut für ihn. Jahrelang verbrachte er die Sonntage mit uns. Seine nicht gerade perfekten Tischmanieren, zu denen meine Eltern keinerlei Kommentar duldeten, machten ihn uns noch fremder. Seine letzten zehn Jahre war er bei einer Bauernfamilie in Pension, wo er ein bisschen Landarbeit verrichtete. Ich glaube nicht, dass er unglücklich war.

---

13 Im Juli 1927 standen drei Männer aus dem Kreis der extremen Rechten vor Gericht, die Monate zuvor in Schattendorf, im Burgenland, bei einem Schusswechsel mit dem sozialdemokratischen Schutzbund einen Buben und einen Kriegsinvaliden erschossen hatten. Der Gerichtsprozess in Wien endete mit einem Freispruch. Bei Demonstrationen gegen dieses Urteil wurde der Justizpalast in Brand gesteckt. Die Polizei reagierte darauf mit äußerster Gewalt.
14 Ein Knittelvers ist eine deutsche Versart, die sich durch Paarreime auszeichnet.

Und dann mein Vater. Mit 14 kam er von der Schule, ging dann zwei Jahre auf eine Handelsschule und ...? Mehr weiß ich nicht. Mit Erstaunen stelle ich fest, wie wenig neugierig auf seine Jugend, seine frühen Ambitionen und Enttäuschungen ich gewesen sein muss. Ich fragte ihn nie danach, so als wäre er schon immer mein geliebter und bewunderter Vater und ich sein liebstes Kind gewesen. Ich mache also mit der Geschichte da weiter, wo er von sich aus erzählte. Zwischen 20 und 30 lebte er in Konstantinopel und arbeitete für eine Exportfirma. Von dort muss er auch sein fließendes Französisch und seine Belesenheit gehabt haben. Außerdem hatte er dort eine Liebste. Das weiß ich, weil ich nach ihr genannt wurde. Meine Geburt, die unter Onkel Doktors Aufsicht zu Hause stattfand, war für meine Mutter offenbar sehr schwer – und enttäuschend. Sie hatte bereits einen Sohn und eine Tochter geboren und hatte nun ihr Herz daran gehängt, dass ihr drittes Kind wieder ein Sohn sein würde. Als mein Vater sie fragte, wie ich heißen sollte, sagte sie: „Es ist mir gleich, es ist dein Kind." „Gut", sagte er, „dann nenne ich sie nach meiner ersten Liebe."

Nach Wien zurückgekehrt, machte er eine Firma für Ingenieurbedarf und Lithografie auf. Das Kapital dafür bekam er von einem Cousin, der auch sein nicht sehr konstruktiver, nicht sonderlich geliebter Partner in der Firma wurde. Ein Besuch dort war ein Fest. Man kam aus einem heißen Sommertag und tauchte ein in eine kühle Eingangshalle mit einem Fußboden aus großen flachen Steinplatten. Ich wäre zu gern barfuß darauf gelaufen. Oben waren das Büro meines Vaters und der geheimnisvolle Raum mit dem riesigen Lithografen. Ein großer Kolben bewegte sich langsam in einem Zylinder auf und ab, von dem ein dunkelblaues, mit etwas Rot gemischtes Licht ausging. Nach einer Weile spuckte er ein hellblaues Papier mit einer weiß ausgesparten technischen Zeichnung aus. Dort war auch Herr Hugo, Vaters rechte Hand, stets ehrerbietig, stets freundlich. 1938 entpuppte er sich als glühender Nazi und enteignete meinen Bruder Edi, der die Firma inzwischen übernommen hatte.

Ich sehe meinen Vater am Jahresende abends zu Hause am großen Esstisch arbeiten und *Bilanz* machen. Ellenlange Zahlenkolonnen mussten, selbstverständlich von Hand, in zwei verschiedenen Büchern zusammengezählt werden, und zum Schluss mussten sie bis auf den letzten Pfennig übereinstimmen; wenn nicht, musste er wieder von vorn anfangen. Wieder ein Abend ohne Schach mit Edi oder mir. Ich fand es pedantisch.

Wann und wo er seine schönen Gedichte schrieb, weiß ich nicht. Er las ‚ernste' Bücher, niemals Romane. Ernst Mach[15] beeindruckte ihn tief. Er wurde Mitglied der Mach-Gesellschaft[16] und lernte Josef Popper-Lynkeus[17] kennen, der sein bewunderter Mentor und Freund und unser zweiter Familiengott wurde. Die *Allgemeine Nährpflicht*, ein radikales Wirtschaftsprogramm zur Lösung der sozialen Frage durch eine Mischung von Staats- und Privatwirtschaft, regte meinen Vater zur Veröffentlichung eines Pamphlets an, in dem er einen seiner Ansicht nach praktikablen, nichtrevolutionären Weg zur Verwirklichung dieses großen Traums darlegte: Anstelle der Wehr-

15 Ernst Mach (1838–1916) war österreichischer Physiker, Psychologe, Wissenschafts- und Ideenhistoriker, ab 1895 Professor für Philosophie an der Universität Wien. Er gehörte zu den damals wenigen Philosophen, die nur an wissenschaftlich begründete Tatsachen glaubten: „Die Ansicht, welche sich allmählich Bahn bricht, dass die Wissenschaft sich auf die übersichtliche Darstellung des Tatsächlichen zu beschränken habe, führt folgerichtig zur Ausscheidung aller müßigen, durch Erfahrung nicht kontrollierbaren Annahmen, vor allem der metaphysischen (im Kant'schen Sinne)", so Mach in *Die Analyse der Empfindungen* (Vorwort zur 4. Aufl.), Jena 1903. Ernst Mach hatte über seine Tätigkeit an der Universität Wien einen nachhaltigen Einfluss auf die Kultur seiner Zeit, auf Schriftsteller wie Arthur Schnitzler, auf die weltanschaulichen Überzeugungen der Austromarxisten wie Otto Bauer und Friedrich Adler und Wissenschaftler wie Otto Neurath, die eine logisch-empirische Grundhaltung verband und die sich im Wiener Kreis zusammengeschlossen hatten. Vgl. Rudolf Haller und Friedrich Stadler (Hrsg.). 1988. *Ernst Mach – Werk und Wirkung*. Wien: Hölder Pichler Tempsky.
16 Gemeint ist der Allgemeine naturwissenschaftliche Bildungsverein Ernst Mach, kurz Verein Ernst Mach (VEM). Er bestand von 1928 bis 1934. Er ging auf die Initiative von österreichischen Sozialreformern zurück. Dieser Bildungsverein wollte durch Kurse, Vorlesungen und Führungen naturwissenschaftliche Kenntnisse verbreiten. Er stand damit ganz in der Tradition der Wiener Volksbildungsbewegung, die unter einer sozialdemokratischen Stadtverwaltung vielfältige Formen entstehen ließ und in der Marie Jahoda auch engagiert war. Die Wiener Volkshochschulen gehörten ebenso dazu wie die Arbeiterhochschule oder das Gesellschafts- und Wirtschaftsmuseum von Otto Neurath. Im Rahmen des VEM ist auch der Wiener Kreis mit Otto Neurath an die Öffentlichkeit getreten (vgl. Fußnoten 58 und 59).
17 Josef Popper-Lynkeus (1838–1921), Ingenieur, Schriftsteller, Volkswirt und Erfinder und ein enger Freund von Ernst Mach, war besonders prägend für die Familie Jahoda. Sein Erzählband *Phantasien eines Realisten* (1899) fand weite Verbreitung und Popper gewann in bildungsbürgerlichen Kreisen für seine sozialreformerischen Ideen Anhänger. Seine Werke *Das Recht zu leben und die Pflicht zu sterben* (1878) und die Weiterführung *Die allgemeine Nährpflicht als Lösung der Sozialen Frage, eingehend bearbeitet und statistisch durchgerechnet* (1912) sind für gesellschaftspolitische Diskussionen noch immer aktuell: „Der originellste Gedanke Poppers, der auch zu seiner Wiederentdeckung vor wenigen Jahren im Zusammenhang mit der Diskussion über garantiertes Grundeinkommen führte, war der des Rechts jedes Staatsbürgers auf das notwendige Mindestmaß an Nahrung, Kleidung und Wohnung. Verwirklicht sollte dieses Recht durch die Einführung einer ‚allgemeinen Nährpflicht' werden, worunter zu verstehen ist, dass jeder Bürger seine Arbeitskraft eine bestimmte Zeit lang der Allgemeinheit zur Verfügung zu stellen habe. Herausgelöst aus der normalen kapitalistischen Wirtschaft sollten in sozialisierten Betrieben jene Leistungen erbracht werden, die zur Sicherung eines lebenslangen Grundeinkommens für alle nötig waren", so Christian Fleck. 1994. Einleitung. In: *Marie Jahoda. Sozialpsychologie der Politik und Kultur*, hrsg. Christian Fleck, 7–47 (hier 9). Wien, Graz: Nausner & Nausner.

pflicht schlug er eine freiwillige Versicherung vor, um jedermanns Grundbedürfnisse nach vier Jahren Arbeit in staatlichen Unternehmen lebenslang zu decken. Er sah die Undurchführbarkeit seiner Idee rasch ein, wie ein langes Gedicht von ihm belegt, voll psychologischer Einsichten in den Neid, die Gier und die Dummheit, die eine vernünftige Lösung verhindern würden. Ich erinnere mich nur noch an die letzte Zeile: „Es wird die Nährpflicht an den Ochsen scheitern."

Unsere jungen Köpfe waren voll von Popper-Lynkeus' Humanismus. Am liebsten mochte ich die *Phantasien eines Realisten*, ein Buch, das Freud bewunderte.

Kurz vor Weihnachten 1926 wachten wir mitten in der Nacht vom Schrei meiner Mutter auf. Mein Vater hatte einen tödlichen Herzanfall erlitten. Er war 59 Jahre alt.

Meine Mutter war in Bezug auf ihr früheres Leben weniger zurückhaltend als er. Die Geschichte, die sie zu erzählen hatte, war bitter, und sie erzählte sie in Episoden ihr ganzes langes Leben hindurch. Geboren wurde sie in einer kleinen polnischen Stadt der österreichisch-ungarischen Monarchie. Als sie vier Jahre alt war, starb ihre Mutter im Kindbett. Es gab bereits vier kleine Kinder in der Familie. Ihr Vater, den sie nur noch einmal sah, etwa 40 Jahre später, war ein kleiner Gemischtwarenhändler mit unregelmäßigem Einkommen. Sie hatte kein gutes Wort für ihn. Der Tod seiner Frau, die wie so viele jüdische Mütter die Familie in diesen unsicheren Verhältnissen irgendwie über Wasser gehalten hatte, brachte ihn in eine elende Lage. Als er erfuhr, dass zwei Männer, die er geschäftlich flüchtig kannte, nach Wien fahren wollten, entschloss er sich zu einem verzweifelten Schritt und überredete die beiden, das kleine Mädchen mitzunehmen und bei entfernten Verwandten abzuliefern. Die Zugreise, sagte meine Mutter, dauerte 48 Stunden. (Warum so lange? Selbst für die 1880er klingt es übertrieben.) Für sie war sie ein einziges Trauma. Zwei Fremde, vor denen sie sich fürchtete und die vom Umgang mit Kindern nicht viel verstanden haben können. Sie traute sich nicht, sie zu bitten, sie zur Toilette zu bringen, und machte sich in die Hosen. Schmutzig und starr vor Angst wurde sie Tante Rauch in die Arme gedrückt.

Onkel Rauch war ein orthodoxer Jude, der mehr Zeit auf das Talmudstudium verwandte als darauf, seinen Lebensunterhalt zu verdienen, der wahrlich karg war. Tante Rauch steuerte das Ihre bei, indem sie für andere jüdische Familien wusch und nähte. Sie hatten vier eigene Kinder, zwei davon etwas älter als meine Mutter. Diesen Kindern war meine Mutter ein Dorn im Auge, ein weiteres hungriges Maul, das zu stopfen war, wo es doch manchmal „nicht mal für uns" reichte. Mit der Brutalität von Kindern, verschärft durch wirkliche Entbehrungen, verhöhnten sie sie jahrelang als Waisenkind, das nicht dazugehörte.

Wie überlebte sie menschlich? Zwei Dinge machten es möglich. Erstens Tante Rauch: Sie muss eine Heilige gewesen sein, begabt mit einer unerschöpflichen Liebesfähigkeit. Sie behandelte das kleine Mädchen nicht nur genau so, als wäre es ihr eigenes Kind, sondern mit jener besonderen Fürsorglichkeit, die sie intuitiv als notwendig erkannte. Das andere waren die natürlichen Gaben meiner Mutter: gesunder Verstand und zäher Überlebenswille, bei dem heranwachsenden Kind teilweise motiviert durch die Rache, die es an ihren Stiefgeschwistern nehmen wollte, indem es ihnen zeigte, was ein ungeliebtes Waisenkind erreichen konnte.

Sie war eine gute Schülerin. Sie verließ die Schule so früh wie möglich und nahm eine Stelle als Verkäuferin an. Mit 14 erlebte sie den ersten großen Triumph ihres Lebens: Sie überreichte Tante Rauch ihren ersten Wochenlohn. Abendkurse führten zu Sekretärinnen-Posten. Um 1900 bewarb sie sich auf eine Anzeige der Firma meines Vaters, in der ein Hilfsbuchhalter gesucht wurde, und wurde eingestellt. Zwei Jahre später waren sie verheiratet. Mein Vater, der 13 Jahre älter war, hatte sich in seine gut aussehende, temperamentvolle und kompetente Angestellte verliebt. Für sie war die Heirat zunächst vielleicht nur ihr Triumph über das Schicksal. Ihr persönliches Engagement kam, glaube ich, erst nach und nach.

Für die Rauchs, Eltern wie Kinder, hatte diese Heirat ebenfalls Folgen. Viele Jahre lang unterstützte mein Vater die Eltern finanziell. Meine Mutter ging sie einmal in der Woche besuchen. Ich kam nicht gern mit. Die dunkle Parterrewohnung war der Vierjährigen unheimlich. An der Wand hing ein Bild: eine Wüstenlandschaft, im Vordergrund ein Löwe, im Hintergrund eine blutrot untergehende Sonne. Es machte mir Angst. Trotzdem ging ich mit, bestochen von dem Wissen um einen Stand am Stadtbahnausgang, bei dem es winzigste Süßigkeiten in kleinen Streichholzschachteln zu kaufen gab.

Meine Mutter konnte wunderschön pfeifen. Als Mädchen wurde sie dafür gescholten. Pfeifen war ein Vorrecht der Buben. Ich bewunderte und beneidete sie, weil sie jede Melodie sofort behalten und perfekt wiedergeben konnte. Als ich im Gefängnis war,[18] verbrachte ich unzählige Stunden mit dem Versuch, mein eigenes Pfeifen zu verbessern – ohne Erfolg. Nicht die einzige Schlappe bei meinen Versuchen, Musik zu machen.

Vom Temperament her waren meine Eltern grundverschieden. Er war sanft, rational, ausgeglichen und kaum jemals zornig mit seinen Kindern. Sie war aufbrausend, intuitiv, launisch, schnell mit einer Ohrfeige bei der Hand, wenn wir Kinder uns stritten oder sonst irgendwelchen Unfug trieben, ohne dass sie sich die Mühe machte herauszufinden, wer der Hauptschuldige war, aber ebenso im Handumdrehen bereit zu vergeben und zu vergessen. Ich brauchte lange, um zu begreifen, dass nicht unbedingt alles, was sie in raschem Ärger sagte, auch so gemeint war. Eine lebhafte Erinnerung: Ich bin vielleicht drei oder vier Jahre alt und habe irgendetwas Schlimmes getan – keine Ahnung, was. Mutter, die gerade einkaufen gehen will, fühlt sich durch meine Ungezogenheit belästigt und ruft: „Du bist ein böses Mädchen, ich hab' dich nicht mehr lieb"; dann verlässt sie die Wohnung. Für mich geht die Welt unter. Ich stehe auf dem Fensterbrett, presse mich gegen das schützende Eisengitter und schreie: „Mutter, Mutter", verzweifelt, hoffnungslos.

Wir waren vier: Edi, geboren 1903; Rosi, geboren 1905; ich, geboren 1907; Fritz, geboren 1909, alle zu Hause von Onkel Doktor zur Welt gebracht; vier, wie von ihr geplant, nur dass ich die von ihr gewünschte Reihenfolge der Geschlechter durcheinanderbrachte: ein Bub, ein Mädchen, ein Bub, ein Mädchen. Ich meine, mich an den Tag zu erinnern, an dem Fritz geboren wurde, aber vielleicht ist das auch nur eine Familiengeschichte, die mir später erzählt wurde. Wir drei sind in einem vom Schlafzimmer meiner Eltern möglichst weit abgelegenen Zimmer. Edi und Rosi besprechen das bevorstehende Ereignis: „Wenn es wieder ein Mädchen wird, reißen wir ihm Arme und Beine aus und werfen es aus dem Fenster." Dann geht die Tür auf, und Onkel Doktor verkündet stolz, als wäre das Ganze sein Verdienst: „Kinder, ich habe euch einen Bruder gebracht." Selbst für ganz kleine Kinder waren Mutters Wünsche, Launen – gute wie schlechte – und Vorlieben nie ein Geheimnis.

Anfänglich war der Jüngste ihr Liebling, besonders nachdem seine musikalische Begabung offenbar wurde. Mit vier setzte er sich an den Flügel und

18 Marie Jahoda wurde am 27. November 1936 wegen ihrer Beteiligung am Widerstand gegen die von Engelbert Dollfuß errichtete autoritäre Diktatur verhaftet; davon wird im Folgenden noch die Rede sein.

spielte beidhändig *Die Mühle im Schwarzwald*, ein Lied, das das damalige Kinderfräulein bis zum Erbrechen geübt hatte. Als es der kleine Junge jetzt ohne Unterricht spielte, gewann es überirdische musikalische Qualität. Ich kann es immer noch singen. Das Entzücken meiner Eltern war grenzenlos. Unter der Anleitung meines Vaters hatte Mutters musikalische Bildung rasche Fortschritte gemacht. Jede Woche gab es Konzert- und Opernbesuche. Später zog die Hausmusik Scharen unserer jungen Freunde ins Haus, denen meine Mutter eine großzügige Gastgeberin war – es gab Schinkenbrote und Kaffee –, eine Vertraute und hilfreicher Beistand, wenn sie wegen der Konflikte in ihren strengeren Elternhäusern Beistand suchten.

In den frühen Jahren beanspruchte die Aufgabe, vier kleine Kinder in einer Wohnung im dritten Stock ohne Fahrstuhl großzuziehen, die ganze physische Kraft meiner Mutter, obwohl wir bis zum Ersten Weltkrieg zwei Hausgehilfinnen hatten. Sie ging einkaufen und kochte selbst, traf alle Entscheidungen im Haushalt und organisierte die jährlichen zweimonatigen Sommerferien – ein regelrechter Exodus in gemietete Häuser, in denen uns mein Vater an den Wochenenden und während seines eigenen einwöchigen Urlaubs besuchte. Und in den Wintermonaten bekamen wir dann gleichzeitig oder einer nach dem anderen eine ganze Serie von Kinderkrankheiten: Keuchhusten, Windpocken, Masern, ganz zu schweigen von Mittelohrentzündungen, Grippe, Erkältungen, blauen Flecken. Keine Waschmaschine, keine Zentralheizung, ein Kohleherd in der Küche, Kachelöfen in den anderen Zimmern; kein Telefon bis etwa 1919 (?) und kein Kühlschrank, aber in den heißen Sommern wurde ein riesiger Eisblock geliefert, der für den Eiskasten in Stücke gehackt werden musste.

Die scharfen Gegensätze des Kontinentalklimas machten jeden Wechsel der Jahreszeiten zu einem größeren Ereignis im Haushalt. Teppiche wurden ein- oder ausgerollt, Vorhänge gewechselt, Federkissen zwischen Doppelfenster gepackt oder weggenommen, Übergardinen auf- oder abgenommen, die Garderobe von uns allen ein- oder ausgemottet. Wie sie das alles schaffte, ist mir ein Rätsel. Jedenfalls überlebten wir alle in gediegenem Komfort der Mittelklasse. Doch Anfang 1914 war klar, dass sie eine Pause brauchte. Mein Vater hatte aus seinen Junggesellentagen noch Freundschaften mit Familien in Konstantinopel und arrangierte für sie eine Einladung für einen dreiwöchigen Besuch. Sie war im Geiste und diesmal auch im Handeln Feministin. Sie war empört darüber, dass sie, um einen Pass zu bekommen, die schriftliche Genehmigung ihres Mannes brauchte. Zur Bestürzung und vielleicht auch zum Neid dreier Schwägerinnen reiste sie allein im Orientexpress und ließ Mann und Kinder in der Obhut von Hausgehilfinnen zurück. Sie kam erholt zurück, voller Geschichten über tanzende Derwische und die Hagia Sophia, mit Bergen von Türkischem Honig und mit neuen Freunden. Gerade rechtzeitig, denn kurz danach kamen die schrecklichen Kriegs- und Nachkriegsjahre. Aber das ist eine Geschichte für sich.

Als wir zu Schulkindern und dann zu Studenten heranwuchsen – sie war es, die darauf bestand, dass die Mädchen die gleiche Ausbildung wie die Buben bekamen, während mein Vater der Meinung war, eines der Mädchen sollte zu Hause bleiben, um im Haushalt zu helfen –, kamen ihre besten Jahre. Sie hatte Spaß an ihrer Brut und deren zahlreichen Freunden, für die die Seidlgasse zum liebsten Treffpunkt wurde.[19] Wie Victor Grünbaum[20] sagte: „Wir lieben die Seidlgasse, nicht so sehr wegen der beiden Mädchen, als wegen der Mutter Jahoda."

Nach dem Tod meines Vaters wuchs ihre emotionale Abhängigkeit von ihrem ältesten Sohn. Sie nahm beängstigende Ausmaße an, als sie nach der Emigration gezwungen war, mit Edi und Susi und deren Sohn Franz in einem Haushalt zu leben. Zwischen ihr und Susi herrschte offene Feindseligkeit, die alle drei gelegentlich so tief unglücklich machte wie eine Familie in einem Stück von O'Neill.[21] Ich habe mich oft gefragt, ob nicht bei ihr mit dem Älterwerden die in ihrer frühen Jugend unterdrückte Bitterkeit durchbrach, die in Susi ein leichtes Ziel fand. Noch viele Jahre lang führte sie in Manhasset [New York] den Haushalt. Susi arbeitete als Sozialarbeiterin – sie wollte es so und war daher von der ihr eigentlich verhassten praktischen Tüchtigkeit und Klugheit meiner Mutter abhängig; sie fühlte sich als Außenseiterin im eigenen Heim.

Nach zwei Schlaganfällen mit über 80 verbrachte Mutter die letzten drei Jahre ihres Lebens in einem Pflegeheim. Ihr Erwachsenenverstand hatte sich verflüchtigt und mit ihm alle Bitterkeit, aller Hass und alle Eifersucht. Sie wurde wie ein Kind, entspannt, lächelnd, spielte Spiele mit ihren Kindern, die sie besuchten. Ich sah sie immer nur bei meinen jährlichen Besuchen in

---

19 Familie Jahoda wohnte damals in der Seidlgasse 22 im 3. Wiener Gemeindebezirk.
20 Victor Grünbaum (1903–1980) wurde nach seiner Flucht in die USA ein berühmter Architekt.
21 Eugene O'Neill (1888–1953), US-amerikanischer Dramatiker und Literaturnobelpreisträger.
   Er gilt als der Begründer des modernen amerikanischen Dramas.

den Staaten. Beim letzten Mal sagte sie: „Du siehst aus, als wärst du meine Mitzi." Sie starb im Schlaf.[22]

Im Herbst 1913 kam ich in die Volksschule, ganz erpicht auf den höheren Status, den Edi und Rosi bereits genossen, aber auch mit unguten Gefühlen, denn ich hatte bereits die Erfahrung gemacht, dass es peinliche Folgen haben konnte, wenn ich mich auf ihre Informationen über die gesellschaftliche Etikette in dieser neuen Welt verließ. Edi hatte gesagt: „Wenn du mit einem Lehrer sprichst, musst du aufstehen." Auf einer Zugfahrt im Jahr zuvor war meine Mutter mit einer Frau ins Gespräch gekommen, die sagte, sie sei Lehrerin. Sie fragte mich, wie ich hieße, ich kletterte von meinem Sitz herunter, antwortete, kletterte wieder hinauf; sie fragte, wie alt ich wäre, ich machte das Ganze noch einmal. „Sitz doch still", sagte meine Mutter. Und ich: „Aber sie ist doch eine Lehrerin." Brüllendes Gelächter im ganzen Abteil; Tränen und gekränkter Rückzug bei mir. Ob ich rot wurde? Wahrscheinlich, denn dass ich beim geringsten Anlass rot wurde, war meine Plage bis ins frühe Erwachsenenalter hinein. Als ich klein war, geschah es meist als Reaktion auf die Kommentare der Erwachsenen zu meinem Aussehen. Wenn ich wirklich wie auf jenem Gemälde ausgesehen habe, das mein Schwiegersohn Bud[23] so scheußlich findet, aber nicht beseitigen darf, müssen diese Kommentare im Kern auf Niedlichkeit hinausgelaufen sein, was irgendwie beleidigend war. Später wurde ich rot, wenn mir bewusst wurde, dass ich im Umgang mit manchen Leuten meine Gefühle und Gedanken verbarg – womit ich mich schrecklich verriet.

In der Schule herrschte strenge Disziplin. Die Pulte waren am Boden festgenagelt. Wir mussten mit geradem Rücken sitzen, die Finger beider Hände auf dem Pult, die Daumen darunter. Wenn man die Antwort auf eine Frage wusste, musste man den rechten Arm gerade in die Luft strecken, zwei Finger nach oben, die anderen zwei mit dem Daumen nach unten gedrückt. Körperliche Strafen gab es nicht, aber moralische Erniedrigung: Für schlechtes Betragen musste man in der Ecke stehen. Im ersten Jahr gab es einen Vorfall, der mich zum Guten wie zum Schlechten tief beeinflusste. Ich kann immer noch meine damaligen Gefühle nachempfinden, obwohl sie schwer zu beschreiben sind. Ein Gefühl der Überlegenheit über Fräulein

---

22 Betty Jahoda, geboren 1881, starb 1967 in New York.
23 Mit „Schwiegersohn Bud" ist Bernard Bailyn (1922–2020) gemeint, verheiratet mit Lotte Bailyn, und vormals Professor für Geschichte an der Harvard Universität, USA.

Hermann, die Lehrerin; ich verstand sie besser, als sie mich – Verachtung für die Macht? Moralische Feigheit? Hang zur Beschwichtigung? Stolz auf geheimes Wissen? Ich weiß es nicht. Folgendes war geschehen: Wir hatten als Hausaufgabe aufbekommen, einen Apfel aus Buntpapier auszuschneiden und in unser Schulheft zu kleben. Ich war nie besonders geschickt mit den Händen, aber ich machte es, so gut ich konnte. Fräulein Hermann fand meinen Apfel hervorragend. „Aber das hast du doch nicht allein gemacht, nicht wahr? Da hat dir doch deine Mutter geholfen", sagte sie. Ich hatte es allein gemacht und sagte das auch. Sie insistierte: „Wer hat dir geholfen?" Eine ganze Weile blieb ich standhaft. Sie sagte, Kinder, die lügen, könne sie nicht leiden, und es wäre noch nicht zu spät, die Wahrheit zu gestehen, sie wolle nur die Wahrheit. Sie wurde immer aufgeregter, ich langweilte mich bei dem sinnlosen Streit und sagte schließlich: „Meine Mutter hat mir geholfen." Weil ich ‚log', musste ich in der Ecke stehen. Währenddessen erklärte meine damals beste Freundin: „Mit Kindern, die in der Ecke stehen, gehe ich nicht." Nach der Schule holte meine Mutter mich ab; Fräulein Hermann erzählte ihr ihre Version des Vorfalls. „Aber ich habe ihr doch gar nicht geholfen", protestierte meine Mutter. „Also hat sie zum Schluss doch gelogen", sagte Fräulein Hermann, um sich für die unerfreuliche Szene, die sie gemacht hatte, zu rechtfertigen. Ich verzieh ihr nie.

Meine Mutter verzieh ihr. Fräulein Hermann wurde mehrmals zu einer guten Jause in die Seidlgasse eingeladen, genau wie Edis Lehrer, Herr Golling, eine Bohnenstange von Mann mit einem vorstehenden Adamsapfel, förmlich, steif und sehr beeindruckt von Edis intellektuellen Fähigkeiten.

Plötzlich durften wir nicht mehr „Guten Morgen, Herr Resch" zu dem Hausmeister sagen, der uns jeden Tag am Schultor empfing. Jetzt musste es „Gott strafe England" heißen, worauf er antwortete: „Er strafe es." Im Klassenzimmer sangen wir:

Grüß Gott sei unser deutscher Gruß,
Adieu lass weg beim Scheiden;
Auf Wiedersehn man sagen muss,
das Fremdwort zu vermeiden.
Verzeihung zur Entschuldigung sprich,
Sag nicht Pardon, dann lob ich dich.

Ein irrwitziger Chauvinismus hatte im ersten Kriegsjahr das Land ergriffen. Bei Kriegsausbruch waren wir in den Ferien, in Mondsee, glaube ich, ohne meinen Vater. Wir mussten unbedingt sofort nach Wien zurück. Aber die Züge waren nach längst vorliegenden Aufmarschplänen, die AJP Taylor[24] als Hauptgrund für den unmittelbaren Ausbruch von Feindseligkeiten darstellt, für Truppentransporte requiriert worden. Alle zivilen Fahrpläne waren außer Kraft. Edi, damals elf Jahre alt und sich seines Status als einzig verfügbarer Mann in der Familie voll bewusst, übernahm die Führung. Er ging zum Bahnhof, fand heraus, dass einige Truppentransportzüge auch Waggons für Zivilpersonen mitführten, überzeugte meine Mutter, dass wir zum Bahnhof gehen und auf eine Gelegenheit zum Einsteigen warten mussten, schaffte uns in ein überfülltes Abteil und schließlich nach Hause.

Noch einmal, zwölf Jahre später, übernahm er die Verantwortung für das Geschick der Familie, mit sehr viel höheren Kosten für ihn selbst. Mein Vater starb in der Nacht vor Edis Promotion. Er hatte in Göttingen, Heidelberg und Wien Physik studiert und war seiner Begabung wie seiner Neigung nach für eine akademische Laufbahn bestimmt. Jetzt musste er erst einmal die Angelegenheiten meines Vaters und die finanzielle Zukunft der Familie ordnen. Dabei stellte sich heraus, dass es schlecht um sie stand. Die große Inflation Anfang der Zwanzigerjahre hatte alle Ersparnisse meines Vaters aufgezehrt, einschließlich der vier Treuhandvermögen, die er für das Studium seiner Kinder angelegt hatte. Das Geschäft lebte von der Hand in den Mund, überschüssiges Kapital, das für die Erben hätte herausgezogen werden können, war nicht vorhanden. Dass das Geld zum Problem geworden war, hatte er auch vorher schon bemerkt: Taschengeld musste durch Stundengeben verdient werden; während Edi in Deutschland studierte, wurde sein Zimmer untervermietet; es gab keine Hausgehilfinnen mehr. Aber nur Edi übersah damals die Lage. Wenn er das Geschäft meines Vaters übernahm, konnte er hoffen, unseren Lebensstandard zu halten, sonst nicht. Also tat er es. Er war sehr erfolgreich, beson-

---

24 Alan John Percivale Taylor (1906–1990), britischer Historiker und Publizist, erforschte vor allem die Geschichte des 19. und 20. Jahrhunderts. Kritisch beurteilte er dabei die Rolle Deutschlands. Umstritten waren seine Thesen, dass für den Ausbruch des Zweiten Weltkriegs auch diplomatische Fehler der Alliierten verantwortlich gewesen seien. Vgl. Alan J. P. Taylor. 1961. *The Origins of Second World War*. New York: Simon & Schuster.

ders in den USA, wo er seine eigene, dem wissenschaftlichen Fortschritt angepasste und auf Gewinnbeteiligung beruhende Firma aufmachte. Nur einmal hörte ich von ihm das Eingeständnis, dass seine frühe Entscheidung ein Opfer für ihn gewesen sei. 1970 wurde bei Studentenunruhen der neue Konzertsaal des City College of New York zerstört, ein Gebäude, für das sich Fritz als Musikprofessor lange und hart eingesetzt hatte. Fritz war ganz verstört. Edi sagte: „Es gab eine Zeit, da habe ich dich um dein Akademikerleben beneidet; jetzt nicht mehr."

Zurück zur Schule und zum Krieg. Das Gebäude der Knabenschule war in ein Lazarett verwandelt worden. Also wechselten sich die Buben mit uns ab. Der alte Schultag dauerte sechs Stunden, vormittags von acht bis zwölf, nachmittags von zwei bis vier. Jetzt war er auf Vormittagsunterricht am einen Tag, Nachmittagsunterricht erst am nächsten Tag zusammengestrichen worden. Um 1916 herum schwand die Kriegsbegeisterung zusehends dahin. Die militärische Lage verschlechterte sich immer mehr, genau wie die Ernährungslage an der Heimatfront. Keine Kaisersemmeln mehr zum Frühstück, sondern Maisbrot. Eines Tages platzte meine Mutter mitten in den Unterricht herein, um mir mein Pausenbrot wieder abzunehmen: Sie hatte entdeckt, dass das Maisbrot voller Maden war. In Wien gab es keine Milch, keine Butter, keine Eier mehr. Meine Mutter fuhr aufs Land, wo die Bauern immer noch ansehnliche Vorräte hatten und sich mit Geld oder im Tausch gegen Schmuck und andere städtische Luxusgüter bewegen ließen, Schinken, Würste oder Eier herauszurücken. Von diesen Hamsterfahrten kam sie in der Regel triumphierend zurück. Sie nahm sie während der verheerenden Inflation der Zwanzigerjahre wieder auf, als Tauschhandel die Regel und Geld überhaupt nichts mehr wert war. Mit einem 1 Millionen Kronen-Schein wurde ich losgeschickt, um einen Laib Brot zu kaufen. Für das Papiergeld, das ich herausbekam, musste ich meine Schürze aufhalten. Bei irgendeiner Familienfeier gab es Verse, in denen alles aufgezählt wurde, was man im Tausch erworben hatte. Ich erinnere mich nur noch an:

Der Lieferant des Anthrazits
gegen einen Cercle-Sitz[25] (in der Oper).

25 Cercle-Sitze: die teuren ersten Reihen im Konzertsaal oder Theater.

1916 wollten alle nur noch Frieden, außer der autoritären Regierung, die immer noch vom Sieg redete. Um gegen Regierung und Krieg zu protestieren, erschoss Fritz Adler[26] den k. u. k. Ministerpräsidenten. Adler wurde auf der Stelle zum Volkshelden. Bei seinem Prozess 1917 hielt er eine tief bewegende Rede für den Frieden, die mit einem Freiligrath-Zitat[27] endete: „Denn sie töten den Geist nicht, ihr Brüder!" Die Rede wurde überall nachgedruckt. Ich habe immer noch eine Postkarte mit einem Foto von ihm. Adlers Rückhalt im Volk war so stark, dass die Regierung nicht wagen konnte, ihn hinrichten zu lassen. Die Revolution von 1918 befreite ihn aus dem Gefängnis. Durch Fritz Adlers Tat wurde ich bewusst zur Sozialistin, auch wenn der Boden bereits durch die Ideen von Popper-Lynkeus bereitet war, wie mein Vater sie uns vermittelt hatte.

Damals kannte ich Paul Lazarsfeld[28] noch nicht; persönlich stand er Fritz Adler, der ein enger Freund von Pauls Mutter war, viel näher als ich. Während Pauls Vater im Krieg war, adoptierte Paul Adler als Vaterersatz, wohnte seinem Prozess bei und korrespondierte während seiner Haft mit ihm.

26 Friedrich Adler (1879–1960) war, wie sein Vater Victor Adler, engagierter österreichischer Sozialdemokrat. 1916 ermordete er den österreichischen Ministerpräsidenten Karl Graf Stürgkh. Adler wurde zum Tode verurteilt, zu lebenslanger Haft begnadigt und nach dem Ende der Monarchie aus der Haft entlassen. 1923 bis 1940 war er Generalsekretär der *Sozialistischen Arbeiterinternationale*. Vgl. Johann W. Brügel (Hrsg.). 1967. *Friedrich Adler vor dem Ausnahmegericht, 18. und 19. Mai 1917*. Wien: Europa.
27 Ferdinand Freiligrath (1810–1876) war ein sozial engagierter deutscher Dichter und Verfechter der Revolution von 1848. Seine politischen Gedichte zwangen ihn mehrfach in die Emigration. Das Zitat ist dem Gedicht *Abschiedswort der Neuen Rheinischen Zeitung* entnommen (vgl. *Neue Rheinische Zeitung*, 19. Mai 1849).
28 Paul F. Lazarsfeld (1901–1976) war von 1927 bis 1934 mit Marie Jahoda verheiratet. Nach dem Studium der Mathematik arbeitete er zunächst als Gymnasiallehrer und später als Mitarbeiter von Charlotte Bühler, zuständig für Statistik in der Psychologieausbildung. 1931 gründete er die an die Wiener Universität angeschlossene Wirtschaftspsychologische Forschungsstelle. In diesem Rahmen entstand die Studie *Die Arbeitslosen von Marienthal*. Nach seiner Emigration in die USA wurde er als Vertreter einer methodologisch fundierten empirischen Sozialforschung international bekannt. Das Bureau of Applied Social Research führte fort, was mit der Wiener Forschungsstelle begonnen wurde. Darüber hinaus wurde Lazarsfeld bekannt wegen seiner Studien über Medienwirkung, politische Meinungsbildung und Möglichkeiten und Grenzen angewandter Sozialforschung. Vgl. Paul F. Lazarsfeld. 2008. Eine Episode in der Geschichte der empirischen Sozialforschung (erstm. 1968). In: Wolfgang Langenbucher (Hrsg.). *Paul F. Lazarsfeld – Leben und Werk. Anstatt einer Biografie*, 22–92. Wien: Braumüller.

1918 war dann auch ich eines von Wiens unterernährten Kindern, denen die Quäker[29] zu Hilfe kamen. In der Schule bekamen wir Porridge. Es dauerte ein Weilchen, bis wir begriffen, dass die netten englischen Damen uns nicht Quäker zu essen gaben und nicht Porridge hießen. Englisch war noch nicht die *lingua franca*. Mein Vater sprach fließend Französisch. Eine Freundin von ihm, Mademoiselle Lebell, gab uns Privatstunden. Sie blieb oft zum Abendessen und plauderte dann so schnell auf Französisch mit ihm, dass ich kein Wort verstand. Sie betrachtete mich als hübsch und dumm und sagte das auch laut in meiner Gegenwart. Ich hasste sie. Rosi mit ihrer geradezu unheimlichen Sprachbegabung war ihr Liebling.

Als ich etwa 14 war, kam anstelle von Mademoiselle Lebell (Warum? Ging sie aus Wien weg? Ich weiß es nicht.) Dr. Dimant als unser privater Sprachlehrer. Er war ein älterer Herr, und ich liebte ihn. Er konnte viele Sprachen, half Fritz bei Latein, gab Rosi (oder Edi?) Italienischunterricht und brachte als Text für meine Französischstunden Hefte von *La Vie Parisienne* mit. Meinerseits war diese Liebe nicht ganz ‚unschuldig‘, aber er war leider ein vollendeter Gentleman.

Meine ganze Kindheit hindurch war mir deutlich bewusst, dass ich in einer anderen Welt lebte als die Erwachsenen und selbst als meine Geschwister. Fritz war mein erster Spielkamerad. Sobald ich zur Schule ging, spielten wir am liebsten Schule, und ich war die Lehrerin. Aber bald zog ihn seine musikalische Begabung von mir fort. Ich sehe noch eine Szene vor mir – ich weiß nicht, ob sie wirklich stattgefunden hat oder ob ich sie erfunden habe –, wo ich ganz verzweifelt unter dem Flügel sitze, während er spielt und der Rest der Familie bewundernd um ihn herumsteht.

Ich hielt mein Gefühl des Andersseins geheim wie einen Schatz, war mir aber auch bewusst, wie kindisch es war, dass ich mich nicht mitteilen konnte und Angst hatte, ausgelacht zu werden, wenn ich es versuchte. Mit etwa vier wusste ich, welcher Schuh an welchen Fuß gehört. Ich wurde gefragt, woher ich das wusste. Ich wollte nicht sagen, dass die Form des Schuhs zur Form

---

29 Die Quäker sind eine im 17. Jahrhundert in England entstandene christliche Religionsgemeinschaft. Sie verzichten auf ein dogmatisches Lehrgebäude und eine hierarchische Organisation und glauben an die Gleichheit aller Menschen, auch im Hinblick auf die Rechte der Frauen. Eine entscheidende Rolle spielten die Quäker bei der Abschaffung der Sklaverei in den Vereinigten Staaten und bei der Gefängnisreform in England. Die Hilfskomitees der amerikanischen und englischen Quäker erhielten 1947 den Friedensnobelpreis u. a. für die von ihnen organisierten Speisungen der notleidenden Bevölkerung nach den Weltkriegen.

des Fußes passte; ich wusste, das war ein primitiver kindischer Trick, während die Erwachsenen über irgendein großartiges, abstraktes Prinzip verfügten und unmöglich nur nach dem Augenschein urteilen konnten.

Die Seidlgasse hatte ein einigermaßen großartiges Haustor, beide Flügel verziert mit dem geschnitzten Kopf eines brüllenden Löwen. Ein Kindermädchen hatte uns gesagt, man dürfe dem Löwen nicht die Finger ins Maul stecken – er könnte beißen. Mir kamen Zweifel. Sollte ich Edi oder meine Eltern fragen? Aber wenn es stimmte, würden sie mich ausschimpfen, weil ich Zweifel hatte; wenn es nicht stimmte, könnte ich ausgelacht werden. Meine Zweifel konnten nur per Experiment behoben werden. Die Gelegenheit kam, als meine Mutter in der Nähe stand und mit irgendjemandem redete – eine notwendige Experimentalbedingung für den Fall, dass ich Hilfe brauchte. Ich nahm allen Mut zusammen, reckte mich und steckte dem Löwen einen Finger ins Maul. Er biss nicht.

Erst später stellte sich mir die Frage, warum ich so anders war. Ich hatte die übliche Fantasie, ich wäre ein Stiefkind, aber ich kann mich nicht erinnern, ob ich mir eine bestimmte Herkunft zusammenträumte. Sehr wohl erinnere ich mich aber, dass ich meine geheime Welt mit einem 18-jährigen Freund bevölkerte; ich war damals vielleicht neun oder zehn. Ich ging so weit, das Kindermädchen zu fragen, ob ich ihm zum Geburtstag ein Taschentuch schenken sollte. „Nein", sagte sie, „denk dir was Hübscheres aus." Ich war alt genug, um zu wissen, dass ich mir die Dinge nur ausdachte. Aber sie fühlten sich so real an. Es war nur ein kleiner Schritt zu dem Gedanken, dass ich mir vielleicht die ganze Welt nur ausgedacht hatte, dass nichts wirklich und alles nur in meinem Kopf war. Wenn ich auf der Straße ging, machte ich schnell einen Schritt zurück, halb erwartend, gleich ins Leere zu treten, aber nie war ich schnell genug. Auch jetzt noch, fast 80 Jahre später, gibt es Augenblicke, in denen der Unterschied zwischen Wirklichkeit und Fantasie verschwimmt. Tagtraumbilder tauchen auf von Begegnungen, Landschaften, Häusern, von denen ich nicht sagen kann, ob sie Erinnerungen sind, Erfindungen oder Visualisierungen von Dingen, die ich gelesen habe.

Mein frühes Gefühl des Andersseins entwickelte sich bald zu dem Wunsch, anders zu sein, insbesondere anders als meine Mutter, deren ungebremste Äußerungen von Liebe oder Zorn ich missbilligte. Gefühle sollte man für sich behalten, sie gehörten zu der eigenen, geheimen Welt. Der

Wunsch wurde zur Gewohnheit. Bis ins frühe Erwachsenenalter hinein war ich unfähig, Gefühle in Worte zu fassen. Dies war einer der Gründe für das Scheitern meiner ersten Ehe [mit Paul Lazarsfeld]. Es war auch das Hauptproblem während meiner Psychoanalyse bei Heinz Hartmann.[30]

In der Kindheit erreichte dieses Unvermögen einen kritischen Punkt, als meine Mutter als Geschenk zu meinem 13. Geburtstag mit mir ins Burgtheater zu *König Lear* ging. Ich war von Cordelias Schicksal so bewegt, identifizierte mich so sehr mit ihr, dass es mir die Sprache verschlug.[31] Als sie fragte, wie es mir gefallen hätte, konnte ich nicht antworten. Sie interpretierte das als Verstocktheit und sagte es auch. Es war ein fürchterlicher Heimweg. Jahre später ging sie in die Oper, um sich Richard Strauss' *Elektra* anzuhören, bestimmt nicht lustiger als *König Lear*, aber als sie nach Hause kam, hatte das Erlebnis sie in Hochstimmung versetzt; da beneidete ich sie um die Leichtigkeit, mit der sie sich mitteilen konnte. Wir lachten mit ihr über ihre Begeisterung.

Das ernste Geschäft, ein Kind mit Geheimnissen zu sein, war damit vermischt, einfach ein Kind zu sein. Wir stritten uns – Fritz schrieb meinen Eltern an einem Samstagabend, als sie ausgegangen waren, einen Zettel, auf dem stand: „Die Mädchen sind Furien", feierlich unterschrieben: Fritz Jahoda. Aber wir spielten auch unzählige Spiele, wie Domino, Halma, Mikado, Komponisten-, Schriftsteller-, Erdkundequartett (was Spaß machte, obwohl es pädagogisch wertvoll war), Ratespiele, selbst erfundene Spiele mit und ohne unsere Eltern. An Donnerstagabenden wurden uns Mädchen die Haare gewaschen, und wenn wir die Prozedur ohne Weinen über uns ergehen ließen, bekamen wir ein Himbeerbonbon. Ich glaube, wir bekamen es auch, damit wir zu weinen aufhörten. Zum Glück war Konsequenz nicht gerade eine Stärke meiner Mutter.

---

30 Heinz Hartmann (1894–1970) war bis zu seiner Emigration Psychoanalytiker in Wien und Berlin. Die Emigration führte ihn auch nach New York, wo Marie Jahoda ihn wieder traf. Sein Werk *Ich-Psychologie und Anpassungsproblem* (1939) ist in mehrere Sprachen übersetzt worden.
31 Cordelia ist die jüngste von drei Töchtern König Lears. Dieser möchte wegen seines hohen Alters das Königreich an seine Töchter verteilen. Scheinheilig beschwören die beiden älteren Töchter aus diesem Anlass die Liebe zum Vater. Cordelia spricht ehrlich von ihren Gefühlen für den Vater, sie seien „gemäß meiner Bindung", nicht mehr und nicht weniger. König Lear enterbt und verbannt Cordelia. Dem nachfolgenden Kampf um Einfluss und Herrschaft fallen alle drei Töchter zum Opfer. In dramatischen Schlussszenen erkennt der geschlagene Lear seinen Fehler und verzweifelt daran, Cordelias Tod noch überleben zu müssen.

Silvester spielten wir Bleigießen und lasen die Zukunft für das nächste Jahr aus dem Blei, das wir über einer Kerze zum Schmelzen brachten, in kaltes Wasser gossen und zu seltsamen Formen erstarren ließen, die wir als Symbole künftiger Ereignisse deuteten. Und erst die wunderbaren Sommerferien in Lilienfeld, Zöbring, Johannesbad, Taxenbach, Ehrwald, Gries am Brenner, die wir in der Regel zusammen mit Vettern und Cousinen oder irgendwelchen Freunden von uns Kindern verbrachten, die meine Mutter eingeladen hatte: Schwimmen, Bergsteigen, Beerenpflücken, Ballspiele auf einem Hochplateau oben in den Bergen, Radfahren und, wenn es regnete, Geschichtenerzählen. Mit all diesen Ferien verbinden sich ganz besondere Erinnerungen, aber jetzt bin ich – wie damals – ungeduldig, mit meinem Leben voranzukommen. Vielleicht tauchen sie später in einem anderen Zusammenhang noch einmal auf.

Sobald ich konnte, fing ich mit dem Lesen an, las wahllos jedes Buch, das mir in die Hände fiel, und oft, weil ich eigentlich schlafen sollte, mit der Taschenlampe unter der Bettdecke. Den Anfang machten die Abenteuergeschichten von Karl May. Hadschi Halef Omar Agan, dessen wundervoller Name mir geblieben ist, er muss aus einer bereinigten Version von *1001 Nacht* stammen; Robinson Crusoe und Selma Lagerlöf; später Hermann Hesse und Gerhart Hauptmann; *Der Kleine Eden* (Autor?), *Jean-Christophe*;[32] Otto Braun, *Das Tagebuch [Aus nachgelassenen Schriften] eines Frühvollendeten* – er kam mit 18 im Ersten Weltkrieg um; Ibsen, Strindberg, Dostojewski und Tolstoi, Thomas Mann und Schnitzler. Und dann noch die deutschen Klassiker. In der Schule lasen wir im Englischunterricht Dickens und Shakespeare. Ich lernte gern Gedichte auswendig, wie wir es in der Schule in Deutsch, Englisch und Latein mussten. Verse habe ich viel besser im Gedächtnis behalten als Prosa, wie ich feststellte, als ich spät im Leben anfing, noch einmal zu lesen, was mich beeindruckt hatte, als ich jung war. Es ist eine merkwürdige Erfahrung, zu entdecken, was man beim ersten oder selbst zweiten Durchgang behalten oder nicht behalten hat. Ich bin jetzt ganz zum Wiederlesen übergegangen. Nietzsche zum Beispiel hatte ich einfach missverstanden, als wäre er mit meinem egalitären Sozialismus

---

32   Der Autor von *Robinson Crusoe* (dt. 1904) ist Daniel Defoe; bei Selma Lagerlöf handelt es sich vermutlich um das Buch *Wunderbare Reise des kleinen Nils Holgersson mit den Wildgänsen* (dt. 1907/1908); „Der Kleine Eden" muss vermutlich *Martin Eden* (dt. 1926) von Jack London heißen; *Jean-Christophe* (dt. 1914–1920) ist ein Roman in zehn Bänden von Romain Rolland.

vereinbar. Den *Großinquisitor*[33] habe ich erst vor 20 Jahren entdeckt; vielleicht habe ich mit 16, als die Geschichte wichtiger war als die Philosophie, die Seiten übersprungen.

Karl Kraus' Vorlesungen ließen Goethe, Nestroy und Raimund lebendig werden. Freud las ich trotz Karl Kraus. Aber das gehört großteils in eine spätere Zeit. Meine Kindheit endete im Sommer 1919, als ich mit etwa 200 anderen unterernährten Wiener Kindern für sechs Wochen auf ein Schloss in Dänemark geschickt wurde, wo wir uns wieder einmal ordentlich satt essen sollten. Nach einer stürmischen Überfahrt über die Nordsee – viele Kinder wurden seekrank, und ich war ungeheuer stolz, dass ich mich nicht hatte unterkriegen lassen – kamen wir in Dänemark und vor einem gedeckten Tisch mit einem Teller für jedes Kind an: ein weißes Brötchen und eine Tafel Schokolade – lang vergessene Genüsse.

Es war das erste Mal, dass ich so lange von zu Hause weg war; eine Zeit, in der ich heran- und aus der Kindheit herauswuchs. Gewiss eine privilegierte Kindheit, trotz Krieg und Nachkriegszeit, aber auch eine glückliche? Vielleicht ist es überhaupt Unsinn, von glücklichen Kindheiten zu reden. Ich erinnere mich an Momente des leidenschaftlichen Hasses und der leidenschaftlichen Liebe, an mein Gefühl der Entfremdung von der Familie und an eine Episode, bei der ich mich zu Tode schämte: Rosi war von einer Schulfreundin zum Geburtstag eingeladen worden. Meine Mutter, die es eigentlich besser wissen musste, sorgte dafür, dass ich – noch nicht mal ein Schulkind – ebenfalls eingeladen wurde. Und dann stieß ich eine Tasse heiße Schokolade um, und alles ergoss sich über das weiße Tischtuch. Und es gab die Ängste: vor der Dunkelheit, vor dem Überqueren der alten Brücke über den Donaukanal auf dem Weg in den Prater. Die Brücke war aus soliden Holzbalken, die aber mit dem Alter geschrumpft waren; durch die Spalten zwischen ihnen konnte man die grauen Fluten unter einem hindurchschießen sehen. Nur an der Hand eines Erwachsenen konnte ich die Angst vor dem Hineinfallen überwinden.

Musik, Literatur und Dichtung bildeten eine Brücke zwischen Kindheit und Jugend und haben auch im Alter nicht ihre Anziehungskraft verloren. Als ich etwa 15 war, ging ich mit meinem Vater ins Kunsthistorische

---

33 Kapitel 5 des 5. Buches in: Fjodor M. Dostojewskij. 2003. *Die Brüder Karamasow*. Aus dem Russischen von Swetlana Geier, 397–427. Zürich: Ammann Verlag.

Museum. Damals hatte ich stark zugenommen und litt sehr unter einem negativen Körpergefühl. Der Anblick von Rubens' fetten, nackten Frauen hätte mich theoretisch trösten können. Tatsächlich verleidete er mir für lange Zeit die Malerei. Erst viel später, durch die New Yorker Museen, die *Voices of Silence*[34] und die Bücher von Gombrich[35] fand ich dann doch noch Zugang zur Malerei.

George Steiner[36] schreibt irgendwo in seiner *Antigone* von den fünf Gegensätzen, mit denen jedes Individuum konfrontiert ist und – soweit es ihm glückt – seinen Frieden machen muss: Leben und Tod; jung und alt; männlich und weiblich; Individuum und Gesellschaft; natürlich und übernatürlich. Letzteres – die Idee Gottes – reduzierte sich für mich auf die Frage, was es heißt, jüdisch zu sein. In der Grundschule hatte ich dank Herrn Rotter, dem Religionslehrer für die jüdischen Kinder, noch einen Gott. Er erzählte uns die Geschichten aus dem Alten Testament, brachte uns ein bisschen Hebräisch bei, gab den Anstoß zu meinem Plan, ein Drama über Bar Kochba[37] zu schreiben, und riet uns, antisemitischen Bemerkungen – an denen es in Wien nie mangelte – zu begegnen, indem wir sagten: Ich bin stolz darauf, jüdisch zu sein. Eine Schulfreundin, die Tochter eines Rabbi, lud mich zu einem Seder[38] ein, wo ich als jüngstes anwesendes Kind auf Hebräisch die Frage nach der Bedeutung dieses Anlasses stellen musste. All das gefiel mir, aber als ich älter wurde, trat Gott in den Hintergrund. Mit 16 wurde ich konfessionslos, blieb aber bewusst jüdisch, eine Identifikation, die sich mit dem Aufstieg der Nazis noch verstärkte.

Ein Vorfall, der die Einstellung meiner Familie kennzeichnet: 1934 oder 1935, als die Nazis nach Dollfuß'[39] Ermordung eine Untergrundpartei waren,

---

34 *The Voices of Silence* von André Malraux (dt. *Stimmen der Stille*. München, Zürich: Droemersche Verlagsanstalt 1956). Das Buch enthält seine Essays zu Werken der bildenden Kunst. Malraux sieht in der Kunst eine allseitige, niemals aufhörende Funktion schöpferischer Betätigung.

35 Hauptwerke von Ernst Hans Gombrich sind: 2009. *Die Geschichte der Kunst*. Berlin: Phaidon (erstmals 1952); 2002. *Kunst und Illusion. Zur Psychologie der bildlichen Darstellung*. Berlin: Phaidon (erstmals 1967).

36 George Steiner. 1988. *Die Antigonen. Geschichte und Gegenwart eines Mythos*. München: Hanser, S. 287 ff.

37 Bar Kochba war jüdischer Freiheitskämpfer und Führer des letzten Aufstandes gegen die Römer von 132 bis 135 n. Chr., bevor Jerusalem zwei Jahre später erobert und zerstört wurde.

38 Der Sederabend ist eine zeremonielle Mahlzeit am Beginn des jüdischen Pessach-Festes, das an den Auszug aus Ägypten erinnert.

39 Engelbert Dollfuß (1892–1934) war ab 1932 als Vertreter der Christlichsozialen Partei österreichischer Bundeskanzler und Außenminister. 1933 errichtete er den „Ständestaat", eine au-

ging meine Mutter mit Lotte und meinem Neffen Franz, beide blond und niedlich, durch den Stadtpark. Ein Mann trat ihr in den Weg und sagte: „Der Nationalsozialismus kämpft für diese goldene Jugend." „Sie irren sich", entgegnete sie, „dies sind jüdische Kinder." Bei ihrem Temperament hätte sie vielleicht auch ein paar Jahre später noch so geantwortet; es hätte sie womöglich das Leben gekostet.

Gott verschwand nie ganz. Wissenschaft und Vernunft hatten keine Antworten auf die letzten Fragen, auch wenn Stephen Hawking[40] glaubt, dass die Wissenschaft einst Gottes Gedanken entziffern wird. Als [mein Neffe] Toni ungefähr 15 war, saßen er und ich spätabends auf den Stufen vor Fritz' Haus in Maine und betrachteten die Sterne. Wir waren beide bewegt. „Da fragt man sich, ob es Gott gibt", sagte ich. „Hört man denn je auf, sich zu fragen?", antwortete Toni.

Vor zwei oder drei Jahren schrieb ich einen Essay, in dem ich (endgültig?) zusammenfasse, was es für mich bedeutet, jüdisch zu sein. Er soll hier folgen:[41]

Vor Jahren wollte ich einmal einen ziemlich simplen Test zur Einschätzung der persönlichen Identität verwenden. Mein Interesse ging auf eine Untersuchung über die Rassenbeziehungen in einer amerikanischen Sozialbausiedlung zurück. Diese Siedlung wurde durch eine breite Straße in zwei Teile geteilt, mit den schwarzen Bewohnern auf der einen Seite und den weißen auf der anderen, was sich als Barriere für die Kontaktaufnahme untereinander erwies. Der liberal gesonnene Hausverwalter machte einen Versuch, die Rassenbeziehungen zu

toritäre Diktatur mit einer ständischen Verfassung, und verbot die kommunistische sowie die nationalsozialistische Partei. Im Februar 1934 kam es wegen bewaffneter Widerstandsaktionen des sozialdemokratischen Schutzbundes zu einem Bürgerkrieg. Er endete mit der Niederlage der Aufständischen und dem Verbot der Sozialdemokratie und ihrer Teilorganisationen. Im Juli desselben Jahres starb Dollfuß als Opfer eines gescheiterten Putsches der Nationalsozialisten.

40 Stephen W. Hawking. 1988. *Eine kurze Geschichte der Zeit. Die Suche nach der Urkraft des Universums*. Rowohlt: Reinbek b. Hamburg.

41 Diesen Text schrieb Marie Jahoda 1990 in englischer Sprache und verwendete ihn für Lehrzwecke an der University of Sussex, an der sie seit 1965 als Professorin für Sozialpsychologie lehrte. Er ist im englischen Original nicht publiziert. In einer Übersetzung von Hans Georg Zilian erschien eine deutsche Fassung erstmals in Marie Jahoda. 1994. *Sozialpsychologie der Kultur und Politik. Ausgewählte Schriften*, hrsg. Christian Fleck, 252–258. Graz: Nausner & Nausner; auch verfügbar in: Marie Jahoda. 2019. *Aufsätze und Essays*, hrsg. Johann Bacher, Waltraud Kannonier-Finster und Meinrad Ziegler, 123–131. Innsbruck und Wien: Studienverlag.

verbessern, indem er einer einzelnen schwarzen Familie eine Wohnung in dem weißen Block zuwies. Ich saß in der Küche der schwarzen Familie und interviewte den Vater zu dieser Regelung. Er war voll des Lobes, erzählte von seinen freundschaftlichen Beziehungen zu seinen Nachbarn, war stolz darauf, dass weder er noch sie Vorurteile hätten, und erwähnte, dass sein Sohn von den weißen Kindern voll akzeptiert würde. Mitten in dieses erhebende Gespräch hinein platzte sein Sohn und verkündete triumphierend: „Denen haben wir's aber gezeigt, den Niggern von da drüben, dass die hier nichts zu suchen haben." Allgemeine Verlegenheit, ein peinliches Ende für das Interview und ein neuerliches Interesse an der persönlichen Identität bei mir; daher der Test.

Dabei sind fünf Sätze zu ergänzen, die alle mit „Ich bin ..." anfangen. Nach bewährter Praxis unterzog ich erst einmal mich selbst dem Test. Die ersten drei Sätze waren einfach: „Ich bin eine Frau, ich bin eine Mutter, ich bin eine Sozialpsychologin"; bei den anderen musste ich schon länger nachdenken, kam aber schließlich auf: „Ich bin ein Flüchtling, ich bin agnostisch." Kaum war ich fertig mit dem Test, fiel mir mit leichtem Schock eine entfernte Ähnlichkeit mit jenem hübschen, schwarzen Buben auf: Ich hatte nicht „Ich bin Jüdin" ergänzt, obwohl ich es bin und niemals leugnen würde.

Die Unterlassung erschien mir etwas unheimlich. Schließlich konnte man, wenn man in Österreich aufwuchs, das vor wie nach Hitler antisemitisch war, und dazwischen erst recht, und womöglich schlimmer als Deutschland, das eigene Judentum unmöglich vergessen. Zu meiner eigenen Rechtfertigung sagte ich mir, offensichtlich konnte ich jedem der 5 Punkte der Selbstidentifikation eine konkrete, auf Erfahrung beruhende Bedeutung geben, während sich das Kriterium für das Jüdischsein nun einmal mit keinem bestimmten Inhalt verband. Es war eine Definition aus der Außen-, nicht aus der Innensicht. Dies jedoch ist an sich bereits problematisch. Was es bedeutet, in den Augen der Welt jüdisch zu sein und was es für ein Individuum bedeutet, sind zwei selbstverständlich eng miteinander zusammenhängende, aber nicht identische Fragen. Sie als identisch zu betrachten, hieße davon auszugehen, dass Identität passiv bestimmt wird, als hätte man um das bisschen Selbstbestimmung, das überhaupt erreichbar ist, nicht sein Leben lang zu kämpfen.

Seither habe ich mich immer wieder gefragt, was es für mich heißt, Jüdin zu sein, unabhängig davon, was es für die Welt bedeutet. Für die inhaltliche Bestimmung meines unbestrittenen Jüdischseins existieren mehrere verwandte Kriterien: Rasse, Religion, Nationalität, Tradition, Kultur, persönliche Eigenschaften.

Ich bin, soweit ich weiß, über mindestens vier Generationen hinweg ungebrochen jüdischer Abstammung. Meine Eltern haben ihr Judentum nie geleugnet, aber abgesehen davon, dass meine Mutter ein paar köstliche jüdische Gerichte zubereiten konnte, spielte es in ihrer Lebensweise keine Rolle. Zwei der vier Brüder meines Vaters hatten Nichtjüdinnen geheiratet, und durch sie und die Freunde aus meiner Generation war bei uns zu Hause der gemischte Umgang etwas ganz Normales. Vor diesem Hintergrund hätte man schon ein eingefleischter Erbtheoretiker oder Soziobiologe oder Rassist sein müssen, um seine persönliche Identität ganz von den Genen herzuleiten.

An österreichischen Schulen war Religion ein Pflichtfach, selbstverständlich getrennt nach Konfessionen: In der Grundschule liebte ich den Unterricht und unseren Lehrer, der uns die biblischen Geschichten erzählte, bereinigt für kleine Kinder. Mein Held war Bar Kochba; erst rund 70 Jahre später entdeckte ich, dass er ein brutaler, nationalistischer Guerillaführer aus dem 2. Jahrhundert nach Christus war. Der Lehrer sprach mit uns auch über den Antisemitismus und sagte, wenn andere Kinder uns „Jid" nannten, sollten wir entgegnen: „Ich bin stolz darauf, Jüdin zu sein." Das gefiel mir, aber es kam nie dazu.

Nach österreichischem Recht konnte jedermann mit 16 seine Religionszugehörigkeit unabhängig vom Rest der Familie selbst bestimmen. In diesem Alter hatte ich meine inneren Kämpfe um Gott schon hinter mir und beschloss, dass ich keinen religiösen Glauben hatte. Ich trat daher aus der Religionsgemeinschaft aus, hörte aber nicht auf, mich für jüdisch zu halten.

Als Moralsysteme übten manche Aspekte des Judentums wie Aspekte des Christentums – in ihren Ähnlichkeiten wie in ihren Unterschieden – großen Reiz auf mich aus, andere stoßen mich ab. Im Laufe eines langen Lebens sind mir im Judentum Beispiele für beide Extreme begegnet. Im Talmud heißt es, dass man sich im Jenseits dafür verantworten müsse, wenn man die Freuden des Lebens, die einem rechtmäßig geboten wurden, nicht genossen hatte. Das gefällt mir. Aber es schaudert einen vor dem fanatischen Fundamentalismus der orthodoxen Juden, die zum Beispiel 1948 in den Debatten um die israelische Verfassung die Aussage, die Welt sei für Israel geschaffen worden, zum Verfassungsgrundsatz erheben wollten. In der Geschichte des jüdischen Denkens gibt es eine unentwirrbare Mischung von gewaltsamem Dogmatismus und Liebe zu rationaler Auseinandersetzung, Gerechtigkeit und Vollkommenheitsstreben. Im Mittelalter beteten die Juden: Herr, wir vergeben Dir Deine Sünden, wenn Du uns unsere vergibst. Die Legenden aus dieser Zeit legen eine sehr streitbare Haltung zu Gott an den Tag. Zum Beispiel gingen kurz vor der Schöpfung die Buchstaben zu Gott und jeder erhob Anspruch auf eine führende Rolle in der Schöpfung. Sie setzten dem armen Gott hart zu, aber er wies jedem einzelnen nach, dass er der Anfangsbuchstabe irgendwelcher schlimmen Wörter war. Nur Aleph beanspruchte keine Privilegien; zur Belohnung wurde es zum ersten Buchstaben des Alphabets gemacht.

Von Legenden bezaubert und von Brutalität und Dogmatismus abgestoßen zu sein, ist keine Basis für eine Identifizierung mit dem Judentum. Warum aber ist mir dann so bewusst, dass ich Jüdin bin? Warum war ich so schockiert, als ich merkte, dass ich mein Jüdischsein beim Test der persönlichen Identität weggelassen hatte, obwohl man ohne Weiteres annehmen kann, dass nichtreligiöse Christen eine entsprechende Unterlassung kaum bemerken würden?

Die Antwort liegt, glaube ich, in der Erkenntnis, dass andere das Testergebnis als Verleugnung interpretieren könnten, einen Versuch, als etwas ‚durchzugehen‘, etwas zu sein, was ich nicht bin, nicht zu sein, was ich bin, wie jener schwarze Jugendliche. So muss ich schließlich doch noch akzeptieren, dass im Gegensatz zu religiösen Juden, nationalistischen Juden und rassistischen Juden meine bewusste jüdische Identität von der Welt um mich herum definiert wird, nicht von mir, eine existenzialistische Leere, eine zugeschriebene und keine erworbene Identität. Es gibt verschiedene Arten, mit dieser Zuschreibung zu leben. Eine der weniger ehrbaren ist die Verleugnung in Gestalt eines jüdischen Antisemitismus, für den Karl Marx[42] ein hervorragendes Beispiel war – die Identifikation mit den Aggressoren. Eine andere Art ist die bewusste Vermeidung von nichtjüdischem Umgang, die Schaffung von kulturellen Ghettos inmitten der Gastgesellschaften; eine dritte die Identifikation mit den Opfern der Irrationalität; eine vierte besteht darin, als das zu leben, was Sartre[43] einen authentischen Juden nennt, also ohne Verleugnung, ohne Abgrenzung und ohne ein Akzeptieren der Zuschreibung als rational. So stellt sich heraus, dass das Problem nicht das Judentum ist, sondern der Antisemitismus.

Bevor ich das Persönliche verlasse und auf die Natur dieser Zuschreibung eingehe, muss ich mich noch zu zwei jüdischen Merkmalen bekennen, die diese Zuschreibung bei mir hervorgerufen haben: eine

---

42 Die Vorfahren des Vaters wie der Mutter von Karl Marx waren seit vielen Generationen Rabbiner gewesen. Sein Vater konvertierte zum Protestantismus. Marx ist evangelisch getauft, hat seine jüdische Abstammung nicht thematisiert. Vgl. Gareth Stedman Jones. 2017. *Karl Marx. Die Biographie*. Frankfurt a. Main: S. Fischer.

43 Jean-Paul Sartre. 1954. *Réflexions sur la question juive*. Paris: Editions Gallimard; dt. 2020. *Überlegungen zur Judenfrage*. Reinbek: Rowohlt.

vielleicht übertriebene Sensibilität für jede noch so subtile Äußerung von Antisemitismus und eine Vorliebe für jüdische Witze mit ihrer Selbstironie oder ihrem zynischen Pessimismus. Je ein Beispiel: Ein Jude und ein Nichtjude sind in einem Waschraum; der Jude hat nichts dabei. „Können Sie mir Ihre Seife leihen?", fragt der Jude. „Ja", sagt der andere. „Können Sie mir Ihr Handtuch leihen?" „Ja." „Können Sie mir Ihre Zahnbürste leihen?" „Nein", schreit der andere. „Antisemit", sagt der Jude. Ein Witz aus der Vor-Hitlerzeit: Zwei reiche Juden fahren in einem offenen Rolls-Royce durch ein Dorf in Tirol. Die Dörfler rufen „Dreckskjuden" und werfen Steine hinter dem Auto her. Der eine Jude beklagt die Tragödie der jüdischen Geschichte: „Zweitausend Jahre lang haben sie uns verfolgt; selbst jetzt noch werfen sie mit Steinen nach uns." „Mach dir nichts draus", sagt der andere. „Der Tag wird kommen, an dem sie im Auto sitzen und wir mit Steinen werfen."

Nun zur Natur der Zuschreibung, der Natur des Antisemitismus. Vorurteile in ihrer brutalen oder subtilen Form sind natürlich nicht auf Juden beschränkt. Drei verwandte Ideologien, die Vorurteile predigen – Rassismus, Nationalismus und organisierte Religionen –, haben eine Vielzahl ganz unterschiedlicher Ziele gefunden. Allen gemeinsam sind die Verherrlichung der Eigengruppe und die entsprechende Herabsetzung der Außengruppe. Man kennt die eigene Gruppe per definitionem besser als die Außengruppe, also gibt es Anerkennung und Toleranz für Abweichungen in der Eigengruppe, Verallgemeinerung und Stereotypenbildung gegenüber der Außengruppe. Stereotype an sich machen noch kein Vorurteil: Sie sind notwendig für die Ökonomie des Denkens und Urteilens, und niemand ist frei von ihnen; sie können positiv oder negativ sein. Zu Vorurteilen über Individuen oder Gruppen werden sie, wenn sie auf keinerlei Beweisen beruhen oder für Gegenbeweise unzugänglich bleiben, das heißt, wenn sie irrational sind. Das antisemitische Stereotyp weist ein ganz besonderes Merkmal auf, das es vom Stereotyp gegen Moslems oder Katholiken oder Schwarze unterscheidet: Es ist grundsätzlich inkonsistent. Offenbar fällt es der Welt genauso schwer wie mir, zu entscheiden, was Jüdischsein heißt. Daher auch: „Einige meiner besten Freunde sind Juden, aber ..." Hitler machte sich diese Inkonsistenz zunutze, indem er die Juden in ein- und derselben Rede als Kapitalisten und als Kommunisten beschimpfte. Die Welt sieht die Juden gleichzeitig als aufdringlich und abgeschottet; geldgierig und ostentativ großzügig; knauserig und demonstrativ konsumierend; gefühlsselig und zynisch; überehrgeizig und arbeitsscheu; revolutionär und dogmatisch traditionsgebunden; sexuell promiskuitiv und ihrer Familie ergeben; arrogant und servil. Ohne Zweifel lassen sich für jedes dieser widersprüchlichen Stereotypen Juden finden, die sie aufweisen, genau wie es Nichtjuden mit ähnlichen Merkmalen gibt. Als Gruppe aber können sie all dies nicht gleichzeitig sein. Keine andere Gruppe, die unter stereotypen Vorurteilen zu leiden hat, wird ähnlich inkonsistent beschrieben.

Dieses widerspruchsvolle Bild, das sich durchaus auf Beweise stützen kann, aber eben immer nur partielle, macht die Juden als Gruppe zu solch einer perfekten Verkörperung des biblischen Bildes vom Sündenbock, dem die Sünden der ganzen Menschheit aufgeladen werden.

Die Erklärung für das inkonsistente Stereotyp liegt, so glaube ich, in der Geschichte der Juden, die, nachdem sie einst eine einheitliche Geschichte besaßen, seit nunmehr 2000 Jahren auf der Erde herumwandern und überall Fremde sind, gezwungen, sich mit den unterschiedlichsten Verhältnissen zu arrangieren. In seiner philosemitischen *History of the Jews* macht Paul Johnson aus dieser erzwungenen Anpassung an neue Kulturen eine Lamarcksche Erklärung[44] für das, was er als die allgemeine Anpassungsfähigkeit und daher den Erfolg der Juden in der modernen Welt im Sinne ihres ökonomischen, kulturellen und intellektuellen Beitrags zu allen Ländern ansieht, die diese Fremden aufgenommen haben. Sein Stereotyp des erfolgreichen Juden – intelligent, moralisch, gerechtigkeitsliebend, kultiviert – ist allzu konsistent. Große jüdische Namen zu zitieren, Einstein, Freud, Rothschild, Marks und Spencer und andere, ist gut und schön. Aber er vergisst das East End,[45] die Schwerarbeit der jüdischen Arbeiter in der amerikanischen Textilindustrie, die Tausenden jüdischen Flüchtlinge der jüngsten Zeit, die erfolglosen, namenlosen, gerade einmal den nackten Lebensunterhalt verdienenden Arbeiter, die Shylocks und Fagins,[46] die ihr Schicksal nicht nur in der Vergangenheit hervorgebracht hat. Freiwillige Emigration kann man als Selektionsprozess der Unternehmungslustigen und Begabten verstehen. Aber die Juden sind nie freiwillig emigriert. Sie mussten fliehen, Gute und Schlechte, Beherzte und Verzagte, Gelehrte und Schneider. Der Empfang, der ihnen

---

44 Paul Johnson. 1987. *A History of Jews*. New York: Harper. Der Botaniker und Zoologe Jean-Baptiste de Lamarck (1744–1829) entwickelte eine Evolutionstheorie, deren wichtigster Bestandteil die Annahme einer Vererbung erworbener Eigenschaften ist. Heute wird diese Frage in der modernen Genforschung unter dem Begriff der Epigenetik diskutiert und kann noch nicht eindeutig beantwortet werden.

45 Londoner Stadtteil mit einem hohen Anteil von Angehörigen der Arbeiterklasse, darunter auch der jüdischen Bevölkerung.

46 Shylock und Fagin sind literarische Figuren aus *Der Kaufmann von Venedig* von William Shakespeare und *Oliver Twist* von Charles Dickens. Sie sind als jüdische Geldverleiher bzw. Hehler sehr stereotypisiert dargestellt.

in den Gastländern bereitet wurde, stachelte manche zu besonderen Anstrengungen an; viele zermalmte er.

Antisemitismus ließ und lässt sich zu ökonomischen und politischen Zwecken ausnutzen. Aber keine politische Macht könnte ihre ruchlosen Absichten mit Erfolg vorantreiben, käme ihr nicht in den Köpfen der Individuen die Bereitschaft entgegen, die Botschaft auch zu hören. Jede Form von offiziell gestütztem Vorurteil trifft auf eine solche Bereitschaft, massenhaft, aber eben doch nicht universal. Hier bedarf es einer sozialpsychologischen Erklärung.

Jahrzehntelang haben die Sozialpsychologen die Vorurteile im Allgemeinen und den Antisemitismus im Besonderen untersucht. Eine brillante frühe Untersuchung konnte die weite Verbreitung von Vorurteilen im Allgemeinen nachweisen: Hartley[47] erfand nichtexistente Gruppen (Pirenäer, Walionier usw.) und fragte die Leute im Rahmen einer Untersuchung zur sozialen Distanz, ob sie diese in ihrer Nachbarschaft, ihrem Club oder auch als Mann ihrer Tochter akzeptieren würden. 30 Prozent sagten, sie würden diese Gruppen nicht kennen. Der Rest sprach sich weitgehend für Abgrenzung aus. In einer modernen Version wurde eine Gruppe von Buben durch Losentscheid in zwei Hälften aufgeteilt. Jede Gruppe wurde dann aufgefordert, an Buben aus beiden Gruppen außer sich selbst Geldgeschenke zu verteilen. Etwa ein Viertel hielt die Aufteilung in zwei Gruppen für so bedeutungslos, wie sie tatsächlich war. Der Rest legte eine entschiedene Begünstigung der Eigengruppe an den Tag. Während die erste Untersuchung einen allgemeinen Trend zur Ablehnung von Fremden aufzeigte, wies die zweite einen allgemeinen Trend zum Gruppenegoismus nach; man kann an diesem heute berühmten Experiment aus verschiedenen Gründen Kritik üben, aber dass die Menschen dazu neigen, auf Mitglieder ihrer eigenen Gruppe anders zu reagieren als auf Außenstehende, dürfte außer Frage stehen.

In diesen und ähnlichen Untersuchungen äußert eine Mehrheit der Beteiligten, aber niemals alle, Versionen von Vorurteilen gegen Außengruppen, während eine beträchtliche Zahl dies nicht tut. Offensichtlich spielen individuelle Unterschiede eine Rolle. Diese wurden, was den Antisemitismus angeht, während des Krieges eingehend untersucht; drei voneinander unabhängige Ansätze kamen zu einem ähnlichen Persönlichkeitsprofil des Antisemiten. In der Geschichte der Sozialpsychologie ist dies ein interessanter Fall, weil Menschen mit unterschiedlichen Ideologien und mit vollkommen unterschiedlichen

---

47 Vgl. Eugene L. Hartley. 1969. *Problems in prejudice*. New York: Octagon.

Methoden in drei verschiedenen Ländern zu einem ähnlichen Ergebnis gelangten.

Die eine Untersuchung wurde in Kalifornien durchgeführt und setzte anhand von Skalen, Interviews und Lebensgeschichten eine Beschreibung der autoritären Persönlichkeit zusammen. Die Forschungsgruppe[48] bestand aus Adorno von der Frankfurter Schule, einer aus Österreich geflüchteten Jüdin und zwei Amerikanern. Die zweite war Sartres berühmtes Porträt des Antisemiten.[49] Er arbeitete natürlich nicht mit standardisierten systematischen Verfahren, er sah nur genau hin. Die dritte wurde in Nazideutschland von einem Psychologen namens Jaensch durchgeführt, der weitgehend mit Wahrnehmungstests arbeitete und sich von den beiden anderen insofern unterschied, als er den diesen Untersuchungen gemeinsamen Persönlichkeitstypus als eine Art Idealtypus betrachtete und das andere Extrem als „Gegentypus"[50] bezeichnete. Alle drei stimmen darin überein, dass Antisemitismus und Rassismus keine Oberflächenmeinungen sind, die falsch oder richtig sein können, sondern Ausdruck einer alles durchdringenden, Wahrnehmung, Kognition, Gefühle und Einstellungen prägenden Persönlichkeit. Sein Hauptmerkmal ist die Unfähigkeit, mit mehrdeutigen Situationen zu leben. Damit verbunden sind Inflexibilität der Lebensweise, Abneigung gegen Introspektion, Anti-Intellektualismus, Befürwortung starrer sozialer Hierarchien, extrapunitive Haltung, Forderung nach sexueller Reinheit und panische Angst vor jeder Abweichung, Autoritätsgläubigkeit und Verachtung der Schwachen.

Natürlich gibt es auch Unterschiede zwischen den drei Studien, aber die Übereinstimmung ist überwältigend. Nur die kalifornische Untersuchung suchte über die Beschreibung hinaus nach einer psychologischen Erklärung. Die Sprache, derer sie sich dabei bedient, hat mehr vom Fachjargon, als ich selbst gern benutze, sie kommt zu dem Schluss, dass der eigentliche Grund für die Konstruktion des Bildes vom Juden die persönliche Unsicherheit des Antisemiten ist, seine mangelnde Selbstgewissheit. Für den Antisemiten sind die Juden eine Projektionsfläche, die dem Selbstschutz dient. Bei anderen zu hassen, was bei einem selbst nicht in Ordnung ist, verschafft einem in den Augen der Welt ein Alibi. Die beste Tarnung für den Dieb besteht darin, sich unter die Menge zu mischen und „Haltet den Dieb" zu rufen. Ein noch primitiveres Gefühl, das zur Ablehnung der Juden

---

48 Vgl. Theodor W. Adorno, Else Frenkel-Brunswik, Daniel J. Levinson und R. Nevitt Sanford. 1950. *The Authoritarian Personality*. New York: Harper.
49 Vgl. Fußnote 43.
50 Vgl. Erich Jaensch. 1938. *Der Gegentypus. Psychologisch-anthropologische Grundlagen deutscher Kulturphilosophie, ausgehend von dem, was wir überwinden wollen.* Leipzig: Barth.

aufgrund einiger ihrer angeblichen kollektiven Merkmale führt, ist der Neid.

Wenn tatsächlich Projektion und Neid die grundlegenden psychologischen Prozesse beim Antisemitismus sind, besteht wenig Aussicht, dass er jemals ganz ausgeräumt wird. Zumindest kann ich mir weder eine Welt vorstellen, die so organisiert ist, dass all die psychologischen Schwächen, für die der Antisemitismus die wacklige Krücke darstellt, aus ihr verschwunden sind, noch eine Welt, in der es keine Juden mehr gibt. Gäbe es die Juden nicht, müsste der Antisemit sie auf jeden Fall erfinden.

Was also heißt es nun im Lichte all dessen, Jude zu sein? Ich gebe zu, ich habe die religiösen oder zionistischen Juden, die eine positive Antwort auf diese Frage haben, mitunter beneidet; anschließen kann ich mich ihnen aber nicht. Für mich bedeutet es – heutzutage meist mehr als Hintergrund meines Denkens – dreierlei: erstens, dass draußen Gefahren lauern, durch die ich zutiefst verletzt werden könnte; zweitens bedeutet es die Erkenntnis, dass die Schwächen des Antisemiten nicht auf ihn beschränkt sind, dass auch Juden sie haben können und dass daher die Vermeidung von nichtjüdischen Kontakten keine ‚Sicherheit‘ bietet; drittens, und vielleicht vor allem, ist es eine stete Mahnung, nicht zu vergessen, wie begrenzt die Rationalität beim Leben des eigenen Lebens ist; dass Hass, Feindseligkeit und Irrationalität mindestens so mächtig sind wie Liebe und Toleranz, bei den anderen und vielleicht auch bei einem selbst.

Acht Jahre lang besuchte ich das Realgymnasium in der Albertgasse. Es war eine Privatschule, das Schulgeld war nicht allzu hoch, und für Schüler mit ordentlichen Zeugnissen gab es Ermäßigungen. Im Großen und Ganzen ging ich gern dorthin. Die Schule begann um acht Uhr und endete an manchen Tagen um eins, an anderen auch um zwei oder drei. Jeden Tag waren etwa zwei Stunden Hausaufgaben zu machen. Die Fächer: Latein, Englisch, Deutsch, Geschichte, Mathematik, Physik, Biologie, Geografie und im letzten Jahr Einführung in die Philosophie. Und natürlich Leibeserziehung einschließlich einer Woche Skifahren auf dem Land im Winter. Manche Lehrer waren hervorragend. Ich erinnere mich an ein leidenschaftliches Engagement für Hektor gegen Achilles, das die Klasse in zwei feindliche Lager spaltete, an ein Referat über den Wiener Kongress, das ich halten musste, und an eines zur Dreyfus-Affäre – Anlässe meiner ersten Besuche in der Nationalbibliothek –, an alberne Streiche, die mich in Schwierigkeiten brachten, etwa dass ich die Klasse dazu anstiftete, jeden Aufsatz, zu welchem Thema auch immer, mit „Wie schon die alten Griechen sagten, ...“ zu beginnen, an schöne und anregende Diskussionen über Gedichte und Literatur, an eine wütende Englischlehrerin, die auf unsere Neigung zum Schwätzen während des Unterrichts mit dem Ausruf reagierte: „Sobald ich in dieser Klasse den Mund aufmache, fängt das dumme Geschwätz an.“ Wir sahen da einen Zusammenhang, den sie so nicht gemeint hatte, und mussten lachen. Maßlose Wut, als ihr ein Licht aufging. Es gab viel intellektuell Aufregendes – schon ganz früh war ich tief beeindruckt von der Klugheit einer Idee wie der Längen- und Breitengrade, eine erste Ahnung von der Macht der Ideen und der Erfindungsgabe im Umgang mit der wirklichen Welt. Ich liebte grammatische Analysen und stellte gern Listen von Wörtern mit derselben semantischen Wurzel zusammen – ein nie endender Zeitvertreib im Deutschunterricht. Dies führte dazu, dass ich meine letzte Jahresarbeit über verneinende Präfixe schrieb und dafür Fritz Mauthners Buch „Sprachkritik“ las.[51] Diese Arbeit war die Voraussetzung für die Matura, zu der auch noch fünf zweistündige schriftliche Prüfungen in den Hauptfächern gehörten.

Mein guter Stand in der Schule endete abrupt am 1. Mai 1926. Zum 1. Mai veranstaltete die in Wien, wenn auch nicht sonst im Land, regierende sozialdemokratische Partei immer große Feiern. Viele tausend Menschen aus allen Bezirken marschierten zum Klang von Musikkapellen ins Zentrum und versammelten sich auf dem Rathausplatz, wo sie standen und den Reden lauschten, meist von den Führern der Partei. Aber auch ich war gebeten worden, vor dem Hauptgebäude der Universität Wien eine Rede zur Schulreform zu halten.[52] Ich sprach mit Leidenschaft gegen das bestehende elitäre System und für eine freie, staatlich finanzierte höhere Schule für alle bis zum Alter von 18 Jahren. Ein paar Tage später wurde ich zum Direktor meiner Schule gerufen, der mich als Verräterin beschimpfte, illoyal gegenüber meiner Schule, die mir so viel gegeben hatte, durch und durch verächtlich. Das Ergebnis war, dass mein Maturazeugnis mit einem „Gut“ in Betragen beginnt. „Gut“ klingt gut, aber jeder wusste, dass irgendetwas Dramatisches vorgefallen sein musste, wenn man in Betragen nicht ein „Sehr gut“ hatte.

51 Fritz Mauthner. 1901–1902. *Beiträge zu einer Kritik der Sprache in 3 Bänden.* 2. überarb. Auflage 1906–1913, 3. Auflage 1923, Neuauflage 1999, Wien: Böhlau.
52 Vgl. *Arbeiter Zeitung* vom 3. Mai 1926, 4.

Meine Freunde, die den Grund für diesen ‚Makel' kannten, und auch die sozialdemokratische Partei dachten natürlich anders darüber.

Hätte ich den analytischen Verstand besessen, der erst mit dem Abstand kommt, hätte ich diesen Vorfall vielleicht als symbolisch für die Lage Österreichs verstanden, dessen kulturelles Hauptmerkmal ein unüberbrückbarer Graben zwischen zwei Weltanschauungen war. Ich besaß ihn aber nicht. Arthur Schnitzlers Sohn,[53] glaube ich, hat als Emigrant einen Aufsatz über diese schicksalhafte Spaltung veröffentlicht. Da gab es das sozialdemokratische Wien gegen die reaktionären Provinzen, beherrscht von der Regierungspartei, den Christlichsozialen, für die der Übergang zum Austrofaschismus leicht und normal war; die Avantgarde von Wissenschaft, Kunst und Literatur gegen die philisterhaften Spießbürger; den alten Landadel, der sich gegen die Republik nach vergangener Reichsherrlichkeit zurücksehnte; den Katholizismus gegen den weitverbreiteten Antikatholizismus. All das oberflächlich zugedeckt mit dem Mythos der österreichischen Gemütlichkeit. Vor allem aber gab es eben Wien, das von der sozialdemokratischen Partei regierte und beherrschte Wien, gegen die Provinzen. Von 1918 bis 1933, während der 1. Österreichischen Republik, war diese Partei, glaube ich, ein einmaliges soziales, politisches und kulturelles Phänomen des 20. Jahrhunderts. Weltberühmt wurde ihr Wohnungsbauprogramm, das Standards setzte, die die Arbeiter nie zuvor gekannt hatten, und das auch hauptsächlich ihnen zugutekam, obwohl von 1929 bis 1934 auch Paul und ich, später mit Lotte, eine Wohnung im Karl-Marx-Hof[54] hatten. Wir hatten ein Wohnzimmer, ein kleines Schlafzimmer, eine kleine Küche, eine Dusche und einen Balkon. Es gab eine zentrale Waschküche, die erst ganz allmählich allgemeiner in Gebrauch genommen wurde. Viele Frauen scheuten sich, den heruntergekommenen Zustand ihrer Bett- und Unterwäsche etwaigen kritischen

---

53 Heinrich Schnitzler (1902–1982) war österreichischer Regisseur. Er lebte während seines Exils in den USA und kehrte 1957 nach Österreich zurück, wo er vor allem am Theater in der Josefstadt wirkte. Den angesprochenen Aufsatz konnten wir trotz Recherche nicht finden. Der Vater, Arthur Schnitzler, war Arzt und Schriftsteller. Er gehörte seit Anfang des 20. Jahrhunderts zu den meistgespielten Dramatikern auf deutschen Bühnen. Als einer von wenigen Intellektuellen in Österreich stand er in Opposition zur Kriegstreiberei.

54 Der Karl-Marx-Hof liegt im 19. Wiener Gemeindebezirk, Döbling. Der Bau wurde 1930 eröffnet, Architekt war Stadtbaumeister Karl Ehn. Ein breites Programm an Gemeinschaftseinrichtungen ergänzte die rund 1300 Kleinwohnungen: zwei Kindergärten, eine Mutterberatungsstelle, ein Jugendheim, eine Bibliothek, eine Krankenstelle mit Ambulatorium, eine Apotheke, eine Zahnklinik, ein eigenes Postamt sowie diverse Geschäftslokale.

Blicken auszusetzen. Es gab auch eine hauptsächlich von Ehrenamtlichen betreute zentrale Leihbibliothek. Ich war an zwei Abenden in der Woche dort, gab Bücher aus, empfahl Bücher, die ich lesenswert fand, schloss Freundschaften und gewann Parteimitglieder.

Als Lotte geboren wurde, bekam sie wie jedes Wiener Baby von der Stadt eine Grundausstattung – keine Wegwerfwindeln, leider.

Politisch und kulturell einmalig war auch die massenhafte Beteiligung an allen Parteiaktivitäten, die sich auf alle Lebensbereiche von der Wiege bis zur Bahre erstreckten. Für mich waren das die Arbeiter-Symphoniekonzerte am Sonntagmorgen, meine Bildungsarbeit in der Partei, aber vor allem meine Rolle in der sozialistischen Jugendbewegung.

(Gerade habe ich noch einmal überlesen, was ich geschrieben habe, und bin gar nicht glücklich damit. So vieles habe ich weggelassen, so vieles schlecht formuliert! Zum Beispiel die Spaltung in der österreichischen Kultur: Das klingt so, als wüsste ich nicht, dass solche Spaltungen überall vorkommen. Das Einmalige damals in Österreich waren die annähernd gleichen Kräfte auf beiden Seiten des Grabens und ihre Ausschließlichkeit. In meinen österreichischen Zeiten gab es in meinem engeren Bekanntenkreis niemanden, der nicht mindestens ein Sympathisant der Sozialisten war. Die soziale und kulturelle Oase, die die sozialdemokratische Partei in Wien geschaffen hatte, war eine einzigartige Errungenschaft. Aber sie machte einen auch blind für die Welt draußen. Ich erinnere mich, dass mir die Generation meiner Eltern leidtat, die den Sieg des demokratischen Sozialismus mit mir als Erziehungsministerin vielleicht nicht mehr erleben würde. Ich dachte, wir hätten die Antworten auf alles wirtschaftliche Elend von damals und bald auch die Macht, ihre Richtigkeit zu beweisen. Was für eine Illusion! Für mich allerdings eine schöpferische Illusion, ein ethisches Glaubenssystem, das für mich Vergleichbares leistete wie für manche andere eine echte Religiosität: Vertrauen auf eine bessere Zukunft und Trost in persönlichen Verwicklungen. Die Generation meiner Enkel, um so viel abgeklärter als ich damals, hat die schwerere Aufgabe, dem Leben ohne diese Illusion gegenüberzutreten zu müssen.)

Und persönliche Verwicklungen gab es reichlich, nach den Gedichten zu urteilen, die ich während meiner Gymnasialzeit schrieb. Ich wünschte, mir hätte damals jemand gesagt, dass Gedichte außer Inspiration auch noch die Arbeit zu ihrer Verbesserung brauchen. Das tat aber niemand, und ich dachte,

Veränderungen, die ich mit kühlem Kopf vornähme, wären ein Verrat an der Gefühlsintensität, aus der heraus sie ursprünglich entstanden waren – vielleicht wären sie gar nicht so schlecht geworden. Inzwischen kann ich mich nur noch an wenige erinnern und auch bei diesen meist nur an Fragmente. In meinem ersten Jahr in der Albertgasse schwärmte ich heftig für Madeleine, die in die achte Klasse ging; sie war schön und behandelte mich ohne Herablassung, aber auch ohne Leidenschaft. Unerwiderte Liebe. Alles, woran ich mich erinnern kann, sind die letzten beiden Zeilen:

Wie ein Stern an meinem Himmel steht,
wie ein Stern mir ewig fern bleibt.

Madeleine starb ein paar Jahre später bei der Geburt ihres Kindes. Die meisten Gedichte, wenn auch nicht alle, handelten von der Liebe, keines mehr aber von der Liebe zu einer Frau, obwohl ich viele Jahre später einmal die Liebe zu einer Frau erfuhr, die auch mich liebte. Aber da schrieb ich keine Gedichte mehr. Es gibt auch ein Gedicht über glückliche Liebe:

Komm tanzen, Geliebter!
Auf der Heide,
da macht der Wind für uns beide
Musik usw.

Der Anlass: eine wechselseitige, aber uneingestandene Liebe. Ich war 15 oder 16; wir waren den Sommer über in Gries am Brenner und mit uns war Ernst, Onkel Doktors Sohn. Jeden Abend fand ich auf meinem Bett ein Geschenk: Walderdbeeren, Alpenveilchen, ein Stück Schokolade. Aber wir waren beide schüchtern, es fiel kein Wort darüber, obwohl wir beide Bescheid wussten. Viele Jahre später, als Ernst die USA besuchte, schickte er mir Rosen mit einer Karte, auf der stand, er wäre lieber mein Mann gewesen als mein Cousin. Er hatte eine nichtjüdische Mutter und musste deshalb nicht emigrieren, sondern hatte in Wien weiter als Anwalt gearbeitet.

Als ich etwa 16 war, wurde ich Gruppenführerin bei den Pfadfinderinnen. Das alles war Edis Werk, der in meinen jungen Jahren geistig und moralisch mein Mentor war. Er war Pfadfinderführer und lud mich manchmal zu besonderen festlichen Anlässen seiner Gruppe ein. Es machte mir Spaß, und er bestärkte mich. Außerdem waren meine besten Schulfreundinnen, Bertha und Nuna, ebenfalls Pfadfinderinnen, und zwar in der Gruppe einer schönen und charismatischen jungen Frau, Margit Weiss. Sie war verheiratet und hatte einen kleinen Sohn, aber wahrscheinlich auch starke lesbische Neigungen. Jedenfalls erweckte sie bei uns allen leidenschaftliche Begeisterung. Sie fühlte sich zur indischen Mystik hingezogen. Wir führten ein Stück von Tagore[55] auf, „Der Postbote" hieß es, glaube ich. Ich spielte einen kleinen Buben, der an einer Krankheit starb oder vor Hunger, und Margit kam als metaphorischer Bote aus einer anderen Welt, um mich auf meinem Sterbebett zu trösten. Ich war in Ekstase und wäre am liebsten in alle Ewigkeit weiter gestorben. Erst Jahre später wurde mir klar, dass ich sexuell erregt gewesen war. Meine Unschuld – oder meine Verdrängung? – war phänomenal. Margit machte mich zur Gruppenführerin von einem Dutzend Mädchen, die zwei oder drei Jahre jünger waren als ich. Auf meinem ersten Sonntagsausflug in den Wienerwald verirrte ich mich, und wir kamen zwei Stunden zu spät nach Hause. Die Mütter der Mädchen waren wütend. Sowieso dauerte das Ganze nur etwa ein Jahr. Edi und mir gefiel die bürgerliche Einstellung der zentralen Pfadfinderorganisation so wenig wie die Trennung der Geschlechter. Deshalb traten wir bei den Pfadfindern aus, legten unsere beiden Gruppen zusammen und traten in die sozialistische Jugendbewegung ein, wo wir mit einem Lied empfangen wurden:

Ja, wer kommt denn da, ja, wer kommt denn da?
Es ist die Gruppe Jahoda.
Da kommen mit wuchtigem Schritt sie,
der Edi und die Mitzi.

Ich trat der Vereinigung Sozialistischer Mittelschüler bei, die ein paar Jahre zuvor von Paul Lazarsfeld gegründet worden und rasch gewachsen war. Paul meinte, der Erfolg sei zum Teil darauf zurückzuführen, dass er der allerersten Mitgliedskarte die Nummer 500 gegeben hatte. Ein Jahr später wurde ich zur Vorsitzenden der Vereinigung gewählt. Es war eine höchst

---

55 Rabindranath Tagore. 1921. *Das Postamt. Ein Bühnenspiel*. München: Wolf. Tagore (1861–
     1951), indischer Dichter und Philosoph, war einer der bedeutendsten Vertreter einer breiten
     sozialen und kulturellen Bewegung in Bengalen, die für umfassende gesellschaftliche Refor-
     men, darunter die Abschaffung des Kastenwesens, eintrat. 1913 erhielt er den Nobelpreis für
     Literatur.

lehrreiche Aufgabe. Zu unseren monatlichen Treffen, zu denen 100 bis 200 Mitglieder kamen und die ich leitete, lud ich führende Sozialisten als Redner ein. Otto Bauer kam, und daraus entstand eine sehr herzliche, persönliche Freundschaft. Ich besuchte ihn einmal, um ihn zu fragen, warum die sozialdemokratische Partei nicht heftiger gegen die Verfolgung der Kommunisten in Rumänien protestierte. Bei dieser Gelegenheit erzählte er mir von den Verfolgungen in der Sowjetunion, von denen ich nichts gewusst hatte. Er kurierte mich ein für allemal von allen kommunistischen Neigungen.

Dann gab es Zoltán Rónai,[56] einen ungarischen Flüchtling vor dem Horthy[57]-Regime – ein freundlicher, liebenswürdiger Mann und wunderbarer Lehrer. Mit etwa 20 von uns hielt er ein Seminar zum Austromarxismus ab. Dem orthodoxen Marxismus stand er recht kritisch gegenüber. In einer Diskussion blamierte ich mich. Rónai hatte aufgrund von Beschäftigungsdaten nachgewiesen, dass Marx' Theorie von der zunehmenden Polarisierung der Klassen falsch war. „Gibt man nun eine Theorie auf, bloß weil ein paar Fakten nicht dazu passen?", fragte ich. Rónai war schockiert ob dieser Geringschätzung der wirklichen Welt. Ich habe die Lektion nie vergessen.

Und dann gab es Otto Neurath,[58] ehemaliger Präsident des Zentralwirtschaftsamtes der kurzlebigen Bayerischen Räterepublik. Vom darauffolgenden Regime zu einer Haftstrafe verurteilt, war er nach Wien geflohen, wo er ein führendes Mitglied des Wiener Kreises[59] wurde, ein leitender Kopf in

---

56 Zoltán Rónai (1880–1940) flüchtete nach der Niederschlagung der ungarischen Räteregierung, in der er als Volksbeauftragter für Justiz tätig war, nach Wien, wo er bis 1934 in der Sozialdemokratie aktiv war.

57 Miklos Horthy (1868–1957) organisierte 1919 als Kriegsminister den militärischen Widerstand gegen die ungarische Räterepublik unter Béla Kun. 1920 wurde er von der Nationalversammlung zum Reichsverweser gewählt.

58 Otto Neurath (1882–1945) wurde als junger Mann 1919 für seine Aktivitäten nach der Zerschlagung der bayerischen Räterepublik wegen Beihilfe zum Hochverrat verurteilt und später nach Österreich abgeschoben. Seine Privatdozentur an der Universität Heidelberg wurde ihm aberkannt. In Wien gründete und leitete er das Gesellschafts- und Wirtschaftsmuseum als ein Volksbildungsinstitut für soziale Aufklärung und war 1929 führend beteiligt bei der Gründung des Wiener Kreises, der sich als Teil der sozialen und wirtschaftlichen Kämpfe der Gegenwart begriff. 1934, nach der Niederlage der Arbeiterbewegung in Österreich, floh er nach Holland und 1940 zusammen mit seiner späteren Ehefrau Marie Reidemeister auf abenteuerliche Weise nach England; dort arbeitete er in Oxford vor allem an der bildstatistischen Sprache Isotypie. Vgl. Günther Sandner. 2014. *Otto Neurath: Eine politische Biographie*. Wien: Zsolnay.

59 Der Wiener Kreis war ein Zusammenschluss von philosophisch interessierten Wissenschaftlern, die sich gegen die traditionale Philosophie und Metaphysik richteten. Vgl. Friedrich Stadler. 1997. *Studien zum Wiener Kreis. Ursprung, Entwicklung und Wirkung des Logischen Empirismus im Kontext*. Frankfurt a. M.: Suhrkamp.

der Erwachsenenbildung der Partei, Gründer und Direktor des städtischen Gesellschafts- und Wirtschaftsmuseums und Gott weiß was noch. Er war ein gewaltiger Mann, groß und massig, mit einem flammendroten Bart. Er unterschrieb alle Briefe, indem er einen Elefanten zeichnete – ein passendes Symbol. Uns Oberstufenschüler behandelte er von gleich zu gleich. Seine Lebensfreude war ansteckend und er verlor sie nie, selbst als er noch zweimal emigrieren musste. Das erste Mal im Jahr 1934, als er von einem Aufenthalt in Moskau nicht nach Wien unter Engelbert Dollfuß zurückkehrte. Er flüchtete nach Den Haag, wo er seine Arbeit nur ein paar Jahre lang fortsetzen konnte. Als Hitlers Armeen bereits in den Außenbezirken standen, flüchtete er auf einem Fischerboot nach England, alles zurücklassend, was er besaß. Er rief mich an und erklärte, er habe außer dem, was er beim Aufstehen am Leibe trug, nichts anzuziehen. Zum Glück war ein Anzug von Austen[60] groß genug für ihn.

Die andere lehrreiche Erfahrung aus meiner Arbeit im VSM (Vereinigung Sozialistischer Mittelschüler) war die Leitung der Sommerkolonien für Wiener Kinder. Unter dem Einfluss von Siegfried Bernfeld[61] hatte Paul diese Kolonien als Teil der Aktivitäten des VSM ins Leben gerufen. Ein weiterer wichtiger Einfluss waren die Kolonien, die Eugenie Schwarzwald[62] unmittelbar nach dem Ende des Ersten Weltkriegs organisiert hatte. Die Frau Doktor, wie sie allgemein genannt wurde, war eine ganz außerordentliche Frau. Sie war Gründerin und Direktorin des ersten österreichischen Mädchengymnasiums und sie und ihre Schule waren ein kultureller Mittelpunkt Wiens; der junge Serkin und Kokoschka[63] waren ihre Schützlinge, deren Kunst sie

---

60 Austen Albu (1903–1994), Ingenieur und leitender Direktor der Lampen- und Heizofenfabrik „Aladin". Als Mitglied der Labour Party war er Parlamentsabgeordneter und zeitweise Staatsminister für wirtschaftliche Angelegenheiten. Marie Jahoda lernte ihn 1938 in London über einen Exil-Österreicher kennen. 1958 heiratete sie ihn in zweiter Ehe in England.

61 Siegfried Bernfeld (1892–1953), Pädagoge und Psychoanalytiker in Wien und Berlin, hatte als Vertreter einer neuen, antiautoritären Erziehung Einfluss auf die sozialdemokratischen Jugendbewegungen. 1933 emigrierte er nach Frankreich und in die USA. Vgl. Siegfried Bernfeld. 1973. *Sisyphos oder die Grenzen der Erziehung.* Frankfurt a. M.: Suhrkamp (erstmals 1925).

62 Eugenie Schwarzwald (1872–1940), Pädagogin und Germanistin, promovierte 1900 an der Universität Zürich, die damals als einzige Hochschule im deutschsprachigen Raum auch Frauen zum regulären Studium zuließ. 1938 emigrierte sie in die Schweiz.

63 Rudolf Serkin (1903–1991), Pianist russischer Herkunft und Schüler Arnold Schönbergs. Er lehrte seit 1939 am Curtis Institute of Music in Philadelphia, USA. Oskar Kokoschka (1886–1980), österreichischer Maler, Graphiker und Dichter. Er studierte an der von Gustav Klimt geprägten Kunstgewerbeschule in Wien. 1937 wurden seine Werke als „entartet" aus öffentlichen Sammlungen in Deutschland entfernt. 1938 emigrierte er nach England.

ihren Schülerinnen und auch manchen Außenstehenden zugänglich machte, die sie nach Lust und Laune auswählte. Sie betätigte sich als soziale Neuerin in vielen Bereichen, in denen ihre originellen Ideen der ehrenamtlichen Arbeit zugutekamen. Eine dieser Ideen waren die Sommerkolonien auf dem Semmering, die von 19- bis 20-jährigen Studenten für Kinder bis 14 Jahren durchgeführt wurden. Etwa 1920 waren auch Rosi und ich in einer solchen Kolonie. Einer der jungen Betreuer war Paul. Ich erinnere mich an ihn als Organisator einer wöchentlichen Beliebtheitsumfrage. Wir Kinder wurden gefragt, welche Betreuer wir am liebsten mochten, und die statistischen Ergebnisse wurden am Schwarzen Brett ausgehängt. So unglaublich es mir heute erscheint, ich habe ihn nie gefragt, ob auch er sich von damals an mich erinnern konnte.

Im Sommer 1925 hatte ich die Leitung einer sechswöchigen Sommerkolonie für 200 Mädchen im Alter von zehn bis 15 Jahren übernommen. Es gab etwa zehn Betreuerinnen in meinem Alter. Die Sommerkolonie ist mir aus mehreren Gründen unvergesslich geblieben. Von der Stadt Wien bekamen wir eine finanzielle Beihilfe für Mädchen, deren Eltern nichts bezahlen konnten (die Mehrheit). Dennoch war das Geld äußerst knapp. Wir mieteten in Ebensee ein Schulhaus und Strohsäcke für die Schlafsäle. Bettzeug brachten alle von zu Hause mit. Es gab nur eine bezahlte Betreuerin – eine Frau, die für die Küche verantwortlich war; jeden Tag wurden die Mädchen nach einem Dienstplan zum Helfen eingeteilt. Wir hatten aber nur 160 mal Besteck für uns alle. Auch das bewältigten wir irgendwie. Jeden Morgen gab es eine Versammlung, auf der Musik oder Gedichte vorgetragen wurden (ich kannte viele Gedichte auswendig und nannte, ob Goethe, Rilke oder ich selbst, nie den Verfasser). Wir gaben die Tagespläne bekannt, zu denen nicht nur Wandern und Schwimmen gehörten, sondern auch Seminare, Theaterproben, Chorsingen und Regentänze. Um neun Uhr war Licht aus für die Kinder, während wir Erwachsenen noch ein oder zwei Stunden diskutierend und planend zusammensaßen. Ich arbeitete wie eine Sklavin und fühlte mich wie eine Königin.

Eines Tages kam Paul – der zentrale Organisator für mehrere Kolonien –, um uns zu überprüfen. Um zehn Uhr abends gingen er und ich auf einen Spaziergang, der erst um fünf Uhr in der Früh endete. Es war nicht viel mit dem Spaziergehen in jener warmen Sommernacht. Am nächsten Tag hielt Paul einen Vortrag, bei dem ich auf dem Podium saß. Was er sagte, hörte ich nicht; ich wurde vom lauten Gelächter der Anwesenden jäh geweckt.

Ein Jahr später leitete ich wieder eine Kolonie, diesmal in Klagenfurt. Paul arbeitete nicht weit davon in einer anderen Kolonie. Wir entdeckten ein Café, das um zehn Uhr abends praktisch leer war, dessen drei Musiker aber dablieben. Paul pfiff eine Melodie, und sie übernahmen sie mit ihren Instrumenten. Um Mitternacht war ich zurück im Schlafsaal.

Im letzten Schuljahr war die Disziplin recht locker. Wir mussten uns auf die Matura vorbereiten – fünf oder sechs schriftliche Arbeiten von je zwei Stunden –, aber die Lehrer verließen sich darauf, dass wir großenteils selbstständig arbeiteten, und so nahmen Susi, Bertha, Nuna und ich vieles gemeinsam durch.

Susi und Bertha: meine besten Schulfreundinnen. Wir saßen zusammen in der letzten Reihe, wo es sich leichter schwatzen ließ, wenn der Unterricht langweilig wurde, und halfen einander schamlos bei den Prüfungen; nicht bei der Matura allerdings, wo die Aufsicht streng war. Susi war in allen Fächern Klassenbeste. Ihr wacher Verstand war eher rezeptiv als kreativ, eher korrekt als originell. Man konnte sich immer darauf verlassen, dass sie alle Hausaufgaben gemacht hatte und einen fünf Minuten vor dem Klingeln noch schnell abschreiben ließ. Ihre Eltern waren altmodisch und autoritär, ihr Vater war sehr dominant und sehr streng zu seinen beiden Töchtern, ihre Mutter war schwach und zitterte vor ihm. Beide Mädchen genossen die freiere Luft in der Seidlgasse, wo sie häufig zu Besuch waren.

Bertha war ein bezauberndes Geschöpf, anmutig und schön. Die ganze Schulzeit über nahm sie Ballettunterricht bei Grete Wiesenthal, Wiens führender Persönlichkeit im modernen Tanz. Manchmal tanzte sie für uns – wundervolle Improvisationen. Ihr Vater war bei der Grippeepidemie von 1918 gestorben; ihr älterer Bruder hatte mit 18 Jahren Selbstmord begangen. Ihre Mutter war eine Frau mit unerschütterlichem Lebensmut; den hatte sie auch bitter nötig, denn schon vor dem Tod ihres Mannes hatte es eine Tragödie gegeben, und nach seinem Tod sollte eine noch schlimmere folgen. Von der ersten erzählte sie mir, als sie schon über 80 war und ich sie nach ihrer Krebsoperation in einem Londoner Krankenhaus besuchte. Als junges Mädchen hatte sie eine heftige Liebesaffäre mit einem Cousin gehabt, aber ihre Heirat wäre damals als Inzest betrachtet worden. Mit 75 schrieb sie diesem Cousin und schlug vor, dass sie jetzt glücklich in Sünde miteinander leben könnten; er lehnte höflich ab. Diesmal reagierte sie nicht mit gebrochenem Herzen, sondern mit Verachtung für den Feigling. In der Zwischenzeit war es zu der zweiten Tragödie gekommen, die eine Frau mit geringerer Lebenskraft zugrunde gerichtet hätte. Nicht sie. Edi zerbrach fast daran.

Er hatte sich erst in Susi, dann in Bertha verliebt. Für Monogamie war er nicht geschaffen. Jede von beiden hatte etwas, was ihn zutiefst anzog, so unterschiedlich sie waren. Dann wurde Susi schwanger. Er handelte als ‚Ehrenmann‘ und heiratete sie. Bertha litt. Beide Mädchen studierten Medizin, und Berthas Schönheit und Anmut zogen so manchen ihrer Kollegen an. Sie ging mit ihnen aus, aber ich glaube, sie nahm keinen von ihnen ernst. Sie hatte gerade ihr Examen gemacht, als ein junger Arzt sie im Auto zu einem Ausflug über Land mitnahm. In der Dämmerung fuhr er auf einen Lastwagen auf, aus dem ein unbeleuchteter Baumstamm herausragte. Bertha war sofort tot. Er war unverletzt. In seiner Verzweiflung rief er nicht Frau Reif an, sondern Edi. Ein paar Monate später brachen Frau Reif und jener junge Arzt zusammen zu einer langen Reise ans Mittelmeer auf.

Verunglimpfe ich Susis Charakter? Ihre niemals nachlassende, lebenslange Liebe zu meinem Bruder hat etwas Bewundernswertes und wirklich Einmaliges. Nie wurde ihre Ehe zu jener innigen Freundschaft, die der Segen guter und beständiger Ehen ist; sie blieb immer brennend heiß. Seit sie 17 war, hatte kein anderer Mann in ihrem Leben irgendeine Bedeutung. Edi machte nie ein Geheimnis aus seinen verschiedenen großen Lieben. Susi wusste von ihnen; eine Trennung hätte sie umgebracht und er liebte seinen Sohn. Jetzt, im hohen Alter, wo ihr Gedächtnis sie allmählich im Stich lässt, sind die Qualen vergessen, und sie spricht sehnsuchtsvoll von ihrer wunderbaren Ehe. Seit Edis Tod hat sie ihre Fähigkeit zu starken Liebesbindungen auf ihren Sohn Franz verlagert. Er ist ein sehr guter Sohn, der ihre vollkommene emotionale Abhängigkeit mit Fassung trägt.

Ich heiratete drei Jahre vor Susi, fast ein Jahr nach dem Tod meines Vaters. Wir wollten schon eher heiraten, aber mein Vater war sehr gegen Paul eingestellt. Während ich mir schmeichelte, dass er eifersüchtig sei – vielleicht war er es auch –, denke ich heute, er wusste, dass Paul für die Monogamie genauso wenig geschaffen war wie Edi. Ich fügte mich, weil ich mit meinem sehr ausgefüllten Leben und meiner unehelichen Beziehung zu Paul glücklich war. Aber ich versuchte, meinen Vater zu überzeugen, dass er sich irrte. Paul hatte unserer Beziehung zuliebe eine Verlobung mit einem interessanten, schönen und intelligenten Mädchen abgebrochen, das ich gut kannte. Also war ich überzeugt, dass ich nun die ‚Seinige‘ war, und das fürs Leben. Ich war unglaublich romantisch – heute kann ich es kaum noch glauben. Walter Wodak[64] schickte uns ein fein formuliertes Hochzeitstelegramm – der Verbindung von erster und zweiter Generation wünscht die dritte die vierte –, das nebenbei zeigt, wie vollkommen wir in der sozialistischen Jugendbewegung aufgingen; die Generationen bezogen sich auf die Führungswechsel in der Organisation.

Pauls Neigung zur Schaffung von persönlichen Problemen wurde entschärft durch seine Überzeugung, sie irgendwie lösen zu können. Bei dem Mädchen etwa, das er fallengelassen hatte, überredete er Fritz Adler, den damaligen Generalsekretär der Sozialistischen Arbeiter-Internationalen in Zürich, sie als Assistentin einzustellen – eine prestigeträchtige, erstrebenswerte Position. Viele Jahre später bin ich ihr mehrmals begegnet; sie kam aus einem Konzentrationslager, worüber sie ein sehr gutes Buch[65] geschrieben hat. Ich brachte aber nie den Mut auf, sie zu fragen, wie sie die Lösung damals empfunden hatte.

Die Ehe ging nicht gut. Fast von Anfang an hatte Paul Affären. Mein größter Fehler war, dass ich nie mit ihm darüber sprach, geschweige denn mit irgendjemand anderem. An der Oberfläche schien alles in Ordnung, aber ich war sehr unglücklich. Ich las einen Roman von Mechtilde Lichnowsky, dessen letzter Satz lautete: „Niemals hat ein junger Mensch sich in größerer Verzweiflung in das Abenteuer der Arbeit gestürzt."[66] Er schien wie für mich geschrieben, denn in der Tat arbeitete ich wie wild. 1926, im ersten Jahr ihres Bestehens, hatte ich an der zweijährigen Lehrerbildungsanstalt und gleichzeitig an der Universität zu studieren begonnen. Erstere war als Eliteschule für die Ausbildung von Lehrern in den Ideen und Methoden der Schulreformbewegung gedacht. Es wurden nur 20 Studenten aufgenommen, bei deren Auswahl es ebenso sehr nach ihrem politischen Engagement wie nach ihren Fähigkeiten ging. Ich war sehr gern dort. Wir hatten erstklassige Dozenten, machten gelegentliche Unterrichtspraktika und legten am Ende

---

64 Walter Wodak (1908–1974), Mitglied der sozialdemokratischen Partei Österreichs, wurde später in der Emigration in London ihr offizieller Parteivertreter. Während des Krieges arbeitete er in London mit Marie Jahoda im „Radio Rotes Wien" zusammen.

65 Ella Lingens-Reiner (1908–2002), das Buch *Prisoners of Fear* erschien 1948 in London; dt.: Ella Lingens. 2003. *Gefangene der Angst. Ein Leben im Zeichen des Widerstandes*. Wien: Deuticke.

66 Vgl. Mechtilde Lichnowsky. 1921. Geburt. In: *Werke Band 2 1921–1928*, 7–381. Wien: Zsolnay. Bei Lichnowsky lautet der zitierte letzte Satz: „Nie stürzte sich ein junger Mensch mit tieferer Trauer in den Abgrund der Arbeit."

umfangreiche Prüfungen ab. Einer meiner Kollegen war Karl Popper,[67] Karli, wie wir ihn nannten. Ich erinnere mich, wie er mich einmal wegen einer Rede zum Jahrestag der Republik kritisierte, weil ich zu intellektuell gewesen sei, nicht begeistert genug. Ich war gekränkt, denn für diesen Anlass hatte ich extra etwas von Ludo Hartmann[68] gelesen, was mich als tiefe Einsicht in die Verheißungen und Gefahren einer Revolution sehr beeindruckt hatte. Revolutionen, sagte Hartmann, nehmen in ihren Forderungen Dinge vorweg, zu deren Verwirklichung es Jahrzehnte brauchte; dieser Aufschub führe zu Enttäuschungen und stärke die Konterrevolution. Berichtenswert? Vielleicht als Anzeichen eines widersprüchlichen Selbstbildes. Ich hielt mich für unabhängig; ich halte mich immer noch dafür. Ich war abhängig vom Urteil anderer; ich bin es immer noch. Rund 80 Jahre habe ich gebraucht, um zu begreifen, dass darin kein Widerspruch liegt, dass Unabhängigkeit eine Illusion und schlechte Psychologie ist. Selbstverständlich kommt es ganz darauf an, was man mit Unabhängigkeit meint, Handlungen, Gefühle, auf die eigene innere Stimme hören? Aber darauf will ich jetzt nicht weiter eingehen.

Das Leben an der Universität sollte mit einer Enttäuschung beginnen. Schon während des letzten Schuljahrs hatte ich ganz bestimmte Vorlesungen besucht, Gundolph über Goethe, Charlotte Bühler[69] über Adoleszenz, die ich sehr spannend fand. So ging ich mit großen Erwartungen in das Auditorium Maximum zu Karl Bühlers[70] erster Vorlesung zur Einführung

---

67 Karl Popper (1902–1994) ist der Begründer des Kritischen Rationalismus, den er in Auseinandersetzung mit dem Wiener Kreis entwickelte. Nach Exiljahren in Neuseeland war er ab 1949 Professor für Logik und Wissenschaftstheorie an der London School of Economics.

68 Ludo Moritz Hartmann. 1905. *Über historische Entwicklung. Sechs Vorträge zur Einleitung in eine historische Soziologie*. Gotha: Perthes.

69 Charlotte Bühler (1893–1974), geboren in Berlin, promoviert in München, habilitiert in Dresden, ab 1923 Dozentin und 1929–1938 nicht beamtete außerordentliche Professorin für Psychologie an der Universität Wien; in den USA lehrte sie an der University of Southern California, Los Angeles. Wie ihr Mann, Karl Bühler, gehörte sie zu den Wegbereitern einer empirisch ausgerichteten Psychologie. Sie machte Untersuchungen zur Kindes- und Jugendpsychologie und Studien zur Erforschung des menschlichen Lebenslaufs auf der Basis vergleichender Betrachtung von Biografien. Marie Jahoda hat 1932 ihre Dissertation unter dem Titel *Anamnesen im Versorgungshaus* im Rahmen von Bühlers Forschungsprogramm zur Psychologie des Lebenslaufs geschrieben. Marie Jahoda. 2017. *Lebensgeschichtliche Protokolle der arbeitenden Klassen 1850–1930. Dissertation 1932. Mit einem Porträt über die Autorin von Christian Fleck*. Innsbruck: Studienverlag; vgl. Charlotte Bühler. 1959. *Der menschliche Lebenslauf als psychologisches Problem*. Zweite, völlig veränderte Auflage. Göttingen: Hogrefe.

70 Karl Bühler (1879–1963), Studium der Medizin und Philosophie, war einer der bedeutendsten Psychologen. Professor in München, Dresden und von 1922 bis 1938 in Wien, wo er das Psychologi-

in die Psychologie. Er aber sprach über die Physiologie der Sinnesorgane! Fast hätte ich abgebrochen. Mit den Jahren begann ich ihn zu achten und zu bewundern. Er war ein tiefer Denker. Seine Bücher über die Sprache und über die Krise in der Psychologie sind Klassiker. Als wir von den großen Vorlesungen zu den Seminaren aufstiegen, entdeckten wir unter seiner etwas steifen Korrektheit einen freundlichen und warmherzigen Mann, einen begeisterten Lehrer, der seine Studenten respektierte und ermutigte.

Um Pauls Gründungsvorhaben Ansehen zu verleihen, wurde er Präsident der Wirtschaftspsychologischen Forschungsstelle.[71] Als ich 1936 verhaftet wurde, hielt die Staatspolizei die Forschungsstelle für eine Deckadresse der Untergrundbewegung und steckte alle, die mit ihr zu tun hatten, ins Gefängnis. Bühler war damals noch nicht betroffen. Er wurde erst 1938 von der Gestapo verhaftet und blieb mehrere Wochen in Haft. Diese Erfahrung war offenbar so einschneidend für ihn, dass er sich nie wieder ganz von ihr erholte. Er emigrierte schließlich in die Staaten und erhielt einen Ruf an eine katholische Universität, der aber unter irgendeinem Vorwand zurückgezogen wurde. Er lehrte an einem kleinen College, fand aber nie die Anerkennung, die er verdiente. Menschen, die ihm in Amerika begegneten, beschrieben ihn als müde und deprimiert. Er starb ein paar Jahre nach dem Krieg.

Charlotte Bühler war von ganz anderem Kaliber. Sie war brillant, extrovertiert, sehr schön, sehr eitel, sehr dominierend, sehr begabt, sehr elegant.

sche Institut an der Universität leitete und die empirische Richtung der akademischen Psychologie förderte. Bühler unterrichtete auch am Pädagogischen Institut der Stadt Wien im Rahmen der Lehrerbildung für die sozialdemokratische Schulreform. Er gilt neben Ferdinand de Saussure, Roman Jakobson und Noam Chomsky als einer der wichtigsten Sprachtheoretiker des 20. Jahrhunderts. Vgl. Karl Bühler. 1934. *Sprachtheorie: Die Darstellungsfunktion der Sprache*. Jena: G. Fischer.

71 Paul F. Lazarsfeld gründete 1931 ein kleines, mit der Universität Wien assoziiertes Forschungsinstitut, die Wirtschaftspsychologische Forschungsstelle. Das Institut war als ein privater Verein organisiert, um sich vorwiegend durch kommerzielle Markt- und Konsumentenforschung finanzieren zu können; eine solche Organisationsform hatte es bis dahin in Europa noch nicht gegeben. In Kuratorium und Beirat saßen bekannte Universitätsprofessoren neben Großindustriellen, Karl Bühler fungierte als Präsident und Paul F. Lazarsfeld als Direktor. Die zahlreichen Mitarbeiter und Mitarbeiterinnen (darunter auch Marie Jahoda, welche nach der Emigration Lazarsfelds die Leitung der Forschungsstelle übernahm) waren vornehmlich Studierende am Psychologischen Institut der Universität. Die bekannteste Studie ist *Die Arbeitslosen von Marienthal* 1933. Nach diesem Vorbild der Forschungsstelle organisierte Lazarsfeld in den USA das Bureau of Applied Social Research an der Columbia Universität. Vgl. Christian Fleck. 1990. *Rund um „Marienthal". Von den Anfängen der Soziologie in Österreich bis zu ihrer Vertreibung.* Wien: Verlag f. Gesellschaftskritik.

Wir sagten immer, sie zöge sich während jeder Vorlesung zweimal um. Sie beutete ihre Studenten und Assistenten aus, Paul eingeschlossen, mit dem sie allerdings auch flirtete. Sie suchte sich ihre Assistenten teils nach ihren intellektuellen Fähigkeiten und teils nach ihrer Eignung als Tanzpartner aus. Paul qualifizierte sich für beides, wenn ihm auch Egon Brunswik[72] im zweiten Punkt überlegen war. Nach dem Mittwochskolloquium gingen Studenten und Lehrkörper zum Essen und Tanzen.

Sie veröffentlichte ein Gutteil meiner Dissertation in einem ihrer Bücher, mit einer kleinen Fußnote, in der sie einräumte, dass ich irgendetwas damit zu tun hatte.[73]

Einmal gingen Paul und ich mit ihr im Wienerwald spazieren. Paul berichtete über eine Studie über Oberschüler und sagte: „Es stimmt tatsächlich, dass die jüdischen Schüler intelligenter sind." Lange Pause ihrerseits, dann: „Wissen Sie eigentlich, dass ich auch zum Teil Jüdin bin?"

Ich bekam eine sehr schwere Bauchfellentzündung, zu schwer, um ins Krankenhaus gebracht zu werden. Charlotte bestand darauf, mich zu besuchen. „Was fehlt Ihnen denn?" „Bauchfellentzündung", flüsterte ich, da man mir eingeschärft hatte, mich nicht zu bewegen und nicht laut zu reden. Sie: „Aber dann müssen Sie sich vorsehen – ich kenne jemanden, der daran gestorben ist." Ich kicherte. Diese nicht zu unterdrückende Reaktion brachte wohl irgendetwas in meinem Inneren wieder in Ordnung und rettete mir das Leben.

Hexl,[74] Fritz' Frau, schrieb ihre Dissertation, während ich im Gefängnis war. Charlotte Bühler sollte sie eigentlich betreuen, aber sie sagte: „Mir kommt keiner mehr über die Schwelle, der den Namen Jahoda trägt."

Im Gegensatz zu Karl war sie in den Staaten sehr erfolgreich, ließ sich in Kalifornien nieder und wurde eine führende Persönlichkeit in der Humanistischen Psychologie. In den 1960er Jahren besuchte sie London und bat

---

72 Egon Brunswik (1903–1955) war der einzige regulär bezahlte Assistent am Wiener Psychologischen Institut und wurde später Professor für Psychologie in Berkeley.

73 Charlotte Bühler. 1933. *Der menschliche Lebenslauf als psychologisches Problem*. Leipzig: S. Hirzel; der Hinweis auf die Dissertation von Marie Jahoda findet sich auf S. 2, ihr Material verwendet sie auf S. 18 f. und S. 40 f.; vgl. dazu auch Jahoda 2017, Fußnote 69.

74 Hexl ist Hedwig Jahoda, geborene Kramer (1911–1961), seit 1935 mit Maries Bruder Fritz Jahoda verheiratet. Sie studierte an der Universität Wien Psychologie und wurde 1935 promoviert. Der Titel ihrer Dissertation lautet *Leben und Beruf. Studie an Politikerleben* und wurde von Charlotte Bühler betreut. Als Studentin gehörte Hedwig Kramer dem Projektteam der Marienthal-Studie an.

mich, sie in ihrem Hotel aufzusuchen. Austen begleitete mich und blieb ein paar Minuten. Als er gegangen war, sagte sie: „Ich hätte nie gedacht, dass Sie einen so gut aussehenden Mann bekommen würden." Was für eine Frau!

Ich nahm meine Vorlesungen an der Universität nicht sehr ernst; ich war viel zu beschäftigt. Gegen eine kleine Bestechung verschaffte einem der Hausmeister das Testat, mit dem der Professor die regelmäßige Anwesenheit bestätigte; mit über 100 Hörern in den Hörsälen konnten die Professoren gar nicht wissen, wer dagewesen war. Dass ich 1933 mein Rigorosum bestand, verdanke ich zwei Monaten sehr intensiven Studierens und der Unterstützung von Käthe Wolf,[75] die ihren Doktor zwei Jahre zuvor gemacht hatte und alle Fragen und Tricks der Professoren kannte. Ein Rigorosum an der Universität Wien war damals eine große Veranstaltung: eine dreistündige mündliche Prüfung, abgehalten von drei Professoren in der Großen Aula, die voller Studenten, Familienmitglieder und Freunde war. Jedermann konnte teilnehmen. Meine Mutter saß die ganze Zeit dabei. Ich schämte mich ein bisschen, weil ich besser redete, als ich eigentlich Bescheid wusste. Ich hatte den Stoff zwar gelernt, aber nicht ernsthaft über ihn nachgedacht.

Zwischendurch war auch so viel passiert. Vier oder sechs Monate lang – ich kann es zeitlich nicht mehr ganz einordnen – arbeitete ich als Assistentin von Gustav Ichheiser[76] in der Berufsberatung der Gemeinde Wien, wo ich 14-jährige Schulabgänger testete und beriet. Ichheiser war ein brillanter und begabter Psychologe, exzentrisch in Denken und Lebensstil. Er entwarf einen Satzergänzungstest für Jugendliche: „Erfolg ist, wenn ..." Unvergesslich der 14-Jährige, der schrieb: „... ich groß bin und eine reiche Frau heirate und sie stirbt und lässt mir all ihr Geld." Ein schwerer Schlag für meine idealistische Weltsicht.

Ichheiser flüchtete 1939 nach England und besuchte mich in Bristol, wo er mir tief verstört erschien. Er kritisierte mein relativ flüssiges Englisch als

---

75 Katherine M. Wolf (1907–1967) promovierte 1930 in Psychologie an der Universität Wien, wo sie mit Charlotte Bühler arbeitete. Sie forschte vor allem zu psychoanalytischen Problemen der Kindheit. 1938 emigrierte sie in die Schweiz, 1941 in die USA. Dort war sie Mitarbeiterin im Bureau of Applied Social Research der Columbia University (1944–1946) und später Professorin in Yale und am City College in New York.

76 Gustav Ichheiser (1897–1969), in Krakau geborener Sozialpsychologe und Soziologe, studierte nach Ende des Ersten Weltkriegs Psychologie und Philosophie an der Universität Wien. Er floh 1938 nach London und emigrierte 1940 in die USA, wo er 1950 eingebürgert wurde. Vgl. Christian Fleck. 2015. *Etablierung in der Fremde. Vertriebene Wissenschaftler in den USA nach 1933*. Frankfurt a. M.: Campus, S. 295–332.

Verrat an meiner Herkunft. 1940 ging er in die Staaten, fand an der Universität von Chicago Förderer und Unterstützer. Er wurde immer verbitterter und überwarf sich mit all seinen Anhängern. Nach zwei oder drei Jahren wurde Schizophrenie diagnostiziert, und er verbrachte elf Jahre in einer staatlichen psychiatrischen Klinik. Er starb kurz nach seiner Entlassung. Posthum hatte seine traurige Geschichte noch ein glückliches Ende: Vor etwa 15 Jahren entdeckten ein kanadischer Psychologe und ein Psychologe an der London School of Economics seine frühen Schriften, waren tief beeindruckt, schrieben über ihn und rehabilitierten seinen Ruf.[77]

Ein noch wichtigerer Abschnitt in meinem Leben begann 1928. Paul und ich beschlossen, dass mit unserer Ehe etwas zu geschehen hatte und dass wir beide einmal ohne die Alltagsreibereien über ihre Zukunft nachdenken mussten. Paul würde sich in eine Psychotherapie begeben und ich für fast ein Jahr nach Paris gehen.

Paris war großartig. Ich besuchte vier Monate lang die Alliance Française, um mein Französisch zu verbessern, jeden Tag vier Stunden. Ich arbeitete als Übersetzerin an der Sprachschule Berlitz, um meinen Lebensunterhalt zu verdienen, hörte in ein paar Vorlesungen an der Universität Sorbonne hinein (von denen mir nichts erinnerlich ist), nahm Kontakt mit den französischen Sozialisten auf, las Michelet[78] in der Nationalbibliothek und lernte viele junge und nicht mehr ganz so junge Menschen kennen. In meiner Klasse war ein Chinese von unbestimmbarem Alter, der mir immer *Petits bleus* schickte – Depeschen, die innerhalb von zwei Stunden zugestellt wurden – und die er regelmäßig mit „Je vous adore, Madame" schloss. Ich fürchte, ich habe ihn ausgenutzt, indem ich mich von ihm zu den großartigsten chinesischen Essen ausführen ließ, mehr aber auch nicht. Ich hatte in Paris noch zwei andere Jobs. Zwei oder drei Monate lang war ich Sekretärin und Gesellschafterin von Angelica Balabanoff, die Mussolinis Geliebte gewesen war, als er noch Sozialist war. Sie blieb es. Als ich sie kennenlernte, war sie schon sehr alt und ein bisschen verwirrt und lebte ganz in der Vergangenheit. Wir tranken Tee mit Marmelade aus einem Samowar, während sie sich in

---

77 Peter Freund. 1974. Visible and Invisible. A Look at the Social Psychology of Ichheiser. *Journal of Phenomenological Psychology* 5: 95–111. Vgl. Amrei C. Joerchel und Gerhard Benetka (Hrsg.). 2018. *Memories of Gustav Ichheiser: Life and Work of an Exiled Social Scientist.* Cham: Springer.

78 Jules Michelet (1798–1874), französischer Historiker.

Erinnerungen an ihr Leben erging. Sie verließ höchst ungern allein das Haus. Wenn es doch sein musste, trug sie immer einen Zettel mit ihrer Adresse bei sich. Obwohl sie seit Jahren im selben Haus in Montmartre wohnte, traute sie sich mit Recht nicht zu, nach Hause zurückzufinden.

Eines Tages las ich eine Anzeige, mit der für zwei spanische Buben ein Lateinlehrer gesucht wurde, um sie auf den Eintritt in ein österreichisches katholisches Gymnasium vorzubereiten. Es stellte sich heraus, dass der Unterricht während zweier Sommermonate am Strand von Étretat stattfinden sollte und die Witwe, die mich einstellte, sieben Söhne im Alter von 15 bis drei Jahren hatte und dass ich mit ihnen leben sollte, als gehörte ich zur Familie. Das tat ich denn auch. Die Vormittage gehörten dem Lateinunterricht der beiden älteren Buben, die weder Französisch noch Deutsch sprachen; dafür konnte ich kein Spanisch. Wir schlugen uns, mit zweifelhaften Resultaten, mit Hilfe von Wörterbüchern durch. Ehrlicher verdiente ich mein Geld nachmittags am Strand, wo ich auf alle sieben aufpasste. Irgendwo gibt es ein Foto von uns, wo wir alle acht in einer Reihe im Sand auf dem Kopf stehen. Die Buben mochte ich gern, ihre Mutter nicht.

In jenem Sommer hatte Paul angefangen, mir sehr liebevolle Briefe zu schreiben. Im Herbst 1929 kam ich nach Wien zurück, und dann trat das wirklich große Ereignis ein: Ich wurde schwanger. Eine Zeit lang ließ sich alles gut an, trotz morgendlicher Übelkeit. Ich war von Pauls Freude über dieses ungeplante Ereignis ganz überwältigt. Ich selbst hätte gern noch ein wenig abgewartet. Erst mit fortschreitender Schwangerschaft begann ich allmählich das Einmalige dieser Erfahrung auszukosten: Die felsenfeste Gewissheit, dass, komme was wolle, in einer absehbaren Zahl von Monaten etwas ganz Wichtiges in meinem Leben geschehen würde. Ich brauchte gar nichts dazu zu tun, keine Entscheidungen zu fällen, nur abzuwarten. Ich nahm mein Studium und meine politischen Aktivitäten wieder auf, sprach abends vor sozialistischen Jugendgruppen, schrieb ein paar Artikel und Rezensionen und ein Gedicht, das in der *Arbeiter Zeitung* veröffentlicht wurde und an dem eine ganze Geschichte hängt, aber darüber ein andermal mehr.

Ich vermute, eine fortgeschrittene Schwangerschaft ist für viele Ehemänner eine arge Belastungsprobe. Für Paul jedenfalls war sie das. Er konnte allem widerstehen außer der Versuchung, und an Versuchungen mangelte es an Universität und Forschungsstelle nicht. An dem Abend, als die Wehen einsetzten, waren wir bei den Zeisels.[79] Man tanzte, Paul mit seiner damaligen Freundin, als ich ihn bitten musste, mich ins Entbindungsheim zu bringen. Die 14 Tage, die ich dort verbrachte – eine wunderbare, altmodische Gepflogenheit –, genoss ich gründlich. Ich hatte ein Zimmer zu einem schönen Garten hin, mit weit offenen Fenstern in jenen heißen Sommertagen – und mit Lotte, die sich außerordentlich gut benahm, trank, schlief und um sich schaute. Sie hieß nach einer von Pauls Freundinnen, einer verflossenen, nicht der aktuellen. Er war von Anfang an ein stolzer, hingebungsvoller Vater. Mit einem Haken: An dem Tag, an dem er uns beide nach Hause in den Karl-Marx-Hof holte, erzählte er mir einigermaßen verlegen, er habe sich verabredet, um ein paar Tage wegzufahren; ob es mir etwas ausmache? Er fuhr, und stattdessen kam meine Mutter, stolz auf ihr erstes Enkelkind. Sie und Rosi machten in Lottes ersten sieben Jahren mein Leben überhaupt erst möglich, denn innerhalb von zwei Jahren war ich alleinerziehende Mutter und abhängig von ihrer materiellen und moralischen Unterstützung.

Davor jedoch war Paul ein vorbildlicher Vater. Er konnte Windeln wechseln, Flaschen sterilisieren und aufwärmen, und stand nachts auf, wenn Lotte schrie. Charlotte Bühler entwickelte damals ihre Babytests und brauchte für jeden Monat des ersten Jahres Beobachtungsdaten über einen zusammenhängenden Zeitraum von 24 Stunden. Lotte war eine ihrer Quellen, und Paul und ich wechselten uns alle vier Stunden ab, um getreulich jede Geste, jedes Lächeln, jeden Laut zu protokollieren. Ihr war es gleich.

Als ich meine Dissertation schrieb, war Lotte noch ein Kleinkind. Sie verspeiste etwa zehn kostbare Seiten des ersten Entwurfs. Bei der Promotion hingegen benahm sie sich bewundernswert.

Als Lotte etwa fünf war, veranstalteten Fritz und ich für ein rundes Dutzend Kinder im Alter von fünf bis acht Jahren einen Kurs zur Musikwahrnehmung. Lotte und Franz nahmen zusammen mit Kindern aus unserem Bekanntenkreis teil. Ich kann mich nicht erinnern, ob wir es nur für Luft und

---

79 Hans Zeisel (1905–1992) studierte Rechtswissenschaften und Nationalökonomie in Wien. Er war ein Freund von Paul F. Lazarsfeld und verfasste den Anhang der Marienthal-Studie: Hans Zeisel. 1975. Zur Geschichte der Soziographie. In: Marie Jahoda, Paul F. Lazarsfeld, Hans Zeisel. *Die Arbeitslosen von Marienthal. Ein soziographischer Versuch über die Wirkungen langandauernder Arbeitslosigkeit*, 113–142. Frankfurt a. M.: Suhrkamp (erstmals 1933). Bis zu seiner Flucht 1938 arbeitete Zeisel in Wien als Rechtsanwalt, in den USA zuerst im Bureau of Applied Social Research, später in einer Marktforschungsfirma und schließlich als Professor für Rechtssoziologie an der Universität von Chicago.

Liebe taten oder doch auch für Geld; und auch nicht, wie wir auf die Idee kamen. Vielleicht weil ich so viel von Fritz gelernt hatte: Ehe ich in eine Oper ging, nahm er die Partitur mit mir durch, spielte die Motive auf verschiedenen Instrumenten vor, improvisierte ein wenig, erklärte sie auch. Jedenfalls geschah Folgendes: Wir konzentrierten uns auf Mozart, Schubert, Beethoven, Chopin. Ich erklärte, dass Musik verschiedene Empfindungen auslösen konnte, Fritz spielte Beispiele vor. Jeder Komponist hatte seine eigene Sprache; nach einer Weile erkannten die Kinder bei einem unbekannten typischen Stück den Komponisten. Fritz und ich hatten großen Spaß dabei. (PS: Weder Lotte noch Franz können sich heute noch im Mindesten daran erinnern.)

Persönlich, beruflich und politisch waren 1932 bis 1934 entscheidende Jahre. Von 1932 bis 1933 war ich 14 Monate lang bei Heinz Hartmann[80] in der Analyse. Ihr wichtigstes Ergebnis für mich war, dass es mir danach etwas leichter fiel, über meine Gefühle zu sprechen. Es gab schmerzhafte Augenblicke und einen sehr komischen. Hartmann war ein ganz orthodoxer Analytiker. Ich lag auf der Couch, er saß hinter mir. Auf meine langen Schweigeperioden reagierte er mit gelegentlichen Fragen: „Warum sagen Sie nichts? Was denken Sie?" Ich wusste nichts zu antworten, und allmählich ging es mir auf die Nerven. Also versah ich mich mit einem passenden Thema. Ich las damals gerade ein pornografisches Buch, das mir Hans Zeisel geliehen hatte, *Josefine Mutzenbacher*,[81] das anonym erschienen war, von dem man aber wusste, dass Felix Salten es geschrieben hatte, ein bekannter Kinderbuchautor. Es fiel natürlich unter die Zensur und war äußerst selten aufzutreiben. Nachdem ich also wieder einmal lange geschwiegen hatte, überwand ich mich schließlich und sagte: „Ich lese gerade *Josefine Mutzenbacher*." Und wie aus der Pistole geschossen ertönte hinter mir eine interessierte Stimme: „Wie sind Sie denn an ein Exemplar gekommen?" Beiden fiel uns der Kontrast zu unserer üblichen Schweigekonkurrenz auf; wir lachten. Auf den Verlauf der Analyse wirkte es befreiend.

Zeisels Exemplar nahm ein trauriges Ende. Meine Mutter fand es unter Lottes Windeln versteckt. Sie muss ziemlich viel davon gelesen haben und

---

80 Vgl. Fußnote 30.
81 *Josefine Mutzenbacher oder Die Geschichte einer Wienerischen Dirne* ist ein Roman der erotischen Literatur, der anonym erstmals 1906 publiziert wurde. Der Roman gilt seit seinem Erscheinen als ein Meisterstück, fand aber größere Verbreitung erst in den 1970er Jahren nach seiner Verfilmung durch Regisseur Kurt Nachmann.

war von meinem Versteck vielleicht mehr schockiert als vom Inhalt, aber eben doch schockiert. Sie nahm es und versenkte es auf dem Nachhauseweg von einer Brücke aus im Donaukanal.

1932 hatte Paul sich, ernsthafter als sonst, in Herta[82] verliebt, die seine zweite Frau wurde. 1933 ging er mit einem Rockefeller-Stipendium in die Staaten. Damit er heiraten konnte, mussten wir uns scheiden lassen. Nach österreichischem Recht mussten bei einer Scheidung aufgrund von Unvereinbarkeit der Charaktere beide Partner dreimal in Abständen von je einem Monat vor einem Richter erscheinen, der eine Versöhnung herbeizuführen versuchte. Während Pauls Abwesenheit konnte sein Vater für ihn erscheinen. Robert Lazarsfeld war Anwalt, ein freundlicher, eher verschlossener, immer im Schatten seiner Frau stehender Mann (davon ein andermal mehr); ich verstand mich gut mit ihm, und wir einigten uns, dass die Versöhnungsversuche nichts als eine notwendige Formalität waren. Man stelle sich meine Bestürzung vor, als er beim ersten Mal im Ernst zu bitten begann: „Mitzi, wir lieben dich doch so, wir lieben Lotte, wir möchten dich nicht verlieren, überleg es dir doch noch einmal."

Beruflich waren diese Jahre aufregend und ereignisreich. Ich arbeitete gelegentlich als Aushilfslehrerin, meistens aber in der Forschungsstelle, deren Direktorin ich nach Pauls Weggang wurde. Vorher hatte ich etwa ein Jahr in Otto Neuraths Gesellschafts- und Wirtschaftsmuseum damit zugebracht, die Daten für seine darstellende Statistik zusammenzustellen. In diesen Jahren lebten Lotte und ich meist mit meiner Mutter zusammen, was mir das Arbeiten überhaupt erst ermöglichte. Das wichtigste Produkt all dieser Aktivitäten war natürlich *Marienthal*.[83] Über diese Untersuchung ist so viel

---

82 Herta Herzog (1910–2010) war wie Marie Jahoda promovierte Psychologin und lebte bis zu ihrer Emigration im Jahr 1935 in Wien. In den USA arbeitete sie anfangs im Columbia Office of Radio Research und später in einer Marktforschungsfirma. Von 1936 bis 1945 war sie mit Paul F. Lazarsfeld verheiratet. Vgl. Christian Fleck. 2021. Lazarsfeld's wives, or: what happened to women sociologists in the twentieth century. *International Review of Sociology* 31(1): 49–71.

83 Weltweit bekannt geworden ist Marie Jahoda durch ihre Mitarbeit an einer Studie über Arbeitslosigkeit in dem österreichischen Industriedorf Marienthal in der Nähe von Wien. *Die Arbeitslosen von Marienthal* erschien erstmals 1933, herausgegeben von der Österreichischen Wirtschaftspsychologischen Forschungsstelle. Erst 1960 wurde die Studie wieder neu aufgelegt. Die aktuelle deutsche Fassung erschien 1975 bei Suhrkamp. Vgl. auch Marie Jahoda. 1991. Marie Jahoda, Paul F. Lazarsfeld und Hans Zeisel: „Die Arbeitslosen von Marienthal". In: *Handbuch Qualitative Sozialforschung. Grundlagen, Konzepte, Methoden und Anwendungen*, hrsg. Uwe Flick, Ernst von Kardorff, Heiner Keupp, Lutz von Rosenstiel, Stephan Wolff, 119–122. München: Psychologie Verlags Union.

geschrieben worden, von mir und von anderen – ich kann es nicht noch einmal wiederholen. 1980 luden mich einige junge Sozialwissenschaftler, die die Geschichte des Dorfes weiterschreiben wollten, zu einem erneuten Besuch dort ein. Es kam zu einer denkwürdigen Zusammenkunft mit rund 100 Bewohnern, die behaupteten, sich an mich zu erinnern. Ich habe einen Artikel über das geistige Klima und den Ursprung der Sozialpsychologie in Wien geschrieben.[84]

Von meinem 25. bis 50. Lebensjahr war ich eine alleinstehende Frau, verdiente meinen Lebensunterhalt selbst und war allmählich richtig stolz auf meine Unabhängigkeit, wenn auch emotional abhängig von Freunden – Frauen und Männern. Von beiden gab es mehrere. Den Männern verdanke ich die eindrücklichsten Erfahrungen, manche wundervoll, manche schwierig, manche beides zugleich und manche, töricht wie ich war, weder noch, am besten zu vergessen.

Die politische Situation in Österreich verschlechterte sich zusehends. 1933 löste Dollfuß unter einem Vorwand das Parlament auf, führte die politische Zensur der Presse ein, drohte allen sozialistischen Organisationen, gründete die Vaterländische Front, deren militärischer Flügel die Heimwehr war. Er hatte allen Grund, Hitler zu fürchten, seinen westlichen Nachbarn, aber reaktionär wie er war, nahm er sich Mussolinis Italien im Süden mit seinem Faschismus zum Vorbild. Ich war auf der letzten 1. Mai-Demonstration auf der Ringstraße dabei, als wir von der berittenen Polizei aufgelöst wurden. Nur wenige Dinge sind furchterregender als die Vorderhufe eines Pferdes, das sich direkt vor einem aufbäumt. Ich rannte.

Der militärische Arm der Sozialdemokraten war der Schutzbund. Beide Seiten bewaffneten sich; die Frage war nicht mehr, ob es zum Zusammenstoß kommen würde, sondern wann. Die sozialdemokratische Partei versuchte, unter den immer strengeren Auflagen weiter offen zu arbeiten. Aber wir alle wussten, dass es nicht dauern konnte. Ich war damals mit einem jungen Deutschen befreundet, einem Mitglied der Berliner Untergrundgruppe Neu Beginnen,[85] der für ein Jahr nach Wien gekommen war, weil

---

84 Marie Jahoda. 1981. Aus den Anfängen der sozialwissenschaftlichen Forschung in Österreich. *Zeitgeschichte* 8(4): 133–141.

85 Es war Oskar Umrath (1913–1943), der Marie Jahoda zu Neu Beginnen brachte. Die Gruppe gehörte zu den bedeutendsten deutschen Widerstandsgruppen. Sie bemühte sich um wirksame Methoden der Untergrundtätigkeit. In Deutschland selbst konnte sich die dezentral organisierte Gruppe lang halten. Umrath wurde 1938 verhaftet und kam in einem KZ ums Leben. Die

er sich in Deutschland politisch verdächtig gemacht hatte. Otto Neurath hatte ihm eine Arbeit am Museum gegeben. Er drang darauf, dass ich mich ernsthaft auf illegale politische Arbeit vorbereitete. Also schloss ich mich einer ganz kleinen Gruppe an, Funke, dem österreichischen Flügel von Neu Beginnen. Auf den wöchentlichen Treffen lernte ich, wie man Zellen organisiert, Decknamen gebraucht, unsichtbare Tinte herstellt und benutzt und anderes. Wir alle wussten, dass das Signal für die endgültige Konfrontation ein Generalstreik sein würde. Als ich am 12. Februar 1934 das Haus verließ, fuhren keine Straßenbahnen. Der kurzlebige, aussichtslose Bürgerkrieg hatte begonnen. Angefangen hatte er in Linz, wo die Polizei versucht hatte, den Sitz der sozialdemokratischen Partei zu stürmen. Ich weiß nicht, und es ist, glaube ich, auch nicht bekannt, ob der erste Schuss von innen oder von außen abgefeuert wurde. Es war ein ungleicher Kampf. Die Regierung hatte nicht nur Polizei und Heimwehr, sondern auch das Militär. Um den Karl-Marx-Hof unter Beschuss zu nehmen, wurden Kanonen eingesetzt. Die Schutzbündler kämpften in den Provinzen und in den Wiener Außenbezirken. Dem Aufruf zum Generalstreik folgten nur wenige, die Kämpfe gingen nach zwei Tagen zu Ende. Die Arbeiter hatten mehr Angst vor der Arbeitslosigkeit als vor der Diktatur; deshalb arbeiteten sie bei Tage und besetzten bei Nacht die Stellungen. Nach zwei Tagen flohen die Führer der Partei aus dem Land. Edi, einer der wenigen Sozialisten, die ein eigenes Auto besaßen, fuhr den Führer des Schutzbundes nachts zu einer unbewachten Stelle an der tschechischen Grenze. Dass Flucht das einzig Richtige war, offenbarte sich einige Tage danach auf furchtbare Weise. Dollfuß ließ 13 Männer hängen, die er für Führer des Schutzbundes hielt. Wir hatten alle gewusst, dass der Bürgerkrieg unvermeidlich war, aber als er dann kam und so brutal endete, waren wir völlig verstört. Rückblickend erscheint die Illusion, wir hätten gewinnen können, wider alle Vernunft. Aber sich der Diktatur ohne Gegenwehr beugen? Kämpft man für eine gute, aber verlorene Sache? Ich weiß es nicht. Natürlich hatten wir auch ganz unrealistisch Hilfe vom demokratischen Westen erwartet. Als die Kämpfe noch im Gang waren, arbeitete

Exilzentrale verlegte Neu Beginnen 1939 von Paris nach London. Die Londoner Gruppe zählte damals etwa 20 Mitglieder. Trotz der geringen zahlenmäßigen Bedeutung gewann sie unter englischen und ausländischen Sozialisten und in den Kreisen der fortschrittlichen Emigration einen gewissen Einfluss. Francis L. Carsten. 1996. *Widerstand gegen Hitler. Die deutschen Arbeiter und die Nazis.* Frankfurt a. M.: Insel.

ich als Botin für den Schutzbund. In einer Kirche im ruhigen Zentrum von Wien traf ich mich wie vereinbart mit einem Boten aus einem anderen Bezirk, um eine Botschaft weiterzugeben. Als wir aus der Kirche kamen, sahen wir ein Flugzeug am Himmel, damals noch ein seltenes Ereignis. Wir dachten, der Westen käme uns zu Hilfe. Diese Illusion überdauerte keinen Tag.

Eine Woche nach dem Ende gingen mein deutscher Freund und ich nachts zum übel zugerichteten Karl-Marx-Hof und brachten Zettel an, auf denen stand: „Wir kommen wieder." Zu diesem Zeitpunkt, als die Brutalität der Regierung ihren Höhepunkt erreichte, war das nicht nur gefährlich, sondern ausgesprochen dumm und verstieß gegen die strikte Regel der Untergrundarbeit, sich niemals zu wirkungslosen Gesten hinreißen zu lassen. Es ist nur zu verstehen als Ausdruck der überwältigenden Gefühle, die durch Tod, Zerstörung, Demütigung, Machtlosigkeit und den Wunsch nach Rache hervorgerufen wurden.

Ich beruhigte mich; ich musste ja. Und nun wurde es ernst mit der Untergrundarbeit, soweit Lotte und meine Ganztagsarbeit bei der Forschungsstelle dies erlaubten. Anfangs war die Untergrundbewegung außerordentlich stark. Es gab buchstäblich Tausende von Fünfer-Zellen, die auf dem Laufenden gehalten werden mussten, die die in Brünn gedruckte und ins Land geschmuggelte *Arbeiter Zeitung* bekommen und überhaupt spüren mussten, dass sie nicht allein waren. Der Einparteienstaat mit seiner totalen Presse- und Rundfunkkontrolle brachte keine Nachrichten, denen man trauen konnte. Ich war Mitglied des Bildungsausschusses und besuchte viele Zellen.

Einige Begebenheiten haben sich mir besonders eingeprägt: Einen Fabrikarbeiter hatte ich dazu gebracht, der faschistischen Gewerkschaft beizutreten, sodass wir an interne Informationen herankamen. Nach etwa zwei Monaten sagte er mir, er könne nicht länger mitmachen. Warum? Der Vorsitzende des Ausschusses hatte ihn nach dem Treffen zu einem Bier eingeladen und ihm von seinem schwer kranken Kind erzählt. Der Mann tat ihm so leid, er konnte sein politisches Vertrauen nicht länger missbrauchen. Der Feind mit menschlichem Gesicht hörte auf, ein Feind zu sein.

Ein Zeitungshändler hatte sich bereit erklärt, als Anlaufstelle für die illegale *Arbeiter Zeitung* zu dienen. Einen Tag vor der nächsten Abholung sah ein Mitglied unserer Organisation die Polizei in seinen Laden gehen. 50 Verteiler würden ihr am nächsten Tag direkt in die Arme laufen. Was tun? Er hatte eine glänzende Idee. In der Abendzeitung gab er eine Anzeige auf, mit der ein Verkäufer gesucht wurde. Bei der hohen Arbeitslosigkeit damals hatte das die gewünschte Wirkung. Am nächsten Morgen stand vor dem Geschäft eine lange Schlange – keiner der Verteiler wurde erwischt.

Aber andere hatten weniger Glück, waren vielleicht weniger vorsichtig, wurden vielleicht auch von Verrätern aus den eigenen Reihen denunziert. Regelmäßig gab es Verhaftungen. Manchmal war ich ganz nervös und verdächtigte jeden Mann, der hinter mir herging, als Polizeispitzel, obwohl er ganz andere oder überhaupt keine Absichten haben mochte. Ich hatte gute Gründe, nervös zu sein.

Eines Abends arbeitete ich noch spät in der Forschungsstelle. Ich hatte inzwischen zwei Zimmer einer großen Wohnung in Döbling[86] bezogen, die einer netten älteren Dame gehörte, die gern den Babysitter spielte. Normalerweise holte ich Lotte um vier Uhr nachmittags von der Montessori-Schule ab, ging mit ihr nach Hause und brachte sie abends um sieben ins Bett. Ich wusste, dass sie gut aufgehoben war, aber ich wusste auch, dass sie nicht wollte, dass ich noch einmal fortging. Ich hatte Schuldgefühle, wenn ich ging, und wenn sie mich zum Bleiben veranlasste, hatte ich Schuldgefühle wegen meiner Arbeit. Durch die Ereignisse der nächsten acht Jahre wurden meine Schuldgefühle ihr gegenüber noch verstärkt, und ich bin sie nie ganz losgeworden. Jetzt im Alter kann ich es als großes Wunder akzeptieren, dass sie sich entwickelt hat, wie sie sich entwickelt hat, obwohl ihre Kindheit geradezu ein Lehrbeispiel dafür war, wie man einen Menschen kaputtmachen kann. Berechtigte Schuldgefühle richten bei niemandem Schaden an. Bud, mein Schwiegersohn, der weniger als ich zum Wunderglauben neigt, erklärt ihre Entwicklung und unser heutiges gutes Verhältnis damit, dass sie in den entscheidenden Jahren von mir getrennt war. Gemeiner Kerl!

Zurück zu jenem Abend Ende 1934. Ein junger Mann kam herein mit Referenzen von Karl Frank[87] alias Willi Müller alias ... alias ... alias ..., Führer

---

86 Die Wohnung lag im 19. Wiener Gemeindebezirk.

87 Karl Frank (1893–1969) wurde in Wien geboren, wo er 1918 die Kommunistische Partei Österreichs (KPÖ) mitgründete. Später wirkte er in der KP Deutschlands in Berlin, verließ die KP und gründete gemeinsam mit Waldemar von Knoeringen, Richard Löwenthal und anderen die Widerstandsgruppe Neu Beginnen. Bekannt auch unter seinem *nom de guerre* Paul Hagen hatte er so viele Gegner unter den Mitexilanten, dass ihm nach 1945 keine politische Karriere mehr möglich war. Anfangs wurde ihm sogar die Rückkehr nach Deutschland verwehrt. Er etablierte sich als Psychotherapeut in den USA. Vgl. Reinhard Müller. 1995. Karl B. Frank alias Paul Hagen (1893–1969). In: *Newsletter 12 des AGSÖ*, Archiv für die Geschichte der Soziologie in Österreich: 11–19.

von Neu Beginnen, den ich bei einem denkwürdigen Anlass in Prag kennengelernt hatte. Karl Frank war der schönste Mann, dem ich je begegnet bin, Mitglied der deutschen Widerstandsbewegung, hochintelligent und äußerst wagemutig. Aber das ist eine andere Geschichte. Der Mann, den er zu mir geschickt hatte, war Joseph Buttinger,[88] der bald zum Führer der Untergrundbewegung aufrücken sollte. Er besaß beträchtlichen Charme und einen wachen Verstand. Wir wurden bald Freunde, ich wurde politisch seine linke Hand und hielt, da er versteckt leben musste, den Kontakt zwischen ihm und den anderen aufrecht. Seine rechte Hand war, wie ich später erfuhr, eine sehr reiche junge Amerikanerin,[89] die während ihrer medizinischen und psychoanalytischen Ausbildung in Wien lebte. Buttinger stammte aus ärmlichsten Provinzverhältnissen. Sein Vater war Landarbeiter. Buttinger selbst ging mit 13 von der Schule ab und arbeitete auf einem Bauernhof, wo er bezeichnenderweise das Herz der Bäuerin eroberte. Um sich zu verbessern, ging er fort, um Fabrikarbeiter zu werden, und schloss sich den Jungen Sozialisten an, wo ihm sein Organisationstalent rasch die Anerkennung der lokalen Parteiorganisation eintrug. Er las in jenen Jahren viel, angeleitet von einem älteren Parteimitglied. Die zentrale Partei hatte die Arbeiterhochschule gegründet, einen zweijährigen, intensiven Internatslehrgang für vielversprechende junge Arbeiter mit Bildungsdefizit. Sie hatten erstklassige Lehrer, angefangen mit Otto Bauer. Eine politische Indoktrinierung erübrigte sich bei dieser handverlesenen Gruppe (rund 20 pro Jahr). Der Lehrplan entsprach etwa den Anforderungen eines Gymnasiums. Buttinger profitierte ungeheuer davon, und er kam mit großem Selbstvertrauen und hochfliegenden politischen Ambitionen heraus. Nach einer gewissen Zeit als politischer Organisator bot sich ihm nach dem Bürgerkrieg die Chance, zu einer nationalen Führungsposition in der Untergrundbewegung aufzusteigen.

88 Joseph Buttinger (1906–1992), ab 1935 Vorsitzender der Revolutionären Sozialisten, flüchtete im März 1938 nach Brüssel, wo er gemeinsam mit Otto Bauer die Auslandsvertretung der österreichischen Sozialisten (AVOES) begründete. Danach emigrierte er in die USA, zog sich aber bald von aktiver Exilpolitik zurück. Vgl. Joseph Buttinger. 1953. *Am Beispiel Österreichs: Ein geschichtlicher Beitrag zur Krise der sozialistischen Bewegung*. Köln: Verlag für Politik und Wirtschaft.
89 Muriel Gardiner Buttinger (1901–1985), Psychoanalytikerin und Autorin. Sie gewährte ihrem Lebensgefährten Joseph Buttinger in der Zeit der Illegalität Unterschlupf. 1939 heirateten sie in Paris. Vgl. Muriel Gardiner. 1989. *Deckname „Mary". Erinnerungen einer Amerikanerin im österreichischen Untergrund*. Mit einem Vorwort von Anna Freund. Wien: Promedia.

Irgendwann Anfang 1936 verspürte ich zum ersten Mal Unbehagen ihm gegenüber. Wir trafen uns verabredungsgemäß in einem Kino, um Informationsmaterial auszutauschen. Buttinger flüsterte mir zu, er habe das Gefühl, dass wir beobachtet würden; er würde seinen Mantel und die Aktentasche mit dem kompromittierenden Material bei mir lassen, so tun, als müsse er auf die Toilette, und verschwinden. Was er auch tat. All das entsprach haargenau den Regeln der Illegalität: Der Führer musste um jeden Preis geschützt werden. Aber nicht ein einziges Wort darüber, was mit mir geschehen könnte? Als ich ihn Jahre später in New York auf diesen Vorfall ansprach (mir war damals nichts passiert), wollte er sich nicht daran erinnern. Er hatte inzwischen seine amerikanische Psychoanalytikerin geheiratet und lebte in äußerstem Luxus, was seinen Charakter schon in den Untergrundtagen einer zu großen Belastungsprobe ausgesetzt hatte, wie ich später von Nuna[90] erfuhr, die guten Grund zu tiefem Groll hatte. Ihr Mann war sein Rivale für die Besetzung der Führungsposition gewesen, kam aber ins Gefängnis, und so war der Weg für Buttinger frei. Nach dem Krieg schrieb Buttinger ein Buch über die Untergrundbewegung, in dem er ihn mit Hilfe eines gefälschten Briefs charakterlich übel verleumdete. In den USA gab Buttinger seine sozialistischen Ideen auf; er ließ sich mit Südvietnams Präsident Diem und vor allem mit Diems schöner Frau ein. Die vollständige Geschichte will ich Nuna lassen, die ein Buch über ihn schreibt.[91] Als Buttinger über 60 war, setzte die Alzheimer-Krankheit ein. Er starb viele Jahre später in einer psychiatrischen Klinik. Mein Urteil: große Gaben, getrübt durch einen Charakter, der nicht stark genug war, um den Übergang von äußerster Armut zu äußerstem Reichtum zu verkraften. Fast eine tragische Gestalt.

Zurück nach Wien. Ich hatte also durchaus Grund, nervös zu sein. Als Buttinger mich eines Tages bat, hoch aufschlussreiche Dokumente aufzubewahren, beschloss ich daher, unter falschem Namen bei der Länderbank einen Safe zu mieten. Alles ging gut, bis es zur Unterschrift unter den Beleg kam. Der Angestellte sagte: „Ihren Ausweis bitte.“ Da die Dokumente

---

90 „Nuna“ ist der Kosename Erna Sailers (1908–2004), Ehefrau von Karl Hans Sailer (1900–1957), der 1934 für kurze Zeit Vorsitzender der Revolutionären Sozialisten war.

91 Ihr Buch wurde nicht veröffentlicht. Marie Jahoda hat an dem Manuskript mit dem Titel „Die ‚Revolutionären Sozialisten‘. Von den Februarkämpfen zur Brünner Reichskonferenz. Februar 1934 – Dezember 1934“ einige handschriftliche Korrekturen mit Bleistift vorgenommen. Vgl. Archiv für die Geschichte der Soziologie in Österreich (AGSÖ) an der Karl-Franzens-Universität Graz, Sign. 41.04.1.2.277.

bereits unter Verschluss waren, konnte ich nicht mehr zurück. Der Safe ging auf meinen Namen.

An einem Novembermorgen betraten fünf Beamte der Staatspolizei mein Büro. Viel später erst kam ich dahinter, dass sie aufgrund einer anonymen Anschuldigung tätig geworden waren, der zufolge die Forschungsstelle eine Deckorganisation war, die aus dem Ausland Geld für die Untergrundbewegung bekam. Es war ein äußerst ungünstiger Tag für eine Verhaftung. Rund 20 Interviewer tauchten im Laufe des Tages auf, außerdem zwei aktive Mitglieder der Bewegung, Marie Schneider,[92] um die *Arbeiter Zeitung* auszuliefern, und Fritz Jahnel,[93] um Informationsmaterial weiterzugeben. Sie wurden alle verhaftet. Noch dazu hätte ich eigentlich meine Mutter – oder war es Mary Collins[94] – zu einer Abendvorstellung von Josephine Baker abholen sollen. Man erlaubte mir nicht zu telefonieren, obwohl ich darum bat, weil ich ja um vier Uhr erwartet wurde, um Lotte abzuholen. Fast alle kamen nach drei Tagen wieder frei, Marie Schneider erst nach sechs Monaten, Jahnel nach einigen Monaten. Wir wurden alle zum Hauptquartier der Staatspolizei gebracht. Ich wurde von den anderen isoliert und musste auf einem Gang warten. Am Ende des Ganges wurde ein Mann von einem Polizisten entlassen; er kam grinsend auf mich zu und sagte: „Ich bin frei." Ich flüsterte ihm schnell Edis Arbeitsadresse zu und sagte: „Erzählen Sie ihm, wo Sie mich gesehen haben." Es stellte sich heraus, dass er ein Einbrecher war, aber er tat, was ich ihm gesagt hatte. Ich konnte dies damals nur hoffen und dass Edi sich um Lotte kümmern würde. 1938 war der Bursche wieder im Gefängnis. Er schrieb mir an Edis Adresse und erzählte mir seine traurige Lebensgeschichte.

Nachdem man mir Fingerabdrücke abgenommen hatte, brachte mich eine Aufseherin in ein Zimmer und forderte mich auf, alle meine Taschen

---

92 Marie Schneider (1896–1973), gelernte Kürschnerin und Kappenmacherin. Wegen Arbeitslosigkeit arbeitete sie ab 1928 als Hilfskraft im Institut für Bildstatistik. Sie wurde gemeinsam mit Jahoda angeklagt, weil sie im Besitz von Spendenmarken für die Aktion „Weihnachten im Gefängnis" zugunsten der Familien der Februarkämpfer war.

93 Friedrich Jahnel (1901–1952), Ing., war als Ökonom im Gesellschafts- und Wirtschaftsmuseum beschäftigt. Zugleich war er illegal als Nachrichtenreferent des Zentralkomitees der Revolutionären Sozialisten tätig. Er wurde nach der Verhaftung im Anhaltelager Wöllersdorf festgehalten, saß dann zwischen 10. März und 31. Mai 1937 in Untersuchungshaft. Nach der Einstellung der gerichtlichen Voruntersuchung gegen ihn war er wieder bis 17. Juli 1937 im Lager Wöllersdorf inhaftiert. Vgl. Johann Bacher, Waltraud Kannonier-Finster und Meinrad Ziegler (Hrsg.). 2022. *Akteneinsicht. Marie Jahoda in Haft.* Innsbruck: Studienverlag.

94 Mary Collins (1895–1989), Sozialpsychologin, Dozentin an der Edinburgh University.

zu leeren und mich dann auszuziehen. Ich hatte es in der Forschungsstelle geschafft, den kleinen Safeschlüssel aus einer Schublade zu nehmen und in mein Taschentuch zu wickeln. Jetzt legte ich es auf den Tisch und ließ mich untersuchen. In meiner Zelle warf ich als Erstes den Schlüssel ins Klo und spülte ihn hinunter.

Unter dem austrofaschistischen Regime waren die Wiener Gefängnisse nur Gefängnisse, keine Konzentrationslager. Es gab keine physische Folter. Ihr bei Weitem übelstes physisches Merkmal waren die schauderhaften hygienischen Zustände. Würmer in der Erbsensuppe, Wanzen zu Tausenden. Mit Ersteren wurden wir per Hungerstreik fertig. Der erste Tag war hart. Der zweite war schon nicht mehr ganz so schlimm. Am dritten ließ mich der Gefängnisdirektor, der mich als Anstifterin in Verdacht hatte, in sein Büro bringen. Auf meine Erklärung antwortete er mit den unvergesslichen Worten: „Wenn wir Ihnen anständiges Essen gäben, hätten wir bald die ganze Einwohnerschaft von Wien hier drin." Aber es gab keine Suppen mit Würmern mehr. Gegen die Wanzen allerdings half leider kein Streik. Den Tag über gab es keine Möglichkeit, sich hinzulegen. Um fünf Uhr nachmittags wurden ein schmutziger Strohsack und ein ebenso schmutziges Laken in die Zelle geworfen. In der ersten Nacht zog ich mich nicht aus, legte mich hin, war aber entschlossen, das Laken nicht zu benutzen. Das elektrische Licht brannte die ganze Nacht über, sodass der Wärter uns beobachten konnte. Dann begann der Gänsemarsch der Wanzen an der Decke. Sobald eine über meinem Gesicht war, ließ sie sich fallen. Ehe ich noch wusste, was ich tat, war ich unter dem schmutzigen Laken. Ich wüsste gern, ob schon einmal jemand die Sehschärfe von Wanzen untersucht hat.

Wie jeder in der Untergrundbewegung kannte ich die Grundregeln des Verhaltens im Gefängnis: erstens auf Klopfzeichen an den Heizungsrohren achten; einmal für A, zweimal für B und so fort; zweitens täglich Sport machen; und, am allerwichtigsten, drittens niemals irgendjemanden verraten.

Die Klopfzeichen setzten am zweiten Tag ein. Die Entschlüsselung war mühevoll und verwirrend. Die erste Botschaft war, als ich sie endlich beisammen hatte, eine Frage: „Wer war der Autor von *Der Untergang des Abendlandes*?"[95]

---

95 Oswald Spengler. 2017. *Der Untergang des Abendlandes*. Vollständige Ausgabe, Band 1 und Band 2. Köln: Anaconda (erstm. 1918 und 1922).

Nach ein paar Tagen begannen die nächtlichen Kreuzverhöre. Um Mitternacht wurde ich geweckt und in einer Grünen Minna zum Hauptquartier der Staatspolizei gebracht. Fünf Beamte verhörten mich jede Nacht etwa zwei Stunden lang. Ich musste stehen, grelles Licht schien mir ins Gesicht. Sie rauchten, tranken Kaffee, lümmelten in bequemen Sesseln. In den ersten Sitzungen versuchten sie, mir ein Geständnis abzupressen, und erzählten mir, sie wüssten schon alles, aber ein Geständnis wäre in meinem Interesse, da es strafmildernd wirken würde. Ich spielte die Unschuldige. Sie wussten, dass ich log; ich wusste, dass sie logen. Jede Seite wusste, dass die andere Seite es wusste. Aber sie brauchten ein Geständnis oder einen Beweis. Sie erzählten mir, Lotte wäre schwer krank, und wenn ich ein Geständnis ablegte, würden sie mir erlauben, mich nach ihr zu erkundigen. Nun ist es schön und gut, zu wissen, dass sie logen, aber wenn man erst einmal wieder in seiner Zelle ist, fragt man sich doch: Wenn es nun doch stimmt? Würden sie es nicht ausnutzen? In den Monaten der Kreuzverhöre durfte ich keine Briefe schreiben oder bekommen, kein Besuch, nichts zu lesen und nichts zu tun, außer einem einsamen 20-minütigen Spaziergang rund um einen kleinen Grasflecken im Gefängnishof unter der Aufsicht zweier Wärter.

Dann gaben sie die Hoffnung auf ein Geständnis auf und begannen, nach Beweisen zu suchen. In der Forschungsstelle und zu Hause hatte ich viele Ordner mit schriftlichem Material – Forschungsnotizen, Einfälle, getippte Abschriften, Briefe. Sie beschlagnahmten alles, und wir verbrachten viele langweilige Nachtsitzungen damit, es durchzugehen. Eine Nacht ist mir besonders im Gedächtnis geblieben: Ich hatte Material für eine Untersuchung von zwei Wiener Kulturen gesammelt, die sich in zwei Arten von damals gängigen Witzen manifestierten: die jüdischen Klein-Moritz-Witze, die verzwickt, ironisch, selbstironisch, zynisch waren; und die Witze mit Graf Bobby, dem Aristokraten mit den guten Manieren, naiv, verblödet, blind gegenüber der Welt, sinnlos wohlmeinend. Ich finde die Idee immer noch sehr gut, und inzwischen hätte ich große Lust, die Witze aufzuschreiben, die ich noch weiß, aber nun stehe ich also erst einmal da, im Angesicht meiner fünf Feinde, vor denen der Ordner mit den Witzen liegt. Wie gewöhnlich fangen sie zu brüllen an, sie brüllten gern. Der Vorsitzende: „Ich habe die Nase voll von Ihren Lügen; ich werde beweisen, dass Sie lügen. Was soll das? Zwei Kulturen? Verräter und anständige Leute?" Dann fing er an, eines von den rund 50 Blättern zu lesen, lächelte, gab es weiter. „Lies mal laut", sagte einer von ihnen. Er las laut. Lautes Gelächter, auch von mir. Nach einer Weile tat er, als wäre er ernst: „Wir werden Ihre geheimen Verbindungen schon noch herausbekommen." Aber er las weiter. Einer der Männer gab mir einen Stuhl und eine Zigarette. Hysterisches Gelächter in der ganzen Runde. Nach etwa einer halben Stunde sagte der Vorsitzende: „Genug für heute", und ich wurde in meine Zelle in der Roßauer Lände zurückgebracht. Ich brauchte eine ganze Weile, um mit mir selbst darüber ins Reine zu kommen, dass ich mit meinen Feinden gelacht hatte. In der nächsten Nacht kehrten sie zu dem früheren Muster zurück, als wäre nichts geschehen.

Ein paar Nächte später eröffnete Dr. Stegerwald, der Vorsitzende (er kam Jahre später in einem Konzentrationslager der Nazis um), die Sitzung mit den Worten: „Sie haben also einen Safe bei der Länderbank; was ist da drin? Wo ist der Schlüssel?" Sie glaubten immer noch, ich hätte einen Haufen Geld aus dem Ausland, und waren systematisch die Namen aller Bankkunden in Wien durchgegangen. Mir sank das Herz in die Hose. Ich sagte, ich wüsste nicht mehr, was ich in den Safe getan hätte, und der Schlüssel könnte in der Forschungsstelle oder zu Hause sein. Die Austrofaschisten waren aus ihrer eigenen Sicht immer noch gesetzestreu. Der Gedanke, einen Safe aufzubrechen, ging ihnen gegen ihre Achtung vor Privateigentum und bürgerlichem Recht. Also brachten sie mich zur Forschungsstelle und nach Döbling, um den Schlüssel zu suchen. Ich genoss diese Ausflüge gründlich, umso mehr, als ich wusste, dass sie fruchtlos sein würden.

Danach schwanden ihre Skrupel. Eines Tages wurde ich in Begleitung von Dr. Stegerwald und den Männern, die mich verhaftet hatten und denen, glaube ich, ein Teil des Geldes zustand, das sie zu finden hofften, ins Untergeschoß der Bank gebracht. Der Bankdirektor kam mit, war äußerst zuvorkommend, brachte mir einen Stuhl und redete mich mit Frau Doktor an. Nie hätte ich gedacht, dass mir dieser Titel einmal etwas bedeuten würde, aber so war es, ich war so oft mit „Lazarsfeld" angebrüllt worden. Die enttäuschten Mienen der geldgierigen Männer, nachdem der Safe mit einem Schweißgerät aufgebrochen worden war und nur Papier zum Vorschein kam, war ein kleiner Trost, aber Stegerwald und ich wussten, dass er nun doch noch gewonnen hatte. Bei den Papieren handelte es sich um lange Briefe, die die Rivalen um die politische Führung der Untergrundbewegung gewechselt hatten; zwar lief alles unter ihren Decknamen, verriet aber doch Struktur und Strategie der Organisation. Nachts triumphierte Stegerwald: „Jetzt haben wir Sie!" Ich antwortete mit einem völlig unwahrscheinlichen Lügengespinst. Ich wüsste nicht, was in den Papieren stünde, ich hätte einen flüchtigen Bekannten getroffen, den ich nur vom Sehen und nicht mit Namen kannte, und der hätte mich gebeten, etwas sicher für ihn aufzubewahren; ich hätte ihn nicht weiter gefragt und auch die Papiere nicht gelesen, sondern wäre gleich zur Bank gelaufen. Stegerwald war so frustriert, dass er bei einem Vormittagsverhör den Leiter der Staatspolizei aufforderte, den Namen aus mir herauszupressen. Dessen Taktik bestand im Crescendo: Er sagte ruhig, er wüsste, dass ich lüge, und wie der Name des Mannes nun lautete. Ich sagte, das wüsste ich nicht; mit jeder Wiederholung der Frage schwoll seine Stimme an, bis am Ende von seinem Gebrüll die Fensterscheiben klirrten. Dann gab er auf. Ich habe mich gefragt, ob ich unter körperlicher Folter genauso durchgehalten hätte. Ich weiß es nicht. Zu meinem Glück wurde das nie erprobt.

Die Kreuzverhöre hörten auf. Wegen Überfüllung bekam ich in meiner Einzelzelle Gesellschaft, meist Kriminelle. Eine von ihnen sagte zu mir: „Sie gehören ins Gefängnis, aber ich habe den Pelzmantel der Dame, für die ich arbeite, nur geborgt. Ich habe ihn versetzt. Wenn ich Geld gehabt hätte, hätte ich ihn zurückgebracht." Eine andere Frau, eine äußerst geschickte Taschendiebin, bat ich, mir ihre Technik zu erklären. Sie tat es nicht, aber ein Paar Strümpfe von mir verschwand auf Nimmerwiedersehen. Die größte Veränderung war, dass ich alle zwei Wochen einen Brief, selbstverständlich zensiert, erhalten und eine Postkarte schreiben durfte, Bücher und Lebensmittelpakete und vor allem Besuch bekommen konnte. Mein erster Besucher war Edi, der mir erzählte, dass es in der Presse nur zwei Themen gab, die Abdankung des englischen Königs und meine Inhaftierung. Ich bat um eine spanische Grammatik. Der Polizeibeamte, der alles durchsehen musste, was meine Mutter mitbrachte, ließ sie zurückgehen, weil man im Gefängnis keine revolutionären Sprachen lernen durfte. Es war die Zeit des Spanischen Bürgerkriegs. Beim nächsten Mal versuchte sie es mit einem englischen Roman. Zurückgewiesen mit der Bemerkung: „Wir haben keinen Übersetzer für jede obskure Sprache, die Ihre Tochter spricht."

Trotz solcher gelegentlichen Belustigungen war meine Zeit im Gefängnis für meine Mutter und Lotte viel schlimmer als für mich. In dem Glauben, die Wahrheit wäre ein zu großer Schock für die Sechsjährige, hatte die Familie Lotte erzählt, ich hätte plötzlich verreisen müssen, käme aber bald wieder, und in der Zwischenzeit müsse sie bei meiner Mutter leben und weiter in die

Montessori-Schule gehen. Ob sie das jemals geglaubt hat? Ich bezweifle es. Zwei Jahre zuvor hatte ich in ihrer Gegenwart mit jemandem über Dollfuß gesprochen; um ihretwillen vermied ich jede Anspielung auf sein schauerliches Ende und sagte: „Als Dollfuß starb ...“ Sie unterbrach mich und sagte: „Er starb nicht, er wurde totgeschlagen.“ Ohnehin erfuhr sie früh genug vom Gefängnis. Als sie eines Morgens in die Schule kam, fand sie ihr Pult mit Schokolade, Süßigkeiten und Blumen bedeckt. „Warum denn?“, fragte sie. „Ich hab' doch gar nicht Geburtstag.“ „Nein“, sagten die anderen Kinder, „weil deine Mutter im Gefängnis ist und verhungert.“

Ich hatte im Gefängnis nur zwei sehr schlimme Erlebnisse. Eine der Wärterinnen war Sozialistin und in Kontakt mit der Untergrundbewegung. Eines Tages, als sie mich zur heißen Dusche alle 14 Tage in den Keller begleitete – an den anderen Tagen bestand die Körperpflege aus zwei Minuten eiskaltem Wasser aus einem Hahn im Gang und unter Geschrei: „Hopp, hopp, Sie sind hier nicht im Schönheitssalon“ –, flüsterte sie mir zu: „Ihre Freunde lassen Ihnen sagen, dass Sie keine Namen verraten sollen.“ Es war niederschmetternd. Meine Moral hing von der Überzeugung ab, dass meine Freunde wussten, dass sie mir trauen konnten. Verdächtigten sie mich jetzt des Verrats?

Das andere Erlebnis war genauso schlimm, wenn auch aus anderen Gründen. Jeden Morgen – ich war immer noch in Einzelhaft – wurde ich von zwei Wärtern zu einem einsamen 20-minütigen Hofgang rund um eine verwahrloste Grünfläche herum abgeholt. Ich kam mir vor wie ein Zirkuspferd. Eines Tages blieb ich stehen und änderte meine Richtung. Die Wärter schrien mich an: Wenn ich mich nicht sofort wieder umdrehte, wäre Schluss mit dem Hofgang, sie wären schließlich nicht für die Launen einer dreckigen Hure da usw. Zwei Dinge erschütterten mich. Erstens, dass ich sofort gehorchte und sie lachten; mehr noch aber ihre hirnlose Lust an der Macht, die sie mit dieser sinnlosen Aufforderung austobten, ihr unversöhnlicher Hass, ihre Lust an meiner Demütigung. Nie zuvor war ich zum Opfer solch gemeiner Bösartigkeit geworden; und auch danach nie wieder. Ich nehme an, ich habe Glück.

Es kam zu einem Prozess. Verteidigt wurde ich von Egon Bergel.[96] Er hatte schon immer eine Schwäche für mich gehabt. Ein paar Jahre zuvor

---

96 Egon Bergel (1894–1969), Jurist, war verheiratet mit Marie Jahodas Cousine Emma Jahoda (geb. 1898), der Tochter ihres Onkels Emil.

hatte er mich à la Rosenkavalier zum Essen in ein *Chambre séparée* eingeladen. Es geschah nichts Ungehöriges – er las mir Gedichte von George[97] vor –, aber mir gefiel die köstliche Verworfenheit von Wörtern wie *Chambre séparée*! Ich hielt mich durchaus für eine emanzipierte Frau und war es auch, in Worten, nicht in Taten.

Egon war bei der Verhandlung ziemlich emotional, plädierte auf mildernde Umstände – Mutter eines kleinen Kindes usw. Meine Unschuld konnte er natürlich nicht behaupten. Ich war kein bisschen heldenhaft und brachte kaum einen Ton heraus. Noch Tage danach dachte ich mir Reden aus, die ich hätte halten können, statt wie versteinert zu schweigen. Ich bekam ein Jahr Sicherungsverwahrung, wurde aber tatsächlich, dank der Intervention meiner Freunde und dank Schuschniggs[98] Hoffnung, sich beim Westen Liebkind zu machen, nach acht Monaten freigelassen. Das Gnadengesuch meiner Mutter, zu dem Egon ihr geraten hatte, war abgelehnt worden, ebenso Hayeks[99] großherzige Bittgänge bei den Behörden – er lehnte meine politischen Überzeugungen vollkommen ab. Leon Blum,[100] den ich 1936 in Paris kennengelernt hatte, konnte schon nicht mehr so einfach abgetan werden. Der entscheidende Schritt jedoch erfolgte während Schuschniggs offiziellem Besuch in London. Dort waren der Generalsekretär des Institute

---

97 Stefan George (1868–1933), deutscher Lyriker.

98 Kurt Schuschnigg (1897–1977), österreichischer Politiker der Christlichsozialen Partei, wurde nach der Ermordung des Bundeskanzlers Engelbert Dollfuß 1934 dessen Nachfolger. Im Kampf gegen Sozialdemokraten und Nationalsozialisten setzte er die autoritäre und diktatorische Politik von Dollfuß fort und suchte mit Hilfe des faschistischen Italiens die Unabhängigkeit seines Landes gegenüber dem nationalsozialistischen Deutschland zu behaupten. Im Februar 1938 schloss Schuschnigg in Berchtesgaden mit Hitler ein Abkommen, das ihn praktisch zur Aufgabe einer eigenständigen österreichischen Politik zwang. Die von ihm kurzfristig angeordnete Volksabstimmung über die österreichische Unabhängigkeit nahm Hitler zum Anlass, mit dem Einmarsch deutscher Truppen gewaltsam den „Anschluss" Österreichs auf dem Wege der Annexion zu vollziehen. Schuschnigg wurde verhaftet und war 1941 bis 1945 im KZ.

99 Friedrich A. Hayek (1899–1992) gehörte zur Österreichischen Schule der Nationalökonomie und lehrte ab 1931 an der London School of Economics. Er unterstützte vertriebene Wissenschaftler aus Deutschland und Österreich. 1974 erhielt er den Wirtschaftsnobelpreis.

100 Leon Blum (1872–1950), Journalist, Literaturkritiker und führendes Mitglied der französischen Sozialistischen Partei, seit 1920 Parteivorsitzender. Blum verfolgte einen „humanistischen Sozialismus" und lehnte die kommunistischen Vorstellungen ab. 1936–1937 leitete er die erste Volksfrontregierung; zum Zeitpunkt der Verhaftung von Marie Jahoda war er stellvertretender Ministerpräsident. Im Zweiten Weltkrieg ließ ihn die Vichy-Regierung 1940 verhaften und lieferte ihn später an die deutsche Besatzungsmacht aus, die ihn in den KZ Buchenwald und Dachau inhaftierte. Nach dem Zweiten Weltkrieg führte er als Ministerpräsident 1946 bis 1947 ein sozialistisches Minderheitenkabinett.

of Sociology, Alexander Farqharson, der zu meinem Glück „Marienthal" kannte, und Margery Fry,[101] die Quäkerin und Gefängnisreformerin, dafür gewonnen worden, sich an Schuschnigg zu wenden und um meine Freilassung zu bitten, da sie mich dringend für eine Forschungsarbeit in England bräuchten. Als Schuschnigg nach Wien zurückkehrte, ordnete er an, dass die Staatspolizei mich freilassen sollte, wenn ich bereit wäre, meinen Ausweisungsbefehl zu unterschreiben.

Von alledem hatte ich damals keine Ahnung. Nach dem Prozess war ich in eine Gemeinschaftszelle mit rund 20 Frauen verlegt worden, etwa zur Hälfte Kriminelle, zur Hälfte Politische. Letztere waren meist junge Mädchen, deren Verbrechen darin bestanden hatte, Geld gesammelt und an die Familien von politischen Gefangenen verteilt zu haben. Ihre Urteile lauteten auf drei bis vier Monate. Einige von ihnen hatten ohne Wissen ihrer Familien gehandelt, die ihnen zu verstehen gaben, sie hätten durch ihr ‚kriminelles' Verhalten Schande über sie gebracht. Die Mädchen fühlten sich verlassen und verloren und wurden zur leichten Beute für die lesbischen Avancen der erfahrenen älteren kriminellen Frauen. Ich sah, wie ein 18-jähriges Mädchen am Tag ihrer Entlassung bitterlich weinte, weil sie eine Frau zurücklassen musste, die ihr Zärtlichkeit und sexuelles Vergnügen geschenkt hatte.

Es gab nicht viel Privatleben in jener Zelle, und das führte zu Reibereien und gelegentlichen Streitigkeiten. Gewöhnlich war es laut; Lesen kam nicht in Frage. Also frönte ich meiner Lust am Unterrichten; Französisch und Geschichte waren die beliebtesten Fächer. Die Kriminellen brachten uns bei, wie man in Wasser getunktes Brot in verschiedene Formen knetete, die beim Trocknen hart wurden. (War etwa Zement im Brot?) Bald hatten wir alle Schachfiguren beisammen, aber kein Brett. Was aber auch nichts machte, weil dank der Umsetzung des Unterschieds von Schwarz und Weiß in Groß und Klein Bauern und Läufer durcheinandergerieten.

Ein großer Tag kam, als der Wärter verkündete, dass jeder, der bezahlen konnte, Zigaretten kaufen durfte. Österreich hatte ein staatliches Tabak-

---

101 Margery Fry (1874–1958) wuchs in einer jüdischen Quäkerfamilie in London auf und besuchte das Somerville College. Als spätere Leiterin von Somerville setzte sie sich für die Ausbildung von Frauen ein. Als Mitglied einer einflussreichen Gruppe für Strafrechtsreform in England und weiterer Ausschüsse des Innenministeriums war sie maßgeblich an Verbesserungen der Haftbedingungen und Veränderungen in der Justiz beteiligt. Vgl. Enid Huws Jones. 1966. *Margery Fry. The essential amateur.* London: Oxford University Press.

monopol. Wir stellten uns vor, so viele Leute säßen im Gefängnis, dass die Staatsfinanzen gelitten hatten. Dumm war nur, dass sie uns mit den Streichhölzern nicht trauten. Wenn man rauchen wollte, musste man warten, bis man die Schritte eines Wärters hörte, an die Tür klopfen und hoffen, dass es nicht einer von denen war, die sich ein Vergnügen daraus machten, die Bitte abzulehnen. Irgendwie gelang es uns jedoch, uns ein paar Streichhölzer zu verschaffen (wie, weiß ich nicht mehr), die sorgfältig der Länge nach halbiert wurden und sich mit etwas Glück an einer Schuhsohle entzünden ließen.

Eines Tages öffnete ein Wärter die Tür und schrie meinen Namen, um mich zum Hauptquartier der Staatspolizei zu bringen, wo ich seit Monaten nicht mehr gewesen war. Die Zelle verfiel in Hysterie, denn ein paar Tage zuvor hatte eine der Kriminellen, die behauptete, sie hätte das Zweite Gesicht, meine unmittelbar bevorstehende Entlassung vorhergesagt; seither war ich die ganze Zeit damit aufgezogen worden. Ich musste mich zusammenreißen, vernünftig bleiben, mir keine falschen Hoffnungen machen. Und gerade, als ich aus dem ‚Grünen Heinrich‘ ausstieg, grüßte mich ein Mann, den ich gut kannte und der offenbar gerade als Mitglied der Untergrundbewegung verhaftet worden war, mit meinem Untergrundnamen. Das war gegen alle Regeln der Illegalität und konnte daher nur bedeuten, dass er eine Zusammenarbeit mit mir gestanden hatte und mich jetzt warnen wollte. Ich war verzweifelt; also sollte alles wieder von vorne anfangen. In dieser Stimmung kam ich in das Zimmer des Leiters der Staatspolizei, der von meinen fünf Vernehmern flankiert wurde. Er sagte: „Unterschreiben Sie, dass Sie sofort das Land verlassen, wenn wir Sie gehen lassen?"

Ich war wie vom Donner gerührt. Es schien mir die furchtbarste Entscheidung, die man von jemandem verlangen konnte. Wo sollte ich hin, was war mit Lotte, meiner Familie, meiner Arbeit, meinen Freunden, meinem Leben? Minutenlang stand ich bloß da. Dann unterschrieb ich. Und dann geschah etwas höchst Peinliches: Der Leiter streckte mir seine Hand hin und sagte: „Wir alle haben Sie für Ihre Standfestigkeit bei den Verhören bewundert", und ich ergriff sie! Ich wünschte, ich hätte es nicht getan. Aber ich war dermaßen durcheinander, so gar nicht auf diese Geste vorbereitet; und eine ausgestreckte Hand hat etwas so Zwingendes. In Romanen lese ich manchmal von Männern, die sich verachtungsvoll von ihr abwenden, obwohl ich das im wirklichen Leben nie gesehen habe. Vielleicht gibt es ja Menschen, die diesem Zwang widerstehen können. Stärkere Charaktere. Rabin und

Arafat[102] scheinen drei Proben gebraucht zu haben, bis sie einen kcamerareifen Händedruck zustande brachten. Meiner war ungeprobt, und ich wünsche immer noch, ich hätte ihn nicht getan.

Wenn ich über die ganze Gefängniserfahrung nachdenke, sind mir vor allem zwei Eindrücke geblieben. Erstens: Während der Gefängnismonate war mein Erleben ganz chaotisch, erst in der Erinnerung wird es zu einer kohärenten und als solcher auch höchst lehrreichen Episode, die die Selbsterkenntnis fördert und Ressourcen freisetzt, von denen man gar nicht weiß, dass man sie hat. Dass das eigene Leben nicht in der täglichen Auseinandersetzung, sondern erst in der Erinnerung eine kohärente Realität gewinnt, ist Prousts große Einsicht. Eine Konstruktion bleibt es trotzdem.

Zweitens: die Erkenntnis, wie privilegiert ich dank einer Familie, die zu mir hielt, und dank der Bildung, der Kultur und der Werte, die ich erworben hatte, im Vergleich zu den meisten anderen Insassen war. Während ich in Einzelhaft saß, konnte ich mich zerstreuen, indem ich mich an alle Gedichte erinnerte, die ich je auswendig gelernt hatte, und wenn meine Chopin-Pfeiferei nicht besser wurde, dann jedenfalls nicht aus Mangel an Übung. Ich konnte sogar Gedichte machen. Eines davon lautete:

> Weil wir im christlichen Ständestaat leben,
> weil uns Faschisten die Bruderhand geben,
> weil wir den Kampf um die Freiheit nicht lassen,
> weil wir uns haben erwischen lassen,
> weil wir politisch gearbeitet haben,
> weil wir dabei nicht gut Obacht gaben,
> sitzen wir hier im Gefangenenhaus,
> wissen nicht, wann wir wieder zu Haus.
> Das ist das Lied von der Roßauer Lände,
> wo uns die Tage zu langsam vergehen,
> halten im Schoß jetzt die müßigen Hände,
> bis wir wieder bei Euch draußen stehen.

---

102 Im September 1993 reichte der israelische Ministerpräsident, Jitzchak Rabin, dem damaligen Vorsitzenden der PLO (Palestine Liberation Organization), Jassir Arafat, auf dem Rasen des Weißen Hauses in Washington erstmals die Hand. Mit dieser historischen Geste wurde das Gaza-Jericho-Abkommen besiegelt, das als ein erster Schritt zur Autonomie der Palästinenser gedacht war.

Vor Kurzem habe ich es ins Englische übersetzt, damit es auch eine Fassung gibt, die meine Enkel verstehen, auch wenn es mir auf Deutsch besser gefällt.

[Because we live in a Fascist state
whose promise is false and borne of hate,
because for freedom and right we fought
because we have let ourselves be caught;
because we worked in the underground
but must have been careless and somewhere unsound,
that's why we are in this gruesome hole,
knowing not when we'll be out, if at all.
This is the prisoners' wearisome song
where every day seems a century long;
nothing to do but to dream day and night
till once again we can join the fight.]

Die furchtbare Entscheidung, die ich treffen musste, erwies sich als die beste meines ganzen Lebens, und das beweist wieder einmal, dass alle Entscheidungen unweigerlich in Unkenntnis ihrer Folgen gefällt werden. Sie rettete mir nicht nur das Leben; hätte ich mich dafür entschieden, in Österreichs Gefängnis zu bleiben, so wären die Nazis auf ihre Weise mit einer jüdischen Sozialistin verfahren. Wie sehr sie meine Befugnisse überschätzten, erfuhr ich erst nach Kriegsende. Damals wurden ihre Invasionspläne veröffentlicht, einschließlich einer Liste der Personen, die sofort nach dem Fall Londons verhaftet werden sollten; mein Name war auch dabei.[103]

Dass ich in London war, ermöglichte mir auch, anderen zur Flucht zu verhelfen. Einstweilen aber war ich noch in Österreich, denn man hatte mir ein paar Wochen Freiheit zugestanden, um meine Abreise zu organisieren. Ich erfuhr von der englischen Intervention, von der Arbeit, die in London auf mich wartete, von Paul, der aus den Staaten kommen würde, um Lotte für ein Jahr zu sich zu holen, bis ich in England Fuß gefasst hätte und sie wieder aufnehmen konnte. Es war alles äußerst emotionsgeladen und sehr

---

103 In der „Sonderfahndungsliste Großbritannien" aus dem Frühjahr 1940, erstellt vom Reichssicherheitshauptamt (RSHA), findet sich folgender Eintrag: „Marie Lazarsfeld-Jahoda (* 26. Januar 1907 in Wien): Schriftstellerin; vermuteter Aufenthaltsort: 10 Regents Park Terrace, London N.W.1.; gesucht von Referat IIB5." Das Referat IIB5 war für „Weltanschauliche Gegnererforschung (Liberalismus)" zuständig.

verwirrend. Meine Erinnerung an diese letzten österreichischen Tage ist verschwommen, abgesehen von einem Vorfall, der mich sehr mitnahm. Ich besuchte Sofie,[104] Pauls Mutter, die mit Paul verabredet hatte, dass er – mit dem Schiff – nach Le Havre kommen solle. Ich würde Lotte auf meinem Weg nach London zum Schiff bringen. Um bei der Schilderung der folgenden Szene meine Ruhe bewahren zu können, sollte ich vielleicht erst einmal etwas über Sofie und mein Verhältnis zu ihr sagen.

Sie war eine in jeder Hinsicht außergewöhnliche, aber keine gute Frau. Schön, intelligent, dominierend, bewunderte Gastgeberin eines Salons für sozialistische Intellektuelle; sie war eine professionelle Adlersche[105] Individualpsychologin, schrieb Bücher über ihre Beratungspraxis mit – damals – gewagten Titeln *(Wie die Frau den Mann erlebt);* und in ihren Beziehungen zu allen außer zweien, Paul und Fritz Adler, egozentrisch und kalt wie ein Fisch. Ihren Mann behandelte sie mit toleranter Beiläufigkeit. Ohnehin zog er es vor, in seinem Teil der riesigen Wohnung zu verschwinden, in dem er sein Anwaltsbüro und sein Klavier hatte, auf dem er mit mehr musikalischem als technischem Können spielte. Ihre Vergötterung von Paul ging bis zum Äußersten – kein gutes Omen für ihr Verhältnis zu ihren drei aufeinander folgenden Schwiegertöchtern,[106] von denen ich die erste war. Im hohen

---

104 Sofie Lazarsfeld (1881–1976) erwarb bei Alfred Adler ohne eigene formale Ausbildung therapeutische Kompetenzen in Ehe- und Familienberatung. Sie hielt in Wien Vorträge und veröffentlichte u. a. 1931. *Wie die Frau den Mann erlebt. Fremde Bekenntnisse und eigene Betrachtungen.* Leipzig: Verlag für Sexualwissenschaften Schneider & Co; 1926. Familien- oder Gemeinschaftserziehung. In: *Handbuch der Individualpsychologie.* Bd. 1, hrsg. Erwin Wexberg, 323–335. München: J. F. Bergmann (Nachdruck: 1966, E.J. Bonset, Amsterdam). Neben ihren individualpsychologischen Aktivitäten, die sie nach der Flucht in New York als Therapeutin fortsetzte, veranstaltete sie regelmäßige Salons, die von führenden Vertretern der sozialdemokratischen Partei besucht wurden. Mit Friedrich Adler verband sie eine lebenslange intime Freundschaft.

105 Alfred Adler (1870–1937) war österreichischer Psychiater und Psychologe und nach seiner Emigration Professor an der Columbia University in New York. Am Beginn des 20. Jahrhunderts war Wien eine Hochburg psychologischen Denkens mit der überragenden Figur Sigmund Freuds. In Konkurrenz zu ihm entwickelte sein ehemaliger Schüler Adler eine Individualpsychologie, die den Menschen als grundlegend soziales Wesen sah, das von Natur aus auf andere angewiesen ist. Im Unterschied zu Freud ging Adler von einem Macht- und Geltungsstreben des Menschen und nicht von seinen sexuellen Impulsen aus. Er fand besonders große Anhängerschaft unter den österreichischen Sozialdemokraten.

106 Die drei Schwiegertöchter von Sofie Lazarsfeld waren Marie Jahoda, Herta Herzog (vgl. Fußnote 82) und Patricia Kendall (1921–1990), Forschungsassistentin an der Columbia University in New York, später Professorin für Soziologie. Vgl. Christian Fleck. 2021. Lazarsfeld's wives, or: what happened to women sociologists in the twentieth century. *International Review of Sociology* 31(1): 49–71.

Alter schrieb sie eine autobiografische Skizze, in der sie ausgiebig von Paul erzählt – die Geburt ihrer Tochter aber nicht einmal erwähnt. Sie war 93, als Paul starb. Nach seinem Tod gab sie einfach auf, verweigerte die Nahrung und starb ein paar Wochen später.

Bei meinen regelmäßigen Besuchen in den Staaten suchte ich immer auch sie auf. Ex-Schwiegertöchter konnte sie tolerieren. Als sie 90 war, drängte sie mich, Austen mitzubringen. Wir blieben etwa eine Stunde, die sie damit zubrachte, mit ihm zu flirten, während sie mich vollkommen übersah. Ihre Vorliebe für Männergesellschaft war ungebrochen. Lotte hatte darunter zu leiden, als Sofie, die 1938 aus Wien nach Frankreich geflüchtet war, 1940 nach New York kam. Zu Anfang wohnte Sofie auch noch bei Paul und sollte sich irgendwie um Lotte kümmern und ihr ein bisschen Französisch beibringen. Kein Wunder, dass Lotte keine Liebe zum Französischen entwickelte. Offenbar brachte Sofie Stunden damit zu, zu Lottes Ungunsten Vergleiche mit den Leistungen ihrer beiden französischen Enkel anzustellen. Es muss für Lotte eine Tortur gewesen sein. Ich glaube, sie versuchte auch, ihr Bridge beizubringen, die dritte Leidenschaft in Sofies Leben. Und dass das eine Tortur war, wusste ich nur zu gut aus der Zeit, als Paul und ich frisch verheiratet waren und sie es mit mir versuchte.

In Wien lebten einige von Sofies Patientinnen als ihre ergebenen Dienerinnen und verrichteten die Sekretariats- und Hausarbeiten, zu denen sie weder Zeit noch Lust hatte. Eine von ihnen war bei jenem Besuch zwei Tage nach meiner Freilassung anwesend. Ich war ziemlich verzweifelt über die neuerliche Trennung von Lotte und suchte nach möglichen Alternativen, etwa Lotte bei meiner Mutter zu lassen, bis ich Fuß gefasst hatte, was zumindest nicht so weit weg war wie die Staaten. Sofie schnitt mir das Wort ab und sagte: „Eine Frau, der die Politik wichtiger ist als ihr Kind, hat kein Recht, sich den Wünschen des Vaters zu widersetzen." Irgendwie war das der Tropfen, der das Fass zum Überlaufen brachte, vielleicht weil ich spürte, dass sie mich mit ihren brutalen Worten an meiner schwächsten Stelle getroffen hatte. Ich bekam einen Weinkrampf und rannte aus dem Haus. Sie schickte ihre Sklavin hinter mir her, um mich zurückzurufen. Aber mir waren die mich anstarrenden Fremden auf der Straße lieber als ihre verhasste Gegenwart.

So reisten denn schon kurze Zeit später Lotte und ich nach Paris, wo wir Paul trafen. Ich begleitete sie zum Schiff. Am nächsten Tag brach ich mit umgerechnet 20 Pfund in der Tasche nach London auf. Edi hatte mir eine größere Summe angeboten, aber da ich wusste, dass ich gleich mit einer bezahlten Arbeit anfangen würde, hatte ich sie ausgeschlagen. Ohnehin dürften zehn Pfund damals mindestens vier Wochenlöhnen entsprochen haben.

Clara,[107] Onkel Rudolfs ältere Tochter, die damals in Bristol lebte, hatte mich von der Zug-Fähre abgeholt, mich in ein Zimmer in einer Pension in Bloomsbury gebracht und war wieder zu ihrer Arbeit zurückgekehrt. Ich hatte blind darauf vertraut, dass ich mit meinem Schulenglisch zurechtkäme. Aber Shakespeare lesen zu können, war keine ausreichende Vorbereitung auf die Verständigung mit Londoner Busfahrern; was mich betraf, hätten sie ebenso gut Chinesisch sprechen können. Die Farqharsons waren äußerst freundlich, mussten aber gestehen, dass das offizielle Telegramm wegen meiner Arbeit eine Erfindung war, um mir die Einreise nach England zu erleichtern, da die Österreicher meinen Pass eingezogen hatten. Ich war jetzt staatenlos, bekam entsprechende Papiere und musste sie, bis ich 1945 fortging, einmal im Monat auf einer Polizeiwache abstempeln lassen.

Mr. Farqharson schrieb an die Universitäten und bat um Arbeit für mich. Aber mir war bereits eine frühere Welle von Flüchtlingen aus Deutschland vorausgegangen und für meine Art von Sozialpsychologie gab es ohnehin kaum Stellen. Während ich in London herumlief und versuchte, in meinem Kopf so etwas wie einen riesenhaften Stadtplan anzulegen, fühlte ich mich verloren, aber auch herausgefordert. Lyons Corner Houses waren ein großer Trost. Eine Tasse Tee war billig. Auf jedem Tisch stand eine Schale mit abgepacktem Würfelzucker. Nie ging ich ohne mindestens ein Dutzend Zuckerwürfel in meiner Tasche hinaus.

Die Armut dauerte nur etwa drei Monate. Mr. Farqharson brachte mich in Kontakt mit der Society for the Protection of Science and Learning,[108] die mich etwa sechs Monate (?) lang mit einem Stipendium unterstützte. Damit war es mir möglich, eine Studie über ein Selbsthilfeprojekt für arbeitslose

---

107 Clara Jahoda (1901–1986), Medizinerin und als solche auch Teil des Projektteams der Marienthal-Studie. Sie arbeitete danach in einem Berliner Kinderheim, emigrierte 1934 nach Großbritannien, wo sie bis zu ihrer Pensionierung als Schulärztin in Bristol arbeitete. Von August 1938 bis Januar 1939 lebte sie dort mit Marie Jahoda zusammen.
108 Diese Organisation wurde 1933 als Academic Assistance Council gegründet und sollte aus Nazideutschland geflüchteten Wissenschaftlern die Niederlassung in England erleichtern; nach dem Zweiten Weltkrieg setzte sie ihre Tätigkeit fort und unterstützte verfolgte Wissenschaftlerinnen aus aller Welt. Vgl. Shula Marks, Paul Weindling und Laura Wintour (Hrsg.). 2011. *In Defence of Learning. The Plight, Persecution and Placement of Academic Refugees, 1933–1980s.* Oxford: British Academy.

Bergarbeiter in Südwales durchzuführen. Ein paar Monate lang lebte ich als zahlender Gast in den Familien der arbeitslosen Bergleute, zog jede Woche in ein anderes Haus und arbeitete tagsüber bei den verschiedenen Abteilungen des Programms mit. Am meisten Spaß machte das Ziegellegen. Insgesamt eine spannende Erfahrung und keine schlechte Studie. Als die Zeitungen berichteten, dass Hitler Schuschnigg zu einem Besuch nach Berchtesgaden bestellt hatte, war ich in Südwales, in Cwmavon. Das war im Februar 1938. In England war man sich mehr als in Österreich darüber im Klaren, dass dies der Anfang vom Ende war. Internationale Telefongespräche waren damals noch selten und eine Extravaganz, aber ich rief trotzdem Edi an und sagte, er solle mir eine große Summe Geld schicken, da er und der Rest der Familie sie bald im Ausland brauchen könnten. Österreich lebte damals in einer trügerischen Euphorie: Schuschnigg wollte den Anschluss nicht. Er hatte eine Amnestie für politische Gefangene ausgesprochen und eine Volksbefragung zur Unabhängigkeit Österreichs angekündigt, die am 12. März stattfinden sollte. Edi lehnte also ab und meinte, ich sei überängstlich. Am 11. März marschierte Hitler ein. An diesem Tag musste ich einen Vortrag an der Universität Birmingham halten. Ich hatte die Nacht schlaflos verbracht und den österreichischen Rundfunk abgehört. Als der Vortrag beginnen sollte, stockte ich, wie mir schien, minutenlang, weil mir nur „Meine Damen und Herren" einfiel und nicht „Ladies and Gentlemen". Aber ich fing mich wieder, zwar nach einer Pause, aber, wie der Vorsitzende mir später sagte, einer viel kürzeren.

Wieder in Cwmavon, spürte Lord Forrester, der Direktor der Arbeitsbeschaffungsmaßnahme, wie mir zumute war. Er beschloss, nach Wien zu fahren, besuchte meine Familie, verabredete einen Code für die Korrespondenz, bot finanzielle Hilfe an, die damals noch nicht nötig war, und sprach ihnen Trost und Ermutigung zu. Ein paar Monate später las er meine Studie, die einige Kritik an dem Programm enthielt, und sagte: „Sie zerstören mein Lebenswerk." Dies erklärt, warum die Studie erst kürzlich veröffentlicht worden ist, 50 Jahre, nachdem sie geschrieben wurde.[109]

Ich lebte bei Clara in Bristol. Wir hatten uns eine Wohnung mit zwei Schlafzimmern und einem kleinen Garten genommen, groß genug, um

---

109 Marie Jahoda. 1938. *Arbeitslose bei der Arbeit*. Unveröffentlichtes Manuskript. Erstveröffentlichung von Christian Fleck 1989 bei Campus. Neuauflage: Marie Jahoda. 2019. *Arbeitslose bei der Arbeit*, hrsg. Johann Bacher, Waltraud Kannonier-Finster und Meinrad Ziegler. Innsbruck: Studienverlag.

Schnittlauch und eine herrliche Tulpe zu ziehen. Ich kann mich nicht erinnern, wie wir Mr. Gane kennenlernten, den Besitzer eines großen Möbelgeschäfts in Bristol, aber es war gut für uns, denn er stellte mich an, damit ich eine Untersuchung über Möbelgeschmack und Kaufgewohnheiten machte. Mein erstes selbstverdientes englisches Geld!

Mr. Gane war ein warmherziger, großzügiger Mann, ein Quäker, sehr geachtet in der Gemeinde, nur ein bisschen zu puritanisch für meinen Geschmack. Jeden Sonntagmorgen fuhr er mit uns um sieben Uhr früh in die Cotswolds, ob es regnete oder schneite. Vor unseren langen und wunderschönen Wanderungen machte er Feuer und bereitete fachmännisch im Freien ein vollständiges englisches Frühstück zu. Er hatte einen Adoptivsohn, der damals etwa 19 war, körperlich von seltener Schönheit und mit einem guten und offenen, aber ungeschulten Verstand; ich brachte ihm manches bei.

An den Abenden sprach ich vor jeder freiwilligen Wohltätigkeitsorganisation, die mich haben wollte, über die Lage in Österreich und warb um Affidavits[110] für künftige Flüchtlinge. Mr. Gane war eine große Hilfe, um mich einzuführen. Nach meiner Ansprache stand immer irgendjemand auf, um mir im Namen der Versammelten seinen Dank auszusprechen. An eine Gelegenheit erinnere ich mich besonders: Nach vielen schmeichelhaften Worten und der Verwunderung darüber, dass ich mich auf Englisch ausdrücken konnte, sagte der Mann: „Schade, dass sie nicht in unserem Land geboren wurde." Eine solche Bemerkung wäre 20 Jahre später, als ich nach England zurückkehrte, undenkbar gewesen. Sie hat für mich immer das Übermaß und den Niedergang von Englands nationalem Selbstbewusstsein symbolisiert. Mein Akzent verriet mich als Ausländerin. Das ist auch heute noch so. In England hat das durchaus einen Vorteil: Die Leute können mich keiner sozialen Klasse zuordnen. Das war mir in Südwales genauso eine Hilfe wie später im Umgang mit den Arbeitern aus Austens Wahlkreis.

Nach drei Monaten war die Arbeit für Gane beendet. Ein Nationalökonom an der Universität von Bristol, Mr. Tout (seinen Vornamen erfuhr ich nie; diese Anrede war damals noch Freunden vorbehalten), beschäftigte mich ein paar Monate lang für eine Erhebung über die Wohltätigkeitsorganisationen in Bristol, von denen es Hunderte gab. Tout wohnte bei uns in der

---

110 Affidavits waren Bürgschaften von Staatsbürgern des Aufnahmelandes für Einwanderer.

Nähe; er hatte ein sehr gutes Grammophon und eine sehr gute Plattensammlung, die er benutzte, um meine Musikkenntnisse auf die Probe zu stellen.

Ich hatte in Bristol einige Affidavits bekommen können und mich mit einigen Familien, die Flüchtlinge aufnahmen, auch angefreundet. Fritz und Hexl kamen nach London, um Brailsford[111] den Haushalt zu führen; Rosi und ihr Sohn Toni gingen nach Istanbul, wo sie an der Biologischen Fakultät der Universität auf Französisch Vorlesungen hielt, während mein Schwager Gustl ein Visum für die USA bekommen hatte. Die Liquidierung von Edis Firma hatte sich als äußerst komplex erwiesen, sodass er seine Ausreisepapiere nicht bekam. Sie beschlossen, Franz,[112] der damals acht war, mit einem Kindertransport zu mir zu schicken. Ich fuhr nach London, um ihn abzuholen. Als ich mit Hunderten anderen Pflegemüttern in der Victoria Station stand, sagte eine Frau direkt neben mir, als sie Franz sah, der ein niedlicher kleiner Junge war: „Den hätte ich gern." Franz aber sah mich und brach in Tränen aus. Als sein Vater ihn in den Zug gesetzt hatte, hatte er ihm gesagt, er würde den Ärmelkanal sehen, ehe er mich sähe. Jetzt merkte er, dass er die Überfahrt verschlafen hatte. Die meisten Kinder wurden Fremden zugewiesen; noch heute sehe ich ihre versteinerten Gesichter.

Franz hatte Glück, aber es war eine harte Zeit für ihn. Ich nahm ihn mit nach Bristol. Ein paar Tage später bekam er Scharlach, zum Glück nur leicht, sodass er sich bald wieder erholte. Mr. Gane hatte ihm einen Freiplatz in einer nahegelegenen Internatsschule verschafft; die Woche über, wenn Clara und ich zur Arbeit gingen, sollte er dortbleiben und dann das Wochenende mit uns verbringen. Franz hasste die Schule aus guten Gründen: Nicht nur sprach er so gut wie gar kein Englisch, und es gab auch niemanden, der Deutsch konnte, was schon schlimm genug war; es stellte sich außerdem heraus, dass die Schule nicht genug Schülermützen besaß, und dieser isolierte, kleine Junge, der mit keinem sprach, war auch noch der Junge ohne Mütze. Jeden Montagmorgen bettelte Franz, allein zu Hause bleiben zu dürfen, er weinte, er war ‚krank‘, er musste sich sogar übergeben. Aber was hätte ich sonst tun sollen? Ich weiß, dass er mir längst verziehen hat. Er muss es als Grausamkeit empfunden haben. Erst ganz allmählich wurde es leichter, und

111 Henry Noel Brailsford (1873–1958), Journalist und führendes Mitglied der Independent Labour Party.
112 Franz Carl Jahoda (1930–2012), Sohn von Eduard und Susanne Jahoda, Physiker, PhD an der Cornell University.

eine riesige Hilfe war es, als einer seiner Schulkameraden, weniger hartgesotten als die anderen, Franz zu verstehen gab, dass er gerne auf Deutsch zählen lernen wollte. Sein Englisch wurde natürlich besser, aber endgültig gerettet war er erst, als seine Eltern mit einem englischen Transitvisum kamen, um auf ihre Emigration in die Staaten zu warten. Leider war das erst viel später.

Die Lage in Österreich verschlechterte sich von Tag zu Tag, und in Bristol waren keine Massen-Affidavits mehr zu bekommen. Ich zog nach London und ließ Franz in Claras Obhut zurück, obwohl ihr Verhältnis zueinander nicht besonders gut war. Mit Hilfe von österreichischen Exilsozialisten betrieb ich ein Büro, das sich „Austrian Self-Help" nannte und dessen Zweck es war, immer mehr Menschen herauszuholen und die Neuankömmlinge zu beraten, wie und wo sie Unterstützung oder Arbeit finden konnten; letztere meistens für Frauen als Hausgehilfinnen.

Am meisten Sorgen machte ich mir natürlich um Edi, Susi und meine Mutter, aber auch in London war das Reservoir der Aufnahmewilligen praktisch erschöpft. Aus dem Telefonbuch erfuhr ich von einer Firma in der City, die ähnliche Geschäfte betrieb wie Edis Firma. Ich beschloss, mich an den Eigentümer zu wenden, Mr. Webster. Bei meinem ersten Besuch begleitete mich Mr. Farqharson, betont korrekt mit Zylinder. Mr. Webster empfing die beiden Fremden kühl. Er hörte sich meine Geschichte an, wies darauf hin, dass eine Bürgschaft allein für ein Transitvisum bereits mehrere hundert Pfund betragen konnte, dass dies eine hohe Summe sei und dass er darüber erst einmal nachdenken müsse. Damit waren wir entlassen. Ich war verzweifelt. Es war nach der Kristallnacht, die Edi in einem Versteck verbracht hatte. Anfang 1939 stand für mich fest, dass Krieg unvermeidlich war. Ich entschloss mich zu einer Verzweiflungstat. Ich schrieb einen Scheck über 200 Pfund auf Mr. Webster aus, obwohl ich auf meinem Bankkonto nur etwa ein Zehntel dieser Summe hatte. Damit ging ich erneut zu Mr. Websters Büro. Mit dem Rücken zu mir stand er am Fenster, während ich erklärte, dass es ‚günstiger' wäre, wenn er den Scheck erst einlöste, wenn Edi da wäre und Geld brauchte. Er erriet, was ich getan hatte. „Geben Sie mir den Scheck", sagte er; er zerriss ihn vor meinen Augen und unterschrieb dann auf der Stelle das Affidavit. Mit grauhaarigen, älteren Männern habe ich immer Glück gehabt. Es entwickelte sich eine herzliche Freundschaft; den ganzen Krieg über ging er etwa einmal im Monat mit mir essen. Die Hauptsache war, dass Edi und Susi kamen, Franz zu sich nahmen und bald in die Staaten abreisten. Noch zwei Jahre nach dem Krieg, als in England Lebensmittel knapp und schlecht waren, schickte Edi Mr. Webster regelmäßig Lebensmittelpakete – ein Nichts im Vergleich zu dem lebensrettenden Schritt meines väterlichen Freundes.

Dann kam meine Mutter mit dem Flugzeug – damals ein seltenes Abenteuer. Fritz und ich holten sie am Croydon Flughafen ab. Wir sahen, wie ihr Flugzeug am Himmel in der Abendsonne aufleuchtete. Einen Augenblick lang dachten wir beide, es wäre in Flammen aufgegangen, ein Zeichen für unsere überreizten Nerven. Mit ihr zusammen ging ich nach Bristol zurück. Clara räumte ihr Zimmer für sie und wohnte bei einer Familie gleich nebenan.

Bald kamen auch Adele und Rankl[113] zu uns und schliefen im Wohnzimmer in improvisierten Betten. Sie waren aus Prag geflohen. Wir lebten selbstverständlich einfach. Ich war die Hauptverdienerin, nach und nach unterstützt von Adeles wunderbarem handwerklichem Geschick – Nähen, Weben, Töpfern. Wir hatten einen ziemlich großen Freundeskreis – Flüchtlinge und Engländer, die Adele bezahlte Arbeit gaben. Im Frühsommer 1939 verdiente ich etwas zusätzliches Geld, indem ich als Reiseleiterin eine Studiengruppe nach Dänemark begleitete; und gelegentlich gab es Honorare für Vorträge, Erwachsenenbildung und Ähnliches.

Am 3. September 1939 wurde der Krieg erklärt. Während des ersten Kriegsjahres lebten wir mehr oder weniger weiter wie bisher, außer dass wir Gasmasken bei uns trugen. Im Herbst wurde ich an die Cambridge Universität eingeladen, um das Pinsent-Darwin-Studentship, ein dreijähriges Stipendium, entgegenzunehmen. Es ging sehr feierlich zu. Bei der Übergabezeremonie sagte Professor Frederick Bartlett: „Ich möchte, dass Sie wissen, dass Sie es nicht bekommen, weil, sondern obwohl Sie Flüchtling sind." Er meinte es sicher gut, aber das „obwohl" tat weh. Es war ein wunderbares Forschungsstipendium. Ich konnte forschen, was ich wollte, die einzige Verpflichtung bestand darin, dass ich alle Vierteljahre einmal nach Cambridge fahren und über meine Arbeit berichten musste. Ich war, was Prestige und Etikette der englischen Universität anging, immer noch so grün, dass mir die

113 Adele (Rankl, geb. Jahoda, 1903–1963), wie Clara (Fußnote 107) eine Tochter von Jahodas Onkel Rudolf. Adele studierte an der Wiener Kunstgewerbeschule und heiratete den Komponisten und Dirigenten Karl Rankl, den sie bei den elterlichen Musikabenden kennenlernte. Mit ihm emigrierte sie nach England und hielt sich und ihren Mann dort mit kunstgewerblichen Arbeiten über Wasser. Karl Rankl wurde später musikalischer Direktor der Covent Garden Opera in London.

Arbeitsbedingungen und das Geld mehr bedeuteten als die Ehre. Ich schlug in meiner Unwissenheit sogar eine Einladung aus, Stipendiatin in Newnham (oder war es Girton?) zu werden.[114] Vielleicht sollte ich jetzt, nach über 50 Jahren, einmal nachforschen, ob die Einladung immer noch gilt und ob das Stipendium überhaupt noch vergeben wird.

Da ich mich ohnehin viel mit meiner eigenen Erfahrung mit dem Übergang von einer Kultur in die andere und mit der Bedeutung von Arbeit beschäftigte, verband ich beides und beschloss, den Übergang von der Schule in die Fabrikarbeit zu untersuchen. Ich machte eine Papierfabrik in Bristol ausfindig, die 14-jährige Mädchen direkt von der Schule weg für ungelernte, repetitive Tätigkeiten einstellte, und konnte die Manager überreden, auch mich zu den gleichen Bedingungen wie die Mädchen einzustellen. Ich traf eine Absprache mit ihnen, nach der sie das Recht hatten, den Projektbericht zu lesen und der Veröffentlichung zuzustimmen oder ihr Veto einzulegen. Am Ende legten sie ihr Veto ein. So fügte ich meiner Sammlung von halbwegs gelungenen, aber unveröffentlichten Untersuchungen eine weitere hinzu. Viele Jahre später erwähnte ich diese Nichtveröffentlichung einmal in einem Artikel. Ich bekam einen bitterbösen Brief von einem Neuseeländer Psychologen, der mir unethisches Verhalten und moralische Feigheit vorhielt. Ob er Recht hatte?

Die Arbeit begann um acht Uhr früh und dauerte bis halb fünf Uhr nachmittags; in der Vorweihnachtszeit – wir stellten Kalender und Terminkalender her – bis sechs Uhr. Ich nutzte häufige Klobesuche, um mir Notizen über meine Beobachtungen zu machen, die ich dann abends ausarbeitete. Zu Anfang sagte ich den Mädchen nichts von meinem Forschungsprojekt. Ein Fehler, den ich nach etwa sechs Wochen korrigieren musste, weil ich ihre aktivere und systematischere Mitarbeit brauchte. Sie trugen es mit Fassung. Eines Tages jedoch wurden sie misstrauisch. Am Abend zuvor hatte Priestley[115] in einer Radioansprache vor Spionen gewarnt: „Denken Sie nicht, das seien finstere Gestalten", sagte er, „im Gegenteil, sie sind nett und freundlich, schleichen sich in Ihr Vertrauen ein, tun so, als wären sie Ihre Freunde. Sprechen Sie nicht mit Fremden." Das schien auf mich zu

---

114 Newnham College ist eines der 31 Colleges in Cambridge, Massachusetts, und bis heute ein reines Frauen-College. Das Girton College war das erste Frauencollege in Cambridge.
115 John Boynton Priestley (1894–1984), englischer Schriftsteller, Journalist und Kritiker, der erfolgreiche, meist aktuelle soziale Probleme aufgreifende Romane schrieb.

passen. Es dauerte eine Weile, bis wir wieder freundschaftlich miteinander umgingen.

Mit Hitlers Erfolgen auf dem Kontinent und nach Dünkirchen wuchs die Invasionsangst, und die Regierung beschloss, vorbeugende Maßnahmen zu treffen. Ich war nicht mehr in der Fabrik, hatte meinen Bericht abgeschlossen und plante die nächste Studie, als die Anordnung kam, alle Ausländer hätten innerhalb von 24 Stunden die Küstengebiete zu verlassen und sich ins Landesinnere zu begeben. Ein gewaltiges Drunter und Drüber für alle, aber wir hatten Glück. Clara, die 1933 nach England gekommen war, besaß bereits die britische Staatsbürgerschaft und konnte bleiben. Die Rankls wurden von Gilbert Murray[116] eingeladen, im Gärtnerhäuschen seines Oxforder Besitzes zu wohnen, während Adele als seine Haushälterin fungierte. Sie blieben dort den ganzen Krieg über. Die Scheus,[117] Freunde aus Wien, hatten seit ihrer Ankunft 1938 auf einem riesigen Gut in Somerset als Gäste der Clarks gelebt, der berühmten Schuhfabrikanten. Sie wussten von unserer schwierigen Lage und bewogen die Clarks, ihre Gastfreundschaft auch auf Mutter und mich auszudehnen.

Wir blieben dort nur ein paar Wochen. Die Clarks waren wunderbare Gastgeber, das Wetter war schön, die Landschaft herrlich, alles geradezu unheimlich friedlich, abgesehen von den Nachrichten. Am Tag, an dem Paris fiel, gingen Friedl Scheu und ich lange spazieren und versuchten, Pläne für den Fall einer Invasion zu machen. Um amerikanische Visa zu bekommen, war es jetzt zu spät. Keiner von uns hatte vorher in Erwägung gezogen, England zu verlassen, obwohl ich seit Ende 1938, als der Kriegsausbruch nur noch eine Frage der Zeit war, die Hoffnung aufgegeben hatte, Lotte nach England holen zu können. Solange der Rest der Familie immer noch in Wien war und ich sie herauszuholen versuchte, war gar nicht daran zu denken, sie im Stich zu lassen. Jetzt war meine größte Sorge meine Mutter. Sie hatte ein US-Visum, aber Schiffskojen waren schwer zu bekommen, da

---

116 Gilbert Murray (1866–1957), englischer Altphilologe, der als Übersetzer und Interpret griechischer Dichtung bekannt wurde. Als Anhänger der Völkerverständigung war er 1923–1938 Präsident der League of Nations Union.

117 Friedrich Scheu (1905–1985), Journalist und Rechtsanwalt, fungierte ab 1930 als Wiener Korrespondent des *Daily Herald*, der Parteizeitung der britischen Labour Party. Er emigrierte nach dem März 1938 über Prag nach London und wirkte auch dort als Journalist. So war er 1938 bis 1950 außenpolitischer Redakteur des Nachrichtenmagazins *News Revue*, später auch für den *Daily Herald*. 1944 begründete er die Anglo-Austrian Society.

viele Leute, Engländer wie Ausländer, in die Staaten abreisten. Die Lösung kam in Gestalt eines englischen Ehepaars, das selbst bleiben, aber seine beiden Kinder, die zu klein waren, um allein zu reisen, zu Verwandten in New York in Sicherheit schicken wollte: Meine Mutter bekam eine Überfahrt als Beschützerin ihrer Kinder. Im August 1940 fuhren sie von Liverpool ab, wo ich sie hingebracht hatte.

Bei meiner Rückkehr nach Hause fand ich einen Brief vor, in dem mir das Informationsministerium eine Stelle als Mitglied des Wartime Social Survey Team[118] anbot. Zu verdächtig, um in Küstennähe zu leben, aber vertrauenswürdig genug für einen Regierungsjob – das gefiel mir. Natürlich sagte ich zu, gab mein Forschungsstipendium zurück und ging nach London.

In London herrschte auffällig wenig Betrieb. Die Leute nahmen zu Recht an, dass im Falle von Luftangriffen oder einer Invasion die Hauptstadt am meisten gefährdet wäre. Die ganze London School of Economics zum Beispiel war nach Cambridge übersiedelt. Desgleichen die Farqharsons, in deren leerer Wohnung im Institute of Sociology am Gordon Square ich wohnen konnte, mietfrei.

Irgendwann 1938 hatte ich Austen Albu kennengelernt. Seine Frau Rose und beide Söhne, Martin und Colin, waren ebenfalls in die Staaten abgereist; Martin hatte als stolzer, dort geborener amerikanischer Staatsbürger für alle drei problemlos Schiffspassagen bekommen. Die Albus hatten unter anderem einem österreichischen Sozialisten Unterhalt und Unterkunft geboten, der mich bei ihnen einführte. Wir fanden, dass wir vieles gemeinsam hatten. Austen und drei andere Mitglieder der Labour Party hatten die Socialist Clarity Group gegründet, deren Ziel es war, die sozialistische Politik auf eine neue, antikommunistische Grundlage zu stellen. Ihre Ideen lagen auf der gleichen Linie wie die der deutschen Bewegung Neu Beginnen; geflüchtete Mitglieder dieser Bewegung, vor allem Evelyn und Paul Anderson,[119] waren Mitglieder der englischen Gruppe. In Wien hatte ich zum österreichischen Kreis von Neu Beginnen gehört. Als ich kurz vor Beginn des Blitzkriegs nach London zurückkehrte, trat ich der englischen Gruppe bei, ohne dass ich mir über die Implikationen im

---

118 Untersuchungen über Lebensbedingungen und Einstellungen der Briten während des Krieges; die Daten wurden durch Beobachtungen und Interviews gewonnen.

119 Evelyn Anderson, eigentlich Eleonore Seligmann, (1909–1977); Paul Anderson, eigentlich Harald Müller, (1908–1972), beide deutsch-britische Journalisten.

Klaren war, die diese politische Entscheidung für mein künftiges persönliches Leben haben würde.

Das Wartime Social Survey Team bestand aus fünf professionellen Wissenschaftlern und rund 20 Interviewern. Unsere Aufgabe war es, das Design für die Erhebungen zur Heimatmoral auszuarbeiten, Interviewer zu schulen, Daten auszuwerten und Berichte für das Ministerium zu schreiben. Die Gruppe passte gut zusammen, und die Arbeit war interessant. Wir waren im Chatham House untergebracht, das aus dem 18. Jahrhundert stammte und Anfang des 19. Jahrhunderts ein Bordell gewesen war. Es hatte ein verrücktes Dach mit Zacken und Zinnen, Schornsteinen und Türmchen, die ich noch gut kennenlernen sollte, weil wir einmal pro Woche nachts zur Brandbekämpfung eingeteilt waren. Wenn die Sirene aufheulte, kletterten wir mit Wassereimern und Feuerlöschern nach oben, bis Entwarnung kam. Von dort beobachtete ich den Brand in der City – schauerlich und aus dieser sicheren Entfernung sogar schön. In einem Roman von Golding[120] gibt es eine schreckliche Schilderung davon, wie es aus der Nähe war.

Bei denen, die während des Blitzkriegs in London blieben, war es Ehrensache, dass man so tat, als gäbe es keine Gefahr und als hätte man keine Angst und machte einfach weiter wie bisher. Eines Tages, als wir in der Jermyn Street durch lauter Schutt gehen mussten, holten die Sekretärinnen Schuhputzzeug hervor, um uns wieder anständig herzurichten.

Eines Abends kam ich zum Gordon Square zurück und fand das Haus rundum abgesperrt. Ein Luftschutzwart sagte mir, dass eine Zeitbombe in den Hof gefallen war. Bewohner konnten auf eigenes Risiko hinein, um das Nötigste herauszuholen. Vorsichtig stieg ich in den dritten Stock und rettete meinen Wintermantel und die Schreibmaschine. Die Bombe explodierte zwei Tage später. Die Nacht verbrachte ich in der Untergrundbahnstation Euston, zusammen mit Hunderten anderer Menschen, die auf dem Bahnsteig ihr ‚Nachtlager‘ aufschlugen. Stammgäste hatten Schichten alter Zeitungen, um die Härte des Bahnsteigs zu mildern.

Damals gab es in London viele leerstehende Wohnungen. Am nächsten Tag bezog ich eine schöne Wohnung in einem modernen Wohnblock in South Kensington. Wenn ich abends von der U-Bahn-Station nach Hause ging, gab es manchmal Alarm. Die Flugabwehrkanonen machten nicht nur

---

120 William Golding. 1989. *Fire down below*. New York: Farrar, Straus & Giraux.

einen fürchterlichen Krach, sondern ließen auch ringsherum den Schutt hochspritzen. Ich hielt mir die Aktentasche über den Kopf – ein törichter, wenig effektiver Versuch, mich vor einem direkten Treffer zu schützen, aber mir war wohler dabei. Einmal schlug ganz in der Nähe eine Bombe ein; eine Katze wurde meterhoch in die Luft geschleudert.

Eines Tages landete Rudolf Hess in Schottland. Alle waren wie vom Donner gerührt. Eine amerikanische Kollegin von mir war mit Winant[121] befreundet, dem amerikanischen Botschafter. Sie erzählte ihm, sie kenne eine politisch erfahrene Österreicherin. Die allgemeine Verblüffung über das Hess-Ereignis war so groß, dass Winant nach jedem Strohhalm griff: Ich ging ihn besuchen und verbrachte mit diesem eindrucksvollen, freundlichen und melancholischen Mann eine denkwürdige Stunde, in der wir die wildesten Vermutungen austauschten.

Mir war eine Idee gekommen, wie wir die Stimmungslage etwas raffinierter messen konnten als mit den direkten Fragen, die wir gewöhnlich stellten. Da ich wusste, dass meine Chefs beim Survey schwer zu überzeugen waren, glaubte ich, eine informelle Pilotstudie würde ihren Zweck erfüllen. Ich bat Austen, die Arbeiter in seiner Fabrik dazu zu bewegen, den Fragebogen auszufüllen. Das tat er auch, und ehe er es sich versah, stand die Polizei in seinem Büro und fragte, warum er denn wissen wolle, was seine Arbeiter dächten, und welche Verbindungen er zur kommunistischen Partei hätte. Wie sich herausstellte, hatten sie ihn in ihrer Kartei, mit dem Vermerk, während des Spanischen Bürgerkriegs habe er einmal zusammen mit einem Kommunisten an einer Podiumsdiskussion teilgenommen. Für ihn kam die Sache rasch ins Reine, doch ich hatte Ärger, nicht aus politischen Gründen, sondern wegen eigenmächtigen Handelns. Meine unmittelbaren Vorgesetzten standen hinter mir, und das Ministerium ließ sich besänftigen, nachdem man mir die Leviten gelesen und ich versprochen hatte, brav zu sein; was ich auch war, aber nicht lange.

Damals waren Karotten praktisch das einzige Frischgemüse, das man bekommen konnte, alles andere wanderte in die Armeeverpflegung. Das Ministerium machte viel Propaganda über den Nährwert von Karotten und ihre positive Wirkung auf die Sehkraft bei Dunkelheit. Wir führten eine

121 Der republikanische Politiker John Gilbert Winant war von 1941 bis 1946 US-Botschafter in London.

Befragung durch und fanden heraus, dass die Leute Karotten gründlich satthatten. Normalerweise sorgte das Ministerium dafür, dass die Befragungsergebnisse möglichst weite Verbreitung fanden. Diesmal legten sie sich quer. Wir wurden gebeten, die Ergebnisse umzuschreiben, zu ‚glätten‘. Selbstverständlich waren wir empört über diese Forderung, die an unsere Integrität rührte. Es kam zu ziemlich scharfen Diskussionen mit den Chefs im Ministerium und zu Verschwörer-Treffen der Forschungsgruppe. Am Ende wurde ein Kündigungsschreiben aufgesetzt, das den Unterschied zwischen Sozialwissenschaft und Propaganda klarstellte. Alle unterschrieben, einschließlich der Putzfrauen. So endete der ‚Cooper Snooper‘ (Duff Cooper war der zuständige Minister) nach zwei Jahren in moralisch gehobenem Ton.

Ich hatte kaum Zeit zu entscheiden, ob ich zum weiblichen Landsturm oder in eine Munitionsfabrik gehen sollte, als Richard Crossman[122] mit einem ganz anderen Vorschlag an mich herantrat. Dick war beim Außenministerium und leitete dort eine Sonderabteilung für psychologische Kriegsführung. Als Erstes fragte er mich, ob ich bereit wäre, den Official Secrets Act zu unterschreiben, damit ich kriegswichtige Arbeit machen könnte. Das hieß, dass ich in den nächsten 30 Jahren Stillschweigen über das zu wahren hatte, was ich da tat. Ich unterschrieb auf der Stelle. Dann erzählte er mir, dass er auf dem Land in Bedfordshire zwei geheime Rundfunksender aufgebaut hatte, die nach Deutschland sendeten und den Widerstand stärken und die deutsche Kriegsmoral unterminieren sollten. Nun sollte ein dritter Sender für Österreich in Betrieb genommen werden; ob ich bereit sei, die Leitung zu übernehmen? Das war ich. Also gab ich meine Wohnung auf, verstaute meine wenigen Habseligkeiten bei Freunden und zog in eine beschlagnahmte Villa in der Nähe von Woburn Abbey (berühmt wegen des Code-Knacker-Teams).

Dort traf ich auf sehr angenehme Kollegen. Der Sender der Europäischen Revolution [123] wurde von fünf deutschen Mitgliedern von Neu

---

122 Richard Crossman (1907–1974), Journalist und führender Politiker der Labour Party. Anfang der 1940er Jahre war er Leiter der Deutschlandabteilung des Political Warfare Executive, einem Ausschuss des Außenministeriums, zuständig für antinazistische Kriegsführung und Propaganda. Durch seine Vermittlung konnten einige deutsche und österreichische Sozialisten in der Rundfunkpropaganda mitwirken.

123 Der 1941/42 ausstrahlende Sender der Europäischen Revolution war die einzige Propagandaeinrichtung in England, deren Politik von deutschen Sozialisten bestimmt wurde. Er war von

Beginnen betrieben, die ich schon kannte und mochte. Zu meiner Gruppe gehörten noch zwei weitere Mitglieder, die ich von Wien her gut kannte, Walter Wodak und Stefan Wirlander. Wir nannten uns „Radio Rotes Wien". Und dann die Crossmans selbst. Mrs. Crossman mochte ich nicht besonders. Aber Dick war als Chef sehr locker und anregend, diskutierte an den Feierabenden über Gott und die Welt mit uns und ließ uns – bis zum Ende von Radio Wien anderthalb Jahre später – freie Hand zu senden, was wir für richtig hielten, nachdem über den grundlegenden Zweck Einigkeit hergestellt war: Lieferung von Informationen, unverfälschte Nachrichten und Festhalten an sozialistischen Werten. Jeden Abend um sechs wurde ich mit dem Wagen zu dem 15 Minuten entfernten Sender gebracht, wo ich las, was wir den Tag über produziert hatten. Es war die intensivste Arbeitsperiode meines Lebens, jede Minute von dem Wissen beherrscht, dass Menschen ihr Leben riskierten, wenn sie Radiosendungen aus dem Ausland hörten.

Der Tag begann mit der Lektüre von englischen und ausländischen Zeitungen und von Sonderberichten, die Dick erhalten hatte, vor allem Berichte über Interviews mit Kriegsgefangenen; dann gab es eine Konferenz über die Themen des Tages und wie sie zu bringen waren, gefolgt von stundenlangem Schreiben und Umschreiben bis sechs Uhr abends. Wochenlang wussten wir nicht, ob wir überhaupt zu irgendjemandem durchdrangen. Dann fingen die Nazis an, unsere Sendungen zu stören. Großer Triumph – wir wurden gehört! – und das Katz-und-Maus-Spiel mit wechselnden Wellenlängen begann. Noch größerer Triumph, als in den Berichten über die Kriegsgefangenen auch „Radio Rotes Wien" erwähnt wurde. Ich glaube aber nicht, dass wir je eine besonders große Hörerschaft hatten.

parteiunabhängigen Sozialisten und Mitgliedern der Gruppe Neu Beginnen initiiert worden und galt als ein Experiment einer Abteilung des Außenministeriums. Zu seinem festen Mitarbeiterstab zählten Fritz Eberhard und vier Mitglieder von Neu Beginnen: Paul und Evelyn Anderson, Waldemar von Knoeringen und Richard Löwenthal. Richard Crossman nahm an den Programmbesprechungen der Sendeleitung teil, ohne Einfluss auf das Programm zu nehmen. Der Sender rief revolutionäre Arbeiter in den deutschen Betrieben zum Langsam-Arbeiten, zur Industrie- und Transportsabotage und zum passiven Widerstand anhand praktischer Beispiele auf. Vgl. Werner Röder. 1969. *Die deutschen sozialistischen Exilgruppen in Großbritannien 1940–1945. Ein Beitrag zur Geschichte des Widerstandes gegen den Nationalsozialismus.* Hannover: Verlag für Literatur und Zeitgeschehen, 184 ff.

Der zweite deutsche Sender, Gustav Siegfried I,[124] war in der Villa gleich nebenan. Im Gegensatz zu den beiden anderen, die ihren Standort nie bekanntgaben, tat Gustav Siegfried so, als stünde er in Deutschland, in der Nähe des Oberkommandos der Deutschen Wehrmacht, und berichtete über die Vorgänge dort. Unter der Leitung von Sefton Delmer wurde die freizügigste Pornografie gesendet, die man sich vorstellen kann, jedenfalls detaillierter, als ich sie mir je vorgestellt hätte oder je wieder hören möchte. Als wir sie in ihrer Villa besuchten, unterhielten sie uns mit Auszügen aus ihrer Produktion. Ihr Wohnzimmer war mit Hakenkreuzen und schauerlichen Fotos aus dem Streicher-Blatt[125] geschmückt – um sie in die richtige Stimmung zu versetzen, wie Sefton Delmer erklärte. Unnötig zu sagen, dass sie massenhaft Hörer hatten.

Es gab auch erfreulichere Seiten: Mein Fahrer war Ire. Gegen alle Vorschriften lud er mich nach der Sendung zu einem Bier in ein Dorf-Pub ein. Er erzählte mir, er sei Mitglied der IRA, die aber stillhalten werde, solange der Krieg dauere.

Alle zwei oder drei Wochen hatte ich ein Wochenende in London, das ich mit Austen verbrachte. Er wusste, was ich gerade machte. Für alle anderen war ich nur über eine Londoner Postfachnummer zu erreichen.

Das Ende kam, als ich in einer Sendung zuversichtlich vorhergesagt hatte, nach dem Krieg werde man Indien die Unabhängigkeit gewähren. Dick sagte, seine Vorgesetzten hätten an dieser ‚Einmischung' in die britische Kolonialpolitik Anstoß genommen. Ich habe nie so recht an diese Erklärung geglaubt. Vielleicht hatten wir einfach nicht genug Hörer, um die Kosten zu rechtfertigen, und Indien war nur der respektablere Vorwand.

Zurück nach London also, und wieder einmal, zum soundsovielten Male, ein Neubeginn. *Pierre qui roule n'amasse pas mousse* [Ein rollender Stein setzt kein Moos an], wie die Franzosen sagen; aber vielleicht war es gerade das, was mir im Leben fehlte: die Chance, ein wenig *Mousse* anzusetzen.

124 Der Sender Gustav Siegfried I war einer von zahlreichen ‚schwarzen' Sendern unter der Leitung des Journalisten Sefton Delmer. Zwischen Delmer und dem Kreis um den Sender der Europäischen Revolution bestanden starke politische Spannungen, da sich Delmers Rundfunkpropaganda – in Absprache mit dem Außenministerium – an eine andere Zielgruppe, nämlich an die deutsche Rechte und an die Wehrmacht, richtete. Vgl. Werner Röder, Exilgruppen, Fußnote 123, 188.

125 Mit dem „Streicher-Blatt" ist das Wochenblatt *Der Stürmer* gemeint, für das Julius Streicher, ein fanatischer Propagandist des Antisemitismus, verantwortlich zeichnete. Streicher wurde 1946 vom Internationalen Militärgerichtshof zum Tode verurteilt.

Austen und ich lebten zusammen in einer Wohnung in Earl's Court. Auch das ein befristetes Arrangement, denn wir waren uns von Anfang an einig, dass Austens Ehe Vorrang vor unserer Beziehung hatte. Ich hatte mich – vielleicht hatten wir uns auch beide – tiefer eingelassen, als ursprünglich gedacht. Etwa einen Monat, bevor Rose und die Buben zurückkamen, zog ich aus. Rose war ein bemerkenswerter Mensch. Austens Erzählungen machten sie neugierig auf mich. Sie suchte mich auf, und wir unterhielten uns stundenlang, nicht so sehr über Austen oder über meine jetzt beendete Beziehung zu ihm, sondern übereinander. Sie meinte, während ihrer Jahre in den Staaten sei ihre Unabhängigkeit und Einsicht gewachsen. Ihren Lebensunterhalt selbst zu verdienen, allein für die Buben verantwortlich zu sein und eigene Freunde zu finden, waren gute Erfahrungen. Sie wurde eine emanzipierte Frau, wie man heute sagen würde, ohne ihre Ehe zu gefährden. Sie und ich wurden enge Freundinnen, entspannter und verlässlicher, als meine gelegentlich wild bewegte Beziehung zu Austen gewesen war. In den angespannten Wochen vor unserer Trennung warf er mal eine nicht ganz gar gekochte Kartoffel nach mir. Heute bestreitet er jede Erinnerung an diesen Vorfall. Um absichtlich halbroh zu kochen, war ich nicht raffiniert genug; er muss wohl komplexere Gefühle ausagiert haben, um seine Spannung loszuwerden.

Etwa ein Jahr lang arbeitete ich für Dick Stone am National Institute of Economic and Social Research.[126] Dick war ein hervorragender Nationalökonom, der damals gerade seine Tabellen zur volkswirtschaftlichen Gesamtrechnung entwickelte. Meine Arbeit bestand in einer buchhalterischen Detektivarbeit. Aus den Statistiken, die veröffentlicht wurden, mussten Wirtschaftsjahre in Kalenderjahre umgerechnet werden, was bei Posten wie Gas oder Elektrizität noch ziemlich einfach war, wenn man einen Rechenschieber zu Hilfe nahm. Aber wie berechnet man Ausgaben für Glücksspiel oder Prostitution? In dem Bemühen, die nationalen Einnahmen und Ausgaben in eine ungefähre Entsprechung zu bringen, taten wir das, auch wenn ich nicht mehr weiß wie. Dick war ein sehr angenehmer Arbeitgeber; er, seine Frau und ich waren bald gute Freunde. Fedora war nicht nur eine interessante Person; sie hatte auch eine in Zeiten strenger Rationierung unbezahlbare Fähigkeit: Sie war eine erstklassige Köchin. Selbst Zwiebeln waren

---

126 Das Institut wurde 1938 von dem Industrieunternehmer Josiah Stamp zur Förderung und Koordination von ökonomischen Forschungen und Statistiken, die von allgemeinem Interesse sind, gegründet.

schwer zu bekommen. Einmal bekam ich zu Weihnachten eine geschenkt, und Fedora bereitete daraus zusammen mit Frühstücksfleisch ein köstliches Mahl.

Die Bombenangriffe gingen weiter. Fedora wurde schwanger, und die Stones zogen nach Cambridge (auch das Institut?). Irgendjemand machte mich mit Flora Solomon bekannt, Personalchefin von Marks and Spencer. Sie stammte aus einer reichen russischen Kaufmannsfamilie, die 1918 auf abenteuerlichen Wegen aus Russland geflüchtet war. Am Ende kamen sie nach London, nun zwar nicht mehr reich, aber dank der internationalen Geschäftsverbindungen ihres Vaters auch nicht eben arm. Es gab drei Mädchen in der Familie. Eines wurde im Laufe der Zeit Chefeinkäuferin für Bonwit Teller; ein anderes war eine hervorragende Übersetzerin und Sowjetexpertin, das heißt Antisowjetexpertin, die zum Katholizismus übertrat und am Sterbebett ihres Vaters dramatische Familienkonflikte heraufbeschwor, als sie versuchte, seine jüdische Seele zu retten, indem sie einen Priester mitbrachte. Flora rettete die Würde des alten Mannes gewaltsam, indem sie beide hinauswarf. Sie war stolz darauf, Jüdin zu sein, und setzte sich ihr Leben lang für jüdische Angelegenheiten hier und in Israel ein. Als sehr alte Frau besuchte sie uns in Keymer und sprach die meiste Zeit über das damals – wie heute – unlösbare Problem der arabisch-jüdischen Beziehungen.

Als ganz junges Mädchen heiratete sie einen Engländer und bekam einen Sohn, Peter Benenson, der später zum Gründer von Amnesty International[127] wurde. Ihr Mann hatte nach zwei Jahren Ehe einen Unfall und blieb gelähmt. Die große Liebe ihres Lebens war Kerenski.[128] Er kam nach London, um eine Rede zugunsten der Menschewiki zu halten. Flora wohnte einem, wie sich herausstellte, dramatischen Vorfall bei. Als Kerenski zum Rednerpult ging, trat eine Frau mit einem Strauß Rosen im Arm auf ihn zu. In den Blumen war ein Eisenstock mit Dornen verborgen, mit dem sie ihm die Wange aufriss. Aus der Wunde lief Blut. Ordner brachten die weißrussische Angreiferin weg, während sich Kerenski ruhig den

---

127 Die Gefangenenhilfsorganisation Amnesty International wurde 1961 in London von dem Rechtsanwalt Peter Benenson gegründet.
128 Alexander Fjodorowitsch Kerenski (1881–1970), russischer Politiker und Rechtsanwalt. Er war 1917 zuerst Kriegsminister, dann Ministerpräsident der provisorischen russischen Regierung. Er versuchte erfolglos, die Besetzung des Winterpalais durch die Bolschewiki als Auftakt der Oktoberrevolution zu verhindern. Ab 1918 lebte er in Westeuropa in der Emigration, ab 1940 in den USA.

Zuhörern zuwandte und mit seinem Vortrag begann. Flora war von dieser heldenhaften Geste überwältigt. Nach der Ansprache suchte sie ihn auf, um ihm ihre Bewunderung auszudrücken. Sie erzählte mir von dieser Begebenheit und sagte zum Schluss stolz: „In dieser Nacht ging ich nicht nach Hause."

Sie war Personalchefin bei Marks and Spencer und für die Einführung großer Teile ihrer vorbildlichen, fortschrittlichen Personalpolitik verantwortlich. Sie bot mir einen vage definierten Job an, zu dem auch gehörte, dass ich in mehreren Abteilungen als Verkäuferin arbeitete, um die Organisation von unten kennenzulernen. Der Job öffnete mir die Augen. Als Kunde ist man blind für die fantastisch komplizierten Vorgänge, die sich hinter den Kulissen abspielen, für die organisatorische Erfindungsgabe, die nötig war, damit man für seine Lebensmittelmarken auch nur ein Stück Schokolade kaufen konnte. Für die Verkäuferinnen war der Dienst am Kunden ein notwendiger, aber kein zentraler Faktor ihrer Arbeitszufriedenheit. Theoretisch wusste ich, dass die Welt von den unterschiedlichen Positionen einer bestimmten sozialen Konstellation unterschiedlich aussieht; wie unterschiedlich, so lernte ich nun, zeigt sich erst, wenn man ganz buchstäblich die Position des anderen einnimmt. In persönlichen Beziehungen, in denen man auf die Vorstellungskraft allein verwiesen ist, ist dies nicht möglich; und wenn Gefühle im Spiel sind, leidet die Vorstellungskraft.

Nach drei Monaten wurde ich in die Zentrale in der Baker Street versetzt und bekam den Auftrag, eine Pensionsregelung für die Angestellten zu entwickeln. Eine höchst unpassende Aufgabe. Ich war dafür nicht im Mindesten qualifiziert. Ich tat nichts weiter, als Pläne von anderen Firmen zu sammeln und über ihre Unterschiede zu grübeln. Glücklicherweise gab es anderes zu tun, denn die Bombenangriffe gingen weiter. Marks and Spencer richteten Luftschutzbunker in ihren Zweiggeschäften oder in deren Nähe ein, die Flora regelmäßig inspizierte, und dazu nahm sie mich mit – landauf, landab. Auf einer Reise nach Schottland kam einmal Margaret Mead[129] mit, zwischen diesen beiden kam ich gar nicht mehr zu Wort.

---

129 Margaret Mead (1901–1978), amerikanische Anthropologin und bekannt als Vertreterin des Kulturrelativismus. Besonders in den 1960er und in den 1970er Jahren waren ihre Arbeiten sehr populär. Sie galt mit ihren Studien über die Sexualität bei südpazifischen Kulturen als eine Wegbereiterin der sexuellen Revolution. Vgl. das dreibändige Werk *Jugend und Sexualität in primitiven Gesellschaften*, erstmals 1935.

Flora organisierte auch British Restaurants, eine Einrichtung, bei der man während des Krieges ohne Lebensmittelmarken billige, durchaus essbare Mahlzeiten bekommen konnte. Zu diesem Zweck übernahm sie ein elegantes, leerstehendes Haus, das einer Geliebten des Prince of Wales gehört hatte. Das Erdgeschoß wurde in ein Restaurant verwandelt. In den ersten Stock zogen Leslie, ihre Sekretärin, und ich. Mein Zimmer war das ehemalige herrschaftliche Schlafzimmer. Alle Wände und auch die Decke waren von oben bis unten mit Spiegeln verkleidet. Ich amüsierte mich mit Spekulationen darüber, was in früheren Tagen hier wohl getrieben worden war, aber während der nächtlichen Luftangriffe fand ich es doch unter meiner Würde, mich im Falle eines Treffers mit Spiegelscherben spicken zu lassen, und zog es vor, mich an eine ordentliche Wand im Flur zu setzen. In einer sehr lauten Nacht suchte eine zitternde kleine Maus Schutz zwischen meinem Rücken und der Wand. Normalerweise bin ich nicht gerade eine Mäusefreundin, aber diesmal hatte ich Mitleid.

Einmal fiel eine Bombe auf eine Hauptwasserleitung in der Euston Road. Ich war vielleicht 300 Meter entfernt. Die Druckwelle warf mich aufs Pflaster. In den paar Sekunden, die ich da lag und Wasser vor mir hochschießen sah, ging mir durch den Kopf, dass England eben doch nur eine Insel war, von dieser Bombe glatt durchschlagen, und dass das Meer uns nun alle verschlingen würde.

Die Wahrscheinlichkeitstheorie erfreute sich allgemeiner Beliebtheit: Mit einer Bombe hatten es schon viele zu tun gehabt, mit zwei oder mehr schon weniger. Also, meinten die einen, müsste man eigentlich, wenn man seine Bombe gehabt hatte, relativ sicher sein. Alles gut und schön, sagten die anderen, aber woher weiß die Bombe, dass man seine schon hatte?

Zur Feier von Mussolinis Sturz[130] veranstalteten wir in unserem eleganten Heim ein riesiges Fest mit 50 oder 60 Leuten, darunter auch einigen amerikanischen Offizieren, die für den Whisky sorgten. Rose machte in meiner Badewanne Kartoffelsalat (das Restaurant war abends abgeschlossen). Es war ein sehr vergnügtes Fest, und nicht nur wegen des Whiskys.

An einem Junimorgen wachte ich um fünf Uhr früh vom mächtigen Dröhnen von Hunderten ostwärts fliegender Flugzeuge auf. Die zweite

130 Am 25. Juli 1943 wurde Benito Mussolini von oppositionellen Faschisten und Monarchisten gestürzt, die das Bündnis mit Deutschland lösen und einer antifaschistischen Massenbewegung zuvorkommen wollten.

Front war eröffnet. Nun war absehbar, dass und wie der Krieg enden würde. Ich hatte inzwischen erfahren, dass Schiffe, die verwundete Soldaten in die Staaten zurückbrachten, immer auch ein halbes Dutzend Zivilpersonen mitnahmen, die familiäre Gründe geltend machen konnten. Meine Trennung von Lotte wurde nach einiger Überredung als ein solcher Grund anerkannt, und ich kam auf eine Warteliste.

Jetzt haben wir Juli 1994, und ich habe viele Monate lang nicht geschrieben. Ich bin allein in Keymer. Austens körperliche und geistige Gesundheit hatte sich schon längere Zeit immer mehr verschlechtert, und es wurde klar, dass ich dem allein nicht mehr gewachsen war. Soziale Dienste und bezahlte Nachtschwestern halfen eine Zeit lang. Im März stürzte er, wahrscheinlich wegen eines leichten Schlaganfalls. Von da an verschlechterte sich sein geistiger Zustand. Ich begann, die körperliche Belastung zu spüren. Eines Morgens erwachte ich nach einer schwierigen Nacht und konnte meine rechte Hand nicht mehr bewegen. Der Arzt kam, gab mir eine Spritze, und nach ein paar Tagen war die Hand wieder in Ordnung. Zehn Tage später war es dann das rechte Knie; jeder Versuch, es zu bewegen, verursachte heftige Schmerzen. Diesmal sprach der Arzt ein Machtwort, telefonierte mit dem Pflegeheim, in dem Austen bereits während meiner Wienreise im April ein paar Tage gewesen war, und dann wurden wir beide hinausgetragen und in Firgrove eingeliefert, ich für vier Tage, bis mein Knie wieder in Ordnung war; Austen ist seither dort. Ich brauchte mehrere Wochen, um die Tatsache zu akzeptieren, dass es diesmal für immer war. Ich besuche ihn praktisch jeden Tag, aber er nimmt immer weniger Notiz von mir. Manchmal spricht er von Mitzi, als wäre ich nicht da.

Zurück zum Krieg in England und zu den Monaten des Wartens. Ich wusste, dass ich innerhalb von 36 Stunden reisefertig sein musste, wenn der Anruf kam, also war mein Koffer gepackt. Flora Solomon hatte mir großzügigerweise ein neues Kostüm schneidern lassen (ohne Kleiderbezugsmarken, wie ich beschämt gestehen muss). Monatelang hing ich in der Luft, versuchte, mich aus den Bindungen zu lösen, die ich in England eingegangen war, und mich in Gedanken auf das Leben in Amerika einzustellen, während sich die Gegenwart vor allem durch die V2-Bomben in Erinnerung brachte. Lautlos kamen sie durch die Stratosphäre, es gab keinen Fliegeralarm, und ihre Wirkung war verheerend. Man bemerkte sie erst, wenn sie schon eingeschlagen hatten. Ein kleiner Junge kam schreiend die Oxford Street herunter gerannt: „Ein Baum ist in die Luft geflogen." Eine V2 hatte den Hyde Park getroffen. Diese Unmöglichkeit, sich zu schützen, machte sie so unheimlich und stellte die Moral der Zivilbevölkerung erneut auf die Probe. Kein Wunder, dass die Regierung versuchte, die erste V2 als Explosion einer Hauptgasleitung auszugeben; aber die Londoner kamen bald dahinter.

An einem Abend bei Flora hatten Austen und ich Arthur Koestler[131] kennengelernt, der uns als Erster von den Todeslagern erzählte. Es kam zu einer hitzigen Diskussion, als ich seiner Meinung widersprach, diese Berichte müssten an allen Grundschulen zur Pflichtlektüre gemacht werden. Wir hatten selbstverständlich von den Konzentrationslagern gewusst, nicht aber von der Endlösung.

Anfang April 1945 wurde ich benachrichtigt, dass ich einen Platz auf einem Truppentransporter bekommen hatte, der verwundete Soldaten nach Kanada zurückbrachte. Wieder ein Ende, wieder ein Neubeginn; diesmal endgültig, wie ich dachte. Die österreichischen Sozialisten in London, die sich auf die Rückkehr nach Wien vorbereiteten, missbilligten meine ‚Fahnenflucht'. Meine englischen Freunde brachten mehr Verständnis auf. Es war gut, dass ich sieben Tage an Bord eines Schiffes hatte und nicht nur einen kurzen Flug. Das half, die Trauer des Abschiednehmens in der Vorfreude auf das Wiedersehen mit Lotte und dem Rest meiner Familie aufgehen zu lassen.

Es gab vier Zivilisten an Bord. Wir waren von den Soldaten streng getrennt. Eines Tages wachten wir um fünf Uhr früh auf und fanden das Schiff von Schutzbooten umgeben. Nachts war ein U-Boot geortet worden. Die verwundeten Soldaten hätten die üblichen Sicherheitsmaßnahmen ohnehin nicht treffen können, also hatte man uns die Aufregung verschlafen lassen.

Das Schiff landete in Halifax, und ein Zug brachte mich nach New York. Lotte und Franz, meine Mutter, Edi, Susi, Fritz und Hexl holten mich ab. Die Gefühle waren überwältigend. Lotte und Franz retteten die Lage gerade noch, indem sie mich in ein bemerkenswertes Phänomen der Grand Central Station einführten: Zwei Menschen, die an entgegengesetzten Ecken dieser

131 Arthur Koestler (1905–1983), österreichisch-ungarisch-britischer Schriftsteller. Anfang der 1930er Jahre wurde er Mitglied der Kommunistischen Partei Deutschlands, wandte sich jedoch 1938 unter dem Eindruck der stalinistischen Säuberungen und Schauprozesse vom Kommunismus ab.

riesigen, lauten Halle stehen und ruhig in die Ecke hinein sprechen, können einander hören. Wir probierten es aus. Es klappte, und damit kehrte wieder so etwas wie Normalität ein.

Lunch in Fritz' und Hexls Wohnung, in der ich zwei oder drei Tage blieb. Am Tag nach meiner Ankunft starb Roosevelt. Es war ein fühlbarer Schock. Lotte weinte. Ich fuhr für etwa eine Woche nach Detroit, wo Edi damals noch arbeitete, obwohl er bereits seine Übersiedlung nach New York plante, wo ich wohnen wollte, solange Lotte dort in die High School ging.

Wenn man aus einem Land kam, das auf sehr magere Diät gesetzt war, war der erste Eindruck von Amerika der Überfluss an Nahrungsmitteln. Weintrauben, Bananen! Jahrelang hatte ich keine mehr gesehen, geschweige denn gegessen. Ich ging durch Harlem, und in jedem überquellenden Mistkübel sah ich mehr Lebensmittel, als man sich in England mit ganzen Monatsrationen von Lebensmittelmarken hätte verschaffen können. Da Edi mir großzügigerweise Geld gegeben hatte, ging ich zu *Macy's*, um meinen englischen Freunden Lebensmittelpakete zu schicken. Am Eingang zur Lebensmittelabteilung hing eine riesige Fahne, auf der stand: „Lebensmittelpakete für England und andere befreite Länder". Ich war empört und ging zum Manager, der mir zusagte, dass er das Wort „andere" entfernen lassen wollte. Einen Tag später sah ich nach. Er hatte Wort gehalten.

Ein oder zwei Monate lang lebte ich bei Margaret Mead[132] und ihrer kleinen Tochter in einem Haus in Greenwich Village, in dem sie mit Jerome Frank[133] und seiner Familie wohnte. Es war ein herrlicher Bohème-Haushalt, mit kleinen Kindern überall, festen Zeiten für gar nichts und guten Gesprächen bis zwei Uhr früh. Unnötig zu sagen, dass Margaret Mead an diesen Gesprächen den Löwenanteil bestritt. Paul und andere Akademiker hatten nie eine sonderlich hohe Meinung von ihr, aber ich fand, wenn man geduldig zuhörte, kam früher oder später irgendeine höchst originelle Idee oder Formulierung zum Vorschein, die mich zwang, über ein Problem neu nachzudenken oder eine Denkgewohnheit in Frage zu stellen. Ich mochte sie. Viele Jahre später kam sie nach London, und ich sah ihr zu, wie sie es schaffte, eine Zuhörerschaft von mehreren hundert Menschen in ihren Bann zu ziehen. Sie war eine meisterhafte Kommunikatorin.

---

132 Vgl. Fußnote 129.
133 Jerome David Frank (1909–2005), amerikanischer Psychologe, Psychiater und Psychotherapieforscher.

Dabei fällt mir eine Eigenart meines Gedächtnisses auf: Während mir der Haushalt in Greenwich Village und der Londoner Vortragssaal ganz deutlich vor Augen stehen, kann ich mich beim besten Willen nicht mehr erinnern, worum es eigentlich ging. Das lässt den Verdacht aufkommen, dass manche Gedanken, die ich so gern als meine eigenen betrachte, tatsächlich dem einen oder anderen der unzähligen Menschen gehören, mit denen ich in meinem langen Leben geredet habe. Ernüchternd. Immerhin befinde ich mich in guter Gesellschaft: Freud hatte einen ähnlichen Verdacht und sprach entschuldigend von Kryptomnesie (und das eine oder andere inhaltsschwere Gespräch habe ich doch behalten).

Im Frühsommer 1945 hatte Edi ein Haus in Manhasset auf Long Island gekauft, und dort zog auch ich hin, in der – von Edi und Susi geteilten – Hoffnung, meine Anwesenheit im Hause könnte die Spannungen zwischen Susi und meiner Mutter mildern. Jedenfalls konnte ich noch nicht selbst für meinen Unterhalt aufkommen und mir noch keine gemeinsame Wohnung mit Lotte in New York leisten, obwohl ich sechs Wochen nach meiner Ankunft eine Arbeit bekommen hatte. Paul überzeugte mich, dass es für Lotte besser wäre, wenn sie nicht aus ihrer Schule und ihrem Freundeskreis herausgerissen und nach Long Island verpflanzt würde. Zusammen verbrachten wir, Lotte, Franz, meine Mutter und ich, einen wunderbaren Sommermonat in Menemsha auf Martha's Vineyard.[134] Freunde von Austen und Rose hatten mir ihr Cottage überlassen. An einem Sommerabend im August saßen wir draußen, bewunderten einen prachtvollen Sonnenuntergang und hörten Nachrichten im Radio: Die Atombombe hatte Hiroshima ausgelöscht. Wir waren sprachlos vor Entsetzen. Franz, obwohl erst 15, schien zu verstehen und ergänzte die Erklärung im Radio.

Es wurde mir leicht gemacht, mich in Amerika einzuleben. Ich fühlte mich nie als Fremde. Für die Familie war ich die verlorene Mutter und Tochter, die herz- und magenerwärmend gefeiert wurde. Viele alte Freunde aus Wien waren da. Kein Ladenbesitzer erhob je die Stimme, damit die Ausländerin ihn endlich verstand, oder kommentierte meinen Akzent (wie es in England selbst heute noch vorkommt). Und ich war entschlossen, mich anzupassen – schließlich war es diesmal für immer. Dachte ich zumindest.

---

134 Martha's Vineyard ist eine Insel vor Massachusetts an der Ostküste der USA.

Meine erste Stelle bekam ich als Forschungsassistentin bei Horkheimer[135] in der Forschungsabteilung des American Jewish Committee (AJC).[136] Dessen Aufgabe war die Untersuchung des Antisemitismus und anderer Vorurteile. Der American Jewish Congress (im Gegensatz zum Committee zionistisch) hatte parallel dazu ebenfalls eine Forschungsabteilung, und beide Gruppen trafen sich regelmäßig. Dort begann meine Freundschaft mit Stuart Cook,[137] die bis zu seinem Tode 1993 andauerte. Der allerletzte Titel in seiner langen Liste von Veröffentlichungen ist ein Kapitel über mich in *Women in Psychology*. Die Liste enthält aber auch eine ganze Anzahl unserer gemeinsamen Veröffentlichungen.[138] Zweimal kam er nach Keymer. Die räumliche und zeitliche Entfernung – 4000 Meilen und 30 Jahre – hatten unserer Freundschaft nichts anhaben können.

Die Arbeit war befriedigend und frustrierend zugleich. Befriedigend wegen des Themas, weil ich viel lernte und weil ich liebenswerte Kollegen hatte; frustrierend, weil Horkheimer an die Spitze der Forschungsabteilung

135 Max Horkheimer (1895–1973), deutscher Philosoph und Soziologe, 1930–1933 Professor für Sozialphilosophie und Direktor des Instituts für Sozialforschung an der Universität Frankfurt. Nach seiner Emigration führte er das Institut als Institute of Social Research in New York fort. 1941 übersiedelte er mit Theodor W. Adorno (1903–1969) nach Kalifornien. 1949 kehrten Horkheimer und Adorno nach Frankfurt zurück und leiteten das wiedererrichtete Institut für Sozialforschung. Vgl. Rolf Wiggershaus. 1969. *Die Frankfurter Schule. Geschichte, theoretische Entwicklung, politische Bedeutung*. München: Hanser.
136 Die Forschungsabteilung des American Jewish Committee (AJC), eine große jüdische Organisation, entschied 1942, das Antisemitismusprojekt des Instituts für Sozialforschung finanziell zu unterstützen. Es sollte der auch in den USA wachsende Antisemitismus untersucht und damit einem gängigen Vorurteil begegnet werden, Juden würden sich vor dem Kriegsdienst drücken. Die daraus entstandenen Vorurteilsstudien unter dem Titel *Studies in Prejudice*, herausgegeben von Max Horkheimer und Samuel H. Flowerman, umfassten fünf Bände. Der bekannteste war *The Authoritarian Personality* von Theodor W. Adorno, Else Frenkel-Brunswik, Daniel J. Levinson and R. Nevitt Sanford. Gemeinsam mit Nathan W. Ackerman war Marie Jahoda an der Studie mit dem Band *Anti-Semitism and Emotional Disorder* beteiligt. Vgl. Wiggershaus, Frankfurter Schule, Fußnote 135, 393 ff.
137 Stuart W. Cook (1913–1993), Sozialpsychologe an der New York University und an der University of Colorado, bekannt für seine Forschungen zu gesellschaftlichen Auswirkungen von Rassismus und religiösen Fundamentalismus. Vgl. seine Würdigung von Marie Jahoda: Stuart W. Cook. 1990. Marie Jahoda (1907). In: *Women in Psychology. A bio-bibliographic sourcebook*, ed. Agnes N. O'Connell und Nancy F. Russo, 207–220. New York: Greenwood Press.
138 Für die vielen gemeinsamen Arbeiten von Cook und Jahoda seien die beiden Bände eines Methodenbuches (gemeinsam mit Morton Deutsch) genannt: *Research methods in social relations. With especial reference to prejudice. Part one: Basic processes*. New York: The Dryden Press 1951 und *Research methods in social relations. With especial reference to prejudice. Part two: Selected techniques*. New York: The Dryden Press 1952. Im Jahr 1959 erschien eine überarbeitete Fassung dieses Buches auch in deutscher Sprache unter dem Titel *Untersuchungsmethoden der Sozialforschung, Band 1 und 2* im Luchterhand Verlag.

einen unmöglichen Kerl gesetzt hatte, der seine unbestrittene Intelligenz und seine Position dazu ausnutzte, den Boss zu spielen und ein halbes Dutzend Wissenschaftler als seine Untergebenen zu behandeln. Er war äußerst eifersüchtig auf meine Beziehung zu Stuart und auf Stuarts Beziehung zu Kurt Lewin,[139] dem damals führenden Sozialpsychologen in den Staaten. Nach drei Jahren hielt ich es nicht mehr aus. Mit Unterstützung meiner Kollegen schrieb ich einen Vermerk für den Vorstand des American Jewish Committee, des AJC, in dem ich anhand von Beispielen seine Einmischung in die Forschung und seine Versuche zur Demütigung der Mitarbeiter dokumentierte. Horkheimer, der eine Störung seiner Beziehungen zum AJC fürchtete, stellte sich hinter seinen Schützling. Da politische Eifersüchteleien zwischen den beiden größten jüdischen Organisationen ins Spiel kamen, musste ein Skandal vermieden werden, und der Urteilsspruch lautete: Wir sollten Frieden schließen. Also kündigte ich. Anklänge an den Wartime Social Survey. Die Lehre: Wer die Macht hat, gewinnt meist. Aber der Kampf war gut und anregend. 20 Jahre früher hatte ich ein Gedicht mit folgenden Zeilen geschrieben:

Im Vollgefühle meiner stolzen Kraft,
die sich allein im Kampf bewährt,
wird jedes Hemmnis mir zur Leidenschaft,
das meinen Siegeszug durchquert.

Jetzt, über 60 Jahre später, sitze ich hier und staune über das arrogante Selbstvertrauen der Jugend. Diese ganze Zeit habe ich gebraucht, um zu lernen, dass es Unrecht und Übel im Leben gibt, die man nicht bekämpfen, die man nur hinnehmen kann. Manche lernen langsam.

Aber die drei Jahre beim AJC hatten auch ihre guten Seiten. Ich fand den Überschwang und die Intensität des amerikanischen Lebens bei der Arbeit wie beim Spiel sehr anregend. Und das Hinweggehen über die Entfernungen in diesem riesigen Land. Horkheimer schickte mich zweimal nach San

---

139 Kurt Lewin (1890–1947), einer der einflussreichsten amerikanischen Sozialpsychologen deutscher Herkunft (Emigration 1933) und Leiter des Research Center for Group Dynamics am MIT Massachusetts Institute of Technology. Lewin baute seine psychologische Theorie auf Begriffen wie „Feld", „Lebensraum", „Bewegungsraum" auf und verankerte sie in einer dynamischen Persönlichkeitstheorie. Seine Hauptthese ist, dass die soziale Gruppe die Wahrnehmungen, Gefühle und Handlungen des Einzelnen, der ihr angehört, grundlegend beeinflusst.

Francisco – Schlafwagen, zwei Nächte und ein Tag –, damit ich bei meiner Rückkehr Bericht über den langsamen Fortgang von *The Authoritarian Personality*[140] erstatten konnte, des bedeutendsten und berühmtesten Forschungsprojekts des AJC. Ich reiste im ganzen Land herum, um Vorträge zu halten, an Seminaren und Kongressen teilzunehmen, lernte viele Menschen kennen, meist, aber nicht immer Psychologen. Im Sommer gab es den Jones Beach und im Winter Skilaufen, und jede Menge Familie und Freunde. Und dann gab es natürlich Lotte. Ich hatte schließlich ein Apartment in New York gemietet und ihr ein Zimmer eingerichtet, dessen hervorstechendste Merkmale eine Renoir-Reproduktion und ein weißer Teppich waren (verrückt bei dem New Yorker Schmutz, aber es sah wunderschön aus). Das einzige Problem: unausrottbare Kakerlaken.

Ich denke, sie hat lange gebraucht, bis sie mich ganz akzeptieren konnte. Aber nach und nach kamen wir uns näher. Ihre Freunde mochten mich, was eine Hilfe war und mich freute. Besonders die Swarthmore-Clique.[141] Acht von ihnen tauchten einmal an einem unvergesslichen Silvesterabend um elf Uhr unerwartet in der Wohnung auf, nass, hungrig und müde. Drei Tage zuvor waren sie in zwei Autos zu einer Woche Skilaufen nach New England aufgebrochen. Schwere Regenfälle hatten jede Hoffnung auf Skilaufen davongespült, also waren sie durch gefährliche Überschwemmungen zurückgefahren, eines ihrer Autos, das liegengeblieben war, im Schlepptau. Wir feierten Neujahr mit heißer Schokolade. Erst nach zwei ausgelassenen Stunden und haarkleinen Erzählens von der Skireise vom ‚letzten Jahr' übermannte sie die Erschöpfung; sie schliefen gut und lange auf dem weißen Teppich.

Als ich noch beim AJC war, bekam ich von Hubert Humphrey,[142] damals noch Bürgermeister von Minneapolis, eine Einladung, ein Seminar über Rassenbeziehungen durchzuführen. Ich war dort eine Woche lang, eine sehr angenehme Woche, auch wenn die Temperatur nie über minus 15 Grad stieg. Man brachte mir bei, wie man solchen Verhältnissen trotzt, nämlich indem

---

140 Auf Deutsch erschienen Teile unter Theodor W. Adorno. 1973. *Studien zum autoritären Charakter*. Frankfurt a. M.: Suhrkamp.

141 Lotte besuchte nach der High School das Swarthmore College, das südlich von Philadelphia liegt und von Quäkern gegründet wurde.

142 Hubert H. Humphrey (1911–1978), amerikanischer Politiker und Senator, Sprecher des linken Parteiflügels der Demokratischen Partei und Mitbegründer und Vorsitzender der Americans for Democratic Action. Er setzte sich für die Bürgerrechte und für eine Politik der Abrüstung und des Ausgleichs mit der Sowjetunion ein. 1968 unterlag er als Präsidentschaftskandidat Richard M. Nixon.

man ein Gläschen heißen Rum mit Butter trinkt, ehe man sich nach draußen wagt. Es hilft.

Es waren Humphreys beste Tage. Er hatte eine kleine Gruppe von jungen, fähigen und engagierten Leuten um sich geschart, denen es wirklich darum ging, Minneapolis unter Humphreys Führung zu einer besseren Stadt für alle zu machen. Das Diskussionsklima in dieser Gruppe erinnerte mich an die besten Zeiten der Verwaltung im sozialistischen Wien. Jahre später, als Humphrey erfolglos für die Präsidentschaft der USA kandidierte, machte er einen ineffizienten, ja inkompetenten Eindruck auf mich.

Mary Collins[143] hielt das Seminar gemeinsam mit mir. Wir redeten halbe Nächte hindurch und wurden enge Freundinnen.

Ich habe über das Zurückblicken nachgedacht. Für Historiker ist es ein gefährliches Unterfangen. Was geschah mit Lots Frau, als sie sich umdrehte? Sah sie all die falschen Entscheidungen, die sie getroffen hatte? All die versäumten Gelegenheiten? Und Orpheus? Ich habe nie verstanden, warum er so grausam bestraft wurde, nur weil er sich umblickte. Was mag er gesehen haben? Vielleicht dass er ein schlechter Ehemann gewesen war, dass Eurydike nicht gerne mitkam, dass Liebe nicht genügt? Oder bedeutet es, dass es immer verhängnisvoll ist, wenn man sich umblickt, während man einen Entschluss ausführt? Ich weiß es nicht.[144]

Wenn ich lese, was ich bis jetzt geschrieben habe, wird mir eine weitere Gefahr bei meinem persönlichen Rückblick bewusst: Er liest sich, als hätte immer alles so sein müssen, wie es war. Offenbar gibt es da so etwas wie einen Wunsch (der mir vorher gar nicht bewusst war), meinem Leben einen kohärenten, sinnvollen Ablauf zu geben. Als hätte ich immer gewusst, welche der notwendig begrenzten Handlungsmöglichkeiten, die ich angesichts der politischen Verhältnisse und Ereignisse überhaupt hatte, die richtige war; als hätte es nicht Punkte gegeben, an denen wichtige Entscheidungen gefällt werden mussten, mit allen Qualen des Nichtwissens, was zu tun sei. Und doch gab es sie, und jede einzelne von ihnen hätte meinem Leben einen radi-

---

143 Vgl. Fußnote 94.
144 Lot ist die Hauptfigur in der alttestamentarischen Erzählung vom Gottesgericht über die Stadt Sodom (Genesis 19). Engel retten Lot und seine Familie, verbieten ihnen aber bei der Flucht jeden Blick zurück. Lots Frau bricht das Verbot und erstarrt zu einer Salzsäule. Ein ähnliches Schicksal widerfährt Orpheus in der griechischen Mythologie. Bei dem Versuch, seine verstorbene Frau Eurydike aus der Unterwelt zu retten, dreht er sich auf dem Weg zurück ins Leben zu ihr um und daraufhin verschwindet Eurydike wieder.

kal anderen Verlauf, ein vollkommen anderes Gesicht geben können. Jedes dieser möglichen, aber verworfenen Leben hätte im Rückblick genauso natürlich und folgerichtig ausgesehen wie das tatsächlich gelebte; und in der Vorausschau genauso ungewiss, riskant und ungerichtet. Ich will damit nur sagen, dass Rückschau leichter ist als Vorausschau und dass alle Entscheidungen unvermeidlich getroffen werden, ohne dass man ihre Folgen kennt.

Es erstaunt mich zu sehen, wie viel von meinem bewegten Leben durch Glück, Zufall oder Notwendigkeit bedingt war, wie wenig durch rationale Entscheidung. Dabei gab es durchaus Punkte, an denen äußerst wichtige Entscheidungen fielen. Einer kam früh, als ich gerade mit der Schule fertig war. Ich kann mich nicht mehr erinnern, wie ich erfuhr, dass der Filmregisseur Pabst[145] jemanden suchte, der seiner sechsjährigen Tochter Lesen und Schreiben beibringen sollte, während er in Sumatra drehte. Ich ging zu einem Vorstellungsgespräch und bekam die Stelle angeboten, sagte aber, ich müsste mich erst mit meiner Familie beraten, ehe ich zusagen könnte. Das Abenteuer reizte mich. Ich las über Sumatra nach, entdeckte, dass es der einzige Ort auf der Welt war, wo es noch weiße Elefanten gab, was den Reiz noch erhöhte. Mein Vater, der ohnehin für eine geografische Trennung von Paul war, hatte nichts dagegen und meinte, mit dem Studium könnte ich auch ein Jahr später anfangen. Zwei Wochen lang war ich zwischen den beiden hin- und hergerissen. Am Ende gewann Paul. Aber man stelle sich vor, er hätte nicht gewonnen! Ich wäre womöglich der Welt des Films verfallen, wäre in Hollywood gelandet, es hätte vielleicht keine Lotte gegeben – mich schaudert jetzt noch, wenn ich an mein Zögern denke.

Zwei oder drei Jahre später steckte ich tief im Schlamassel. Damals hielt ich nach außen hin die Fassade aufrecht, war aber immer noch unfähig, mit irgendjemandem über mein Unglück zu sprechen. Wie tief meine Depression ging, wurde mir durch den peinlichsten Vorfall meines Lebens schlagartig klar. Ich saß allein in einem Kaffeehaus und brütete vor mich hin. Als ich gehen musste, hörte ich meine eigene Stimme laut und deutlich rufen: „Bitte sterben" statt „Bitte zahlen". Vor Scham ging mein unbewusster Wunsch fast in Erfüllung, aber ich überlebte. Es steckte ja auch mehr dahinter als nur Scham, und ich beschloss, dass ich herausfinden musste, ob ich wirklich

---

145 Der österreichische Regisseur Georg Wilhelm Pabst (1885–1967) ist als gesellschaftskritischer Realist in die Filmgeschichte eingegangen. Die bekanntesten Werke sind: *Die freudlose Gasse* (1925), *Die Büchse der Pandora* (1929), *Die Dreigroschenoper* (1931).

sterben wollte. Ich wusste, dass ich ein paar Stunden ganz für mich allein brauchte, weg von daheim, irgendwo, wo keine Gefahr bestand, ein bekanntes Gesicht zu sehen – in Wien nicht gerade leicht, in dieser Hinsicht war man nicht einmal im Wienerwald sicher. Ich wählte die Freudenau, die Wiener Rennbahn, wo, wie ich annahm, kein Sozialdemokrat, der auf sich hielt, jemals hingehen würde. Während ich hinter den Boxen herumwanderte, entschied ich, dass ich nicht sterben wollte. Aus dieser Erfahrung erwuchs der Plan für ein Jahr Paris. Ende gut!

Die nächste lebensrettende Entscheidung habe ich bereits beschrieben, nämlich ob ich weiter im Gefängnis bleiben oder Österreich verlassen sollte.

Die Frage, ob ich 1945 in die Staaten gehen oder nach Österreich zurückkehren sollte, war streng genommen gar keine Entscheidung; ich wusste die ganze Zeit, dass ich nach Amerika gehen würde. Aber meine österreichischen sozialistischen Freunde in London zwangen mich wieder und wieder, meinen Entschluss zu verteidigen. Selbst 1983 noch bedauerte ein Interviewer im österreichischen Fernsehen[146] meine Entscheidung und versuchte, auch bei mir Bedauern zu wecken, indem er meinte, ich hätte doch Bundeskanzler werden können. Schrecklicher Gedanke.

Die vielleicht härteste und am längsten hinausgezögerte Entscheidung kam 1957, als mein Sabbatical[147] von der New York Universität anstand. 1956 war Rose gestorben. Austen kam nach New York, um mich zu bitten, ihn zu heiraten. Sich in ihn zu verlieben und eine Affäre mit ihm zu haben, war so einfach gewesen, damals, zu Beginn des Krieges. Ihn zu heiraten, war eine viel schwierigere Angelegenheit, da sie eine erneute Trennung von meiner Familie bedeutete. Nicht dass Lotte mich noch so brauchte wie damals, als sie noch klein war und ich sie verlassen hatte; aber ich brauchte sie – für meine schwachen Wiedergutmachungsversuche, nehme ich an; und den Rest der Familie, und die Freunde. Außerdem kannte ich England gut genug, um zu wissen, dass es beruflich gesehen für eine Sozialpsychologin einem freiwilligen Auszug aus dem Paradies gleichkam, die USA zu verlassen und nach England zu gehen. So drückte ich mich um die Entscheidung herum. Das Sabbatical war ein Geschenk des Himmels. Ich würde ein Jahr

146 Franz Kreuzer interviewte 1983 Marie Jahoda für den ORF; das Gespräch wurde am 8. April ausgestrahlt und ist unter dem Titel *Des Menschen hohe Braut. Arbeit, Freizeit, Arbeitslosigkeit* auch als Buch erschienen.
147 Sabbatical: Beurlaubung für ein Jahr.

lang nach England gehen und mich dann entschließen. Es dauerte nur etwa sechs Monate, bis die Freuden des Lebens in Sünde den Qualen der Unentschlossenheit ein Ende setzten.

Zu einer weiteren lebensverändernden Entscheidung kam es 1965. Ich war damals in Brunel,[148] das gerade den Universitätsstatus erhalten hatte. Ich selbst war gerade zur Professorin berufen worden, als mir Lord Fulton, der Rektor von Sussex,[149] einen Lehrstuhl anbot. Er lud mich zum Lunch ins Atheneum ein – separater Eingang für Frauen! – und entfaltete seinen beträchtlichen Charme, um mich zu überreden. Sussex war bereits hoch angesehen, Brunel fing gerade erst an. Für mich bedeutete das ein moralisches, wenn auch einigermaßen arrogantes Dilemma: Meine Anwesenheit in Brunel könnte seinem Ruf förderlich sein, Sussex bedurfte solcher Hilfe nicht. Also zögerte ich mit der Zusage. Fulton meinte, sehr geschickt, wie sich herausstellte, er verstünde mein Zögern, und schlug vor, ich sollte wenigstens ein paar Stunden nach Sussex kommen, um sie dort zu beraten, wie sie ihr Psychologie-Department aufbauen sollten. Selbstverständlich fuhr ich hin und erklärte zwölf Gründungsprofessoren, wie ich den damals aktuellen Stand und die Spaltungen innerhalb der Psychologie sah. Viel später gestand mir Fulton, dass dies im Grunde mein Vorstellungsgespräch war. Jedenfalls bekam ich in aller Form einen Ruf; und weil Austen mir zuriet (er hatte sich immer nach einem Landhaus in Sussex gesehnt), nahm ich an.

Ich dachte, ich würde wichtige rationale Entscheidungen beschreiben. Lebensverändernd – ja. Aber rational?

Zurück zu meinen 13 New Yorker Jahren. Gleich nachdem ich vom AJC weggegangen war, arbeitete ich ein Jahr lang im Bureau of Applied Social Research[150] an der Columbia Universität. Es war Pauls Werk und eine so

---

148 Brunel College of Advanced Technology, eine Fachhochschule für Ingenieurstudenten, später Brunel University.

149 University of Sussex in der Nähe von Brighton.

150 Das Bureau of Applied Social Research bestand von 1937 bis 1977; Lazarsfeld starb 1976. Es begann unter dem Namen Office of Radio Research – entsprechend dem damaligen Hauptaufgabenbereich – und wurde später als reguläres Forschungsinstitut der Fakultät Political and Social Science von der Columbia University übernommen. The Bureau, so die Abkürzung seitens der zahlreichen Mitarbeiter und Mitarbeiterinnen (darunter auch Robert K. Merton), finanzierte sich, ähnlich wie die Wirtschaftspsychologische Forschungsstelle in Wien, weitgehend durch Übernahme von Auftragsarbeiten für kommerzielle oder andere Organisationen, wobei Forschung und Ausbildung im Vordergrund standen. Im Verlauf seiner 40-jährigen Geschichte produzierte das Institut etwa 500 Forschungsberichte. Die Organisationsform des Instituts hat viele Neuerungen auch an anderen Universitäten angestoßen. Vgl. Christian Fleck

getreue Replik der Wiener Forschungsstelle, wie es die andersartige Kultur nur erlaubte, einschließlich der Hingabe all derer, die dort arbeiteten, wie auch der Komplexität ihrer persönlichen Beziehungen, die ich, da mein persönliches Engagement woanders lag, distanziert-belustigt beobachtete.

Wir haben jetzt September 1995. Als Austen noch zu Hause war, ließ sein Verfall mir weder Zeit noch Neigung zum Nachdenken über mein eigenes Leben. Jahrelang hatte ich es kommen sehen, unfähig, das Unvermeidliche aufzuhalten. Auch so frage ich mich noch oft, was ich hätte anders machen sollen, um es ihm leichter zu machen. Wie es mir ging, während er im Pflegeheim war, sagt dieses Gedicht. Ich weiß, dass es ichbezogen ist. Aber ich kann darüber nicht sprechen. Weder damals noch jetzt könnte ich anders handeln:

Alzheimer

Du zitiertest Yeats:
„Wenn du alt bist und grau", sagtest du,
würdest du immer noch „die Pilgerseele lieben" in mir,
würdest „die Sorgen lieben in meinem sich wandelnden Gesicht".

Das versprachst du, aber konntest dein Wort nicht halten.
Deine Liebe ging dahin mit deiner Seele. Zurück blieb
ein Fremder in einem Pflegeheim, verwirrt
verbittert, feindselig zur Welt und zu mir,
der fragt: Wer sind meine Söhne? Und wer bist du –
der mich in diese Höllenqual geschickt hat?
In Augenblicken, in denen du es weißt, beginnst du zu weinen
und flüsterst, du möchtest sterben heut Nacht.
Ich wünschte, du stürbest, ehe mein wehes Herz
erkaltet, nur noch von Schmerz weiß, nichts von Vergangenheit,
nichts von Versprechen bleibender Liebe.

Wusste denn Yeats nichts von den Qualen des Alters,
wenn man alt ist und grau und allein gelassen,
ertrinkend in einem Meer von ungeweinten Tränen?

und Nico Stehr. 2007. Einleitung. Von Wien nach New York. In: Paul F. Lazarsfeld. *Empirische Analyse des Handelns*, 7–58. Frankfurt a. M.: Suhrkamp.

[Alzheimer

You quoted Yeats:
„When you are old and grey" you said,
you would still "love the pilgrim soul" in me,
would "love the sorrows in my changing face."

You promised, but you could not keep your word.
Your love fled with your soul. It left behind
a stranger in a nursing home, confused,
embittered, hostile to the world and me
who asks: Who are my sons? And who are you –
the one who sent me to this torturing hell?
In moments when you know, you start to cry
and whisper that you want to die tonight.
I wish you would, before my aching heart
turns cold, aware of pain, not of the past,
not of the promises of lasting love.

Did Yeats not know the agonies of age
when one is old and grey and left alone,
and drowning in a sea of unwept tears?]

Austen starb am 23. November 1994.

Ich dachte, ich hätte die Entscheidungen hinter mir – aber nichts da. Sollte ich in Keymer bleiben oder nach London ziehen und auf Liesls[151] Vorschlag zu einem Nachbarschaftsarrangement eingehen oder in Lottes Nähe in die USA ziehen? Wer dies eines Tages liest, wird es wissen; ich nicht.

Zurück zu den Staaten.

Das Jahr im Bureau war ungeheuer anregend und befriedigend, weitgehend dank meiner Zusammenarbeit mit Bob Merton[152] und der Freundschaft mit

---

151 Elisabeth Klein (1928–2016), Soziologin, war Forschungsleiterin am The Bayswater Institute in London. Sie plädierte für die Verwendung psychoanalytischer Konzepte in der Sozial- und Organisationsforschung und betrieb Aktionsforschung im Bereich Industrie.
152 Robert K. Merton (1910–2003) gilt als führender amerikanischer Soziologe. 1941 wurde er Professor für Soziologie an der Columbia University in New York. Zusammen mit Paul F. Lazarsfeld bildete er eine große Zahl von Soziologinnen und Soziologen aus. Schon in jungen Jahren wurde Merton als soziologischer Theoretiker bekannt, seine Zusammenarbeit mit Lazarsfeld im Bureau of Applied Social Research erweiterte sein Oeuvre durch empirische Studien über Massenmedien, Bürokratie und Wissenschaftssoziologie. Vgl. Paul F. Lazarsfeld. 2008. Mit Merton

ihm, die auch heute noch besteht. Oh, ich weiß, er ist egozentrisch, egozentrischer als irgendjemand sonst, den ich kenne, und kann sich auch einen Mord (metaphorisch gesprochen) erlauben. Aber er ist auch zu Liebenswürdigkeit in seinen Beziehungen fähig und zu Extravaganzen beim Lob von anderer Leute Arbeit, besonders wenn sie seiner Meinung waren und ihm seine erhabene Position an der Columbia Universität nicht streitig machten. Eines Abends las er noch spät 15 Seiten, die ich für ein gemeinsames Projekt geschrieben hatte. Wir lebten in derselben Stadt und er würde mich am nächsten Tag sehen; und dennoch schickte er mir ein Telegramm, in dem stand: „Las gerade Deinen Beitrag. Großartig." Ich wusste, dass er recht gut war; trotzdem freute ich mich sehr. Dann aber weigerte er sich, die ganze sehr gute Studie (500 Schreibmaschinenseiten, mit ihm als Hauptautor) zu veröffentlichen, weil sie nicht genug Theorie enthielt, um seine Eitelkeit als Soziologe zu befriedigen. Er war der brillanteste Vortragende, den ich je gehört habe (abgesehen vielleicht von AJP Taylor[153] bei seinen Fernsehauftritten).

Ende des Jahres sollte ich Co-Direktor des Bureau werden. Aber Stuart[154] hatte andere Pläne für mich. Ihm war ein Lehrstuhl an der Graduate School der New York Universität angeboten worden, und er hatte seine Zusage davon abhängig gemacht, dass auch ich berufen würde. So kam ich im fortgeschrittenen Alter von 42 Jahren zu meiner ersten Universitätsstelle! Vor meinem ersten Seminar war ich ziemlich nervös und rief Lotte an, um mir Rat zu holen, wie ich es anpacken sollte. Aber im Laufe der Zeit mochte ich die Lehrtätigkeit richtig gern, obwohl ich den größten Teil meiner Zeit mit Forschung verbrachte. Amerika war damals ein Paradies für Sozialwissenschaftler: Man brauchte nur eine Idee zu haben, ob gut, ob schlecht, ob weder noch, und schon gab es auch Mittel dafür. Man war ständig in Bewegung. Ich liebte das verrückte Tempo des amerikanischen Lebens, das Ignorieren der Entfernungen – ich fuhr zu Sitzungen und Vorträgen im ganzen Land herum. Meine erste Reise nach Kalifornien machte ich noch im Pullman,[155] zwei Tage und eine Nacht, ganz luxuriös im Schlafwagen. Das einzige Problem: Mitten in Arizona fiel die Klimaanlage aus. Über 38 Grad Celsius draußen und

arbeiten. In: Langenbucher, Fußnote 28, 93–120 und Robert K. Merton. 1998. Working with Lazarsfeld: Notes and Contexts. In: *Paul Lazarsfeld (1901–1976). La sociologie de Vienne à New York*, hrsg. Jacques Lautman und Bernard-Pierre Lécuyer, 163–211. Paris: L'Harmattan.
153 Vgl. Fußnote 24.
154 Gemeint ist Stuart W. Cook (1913–1993), vgl. Fußnoten 137 und 138.
155 Altes Zugabteil mit luxuriöser Ausstattung.

noch mehr drin. Später reiste ich mit dem Flugzeug oder dem Auto. Lotte und ich fuhren nach Kalifornien zu einem Kongress der American Psychological Association (APA). Auf der Hinfahrt hielten wir in Colorado, um einen 4000 Meter hohen Berg zu besteigen. Auf dem Rückweg hatten wir es aus irgendeinem Grunde eilig, also beschlossen wir, nachts durchzufahren. Gegen zwei Uhr früh wurde ich schläfrig. Ich nahm ein Benzedrin, glaubte mich damit sicher, entspannte mich und schlief prompt ein. Glücklicherweise war Lotte hellwach, packte das Lenkrad und übernahm. Und die Sommerreisen: Maine, Martha's Vineyard, Neuengland, die Adirondacks. Edi, Franz und ich bestiegen zwei ihrer berühmtesten Gipfel mit etwa 2000 Meter, übernachteten in einer Hütte, verirrten uns, fanden den Weg durch einen See versperrt, kein Boot, keine Seele in Sicht. Wir mussten zurückklettern. Erinnerung an österreichische Ferien und Bergabenteuer, Jungbrunnen für Körper und Seele.

Ich machte eine Untersuchung über das Vassar College,[156] ein hoch angesehenes Mädchencollege mit einem akademisch hochrangigen, überwiegend aus Frauen bestehenden Lehrkörper unter der etwas autoritären Leitung von Miss Blanding.[157] Sie hatte ein altmodisches Hörgerät mit einer großen Batterie, die sie auf den Tisch legte. Wenn sie sich bei einer Diskussion im Lehrkörper zu langweilen begann, schaltete sie es ostentativ aus. Uns genügte der Wink.

Die Dekanin war Professorin für Griechisch, eine schlanke, große, elegante und melancholische Frau. Ich saß in ihrem von Büchern gesäumten Arbeitszimmer, die Verandatüren zum schattigen Garten weit offen. Wir waren gerade mitten in einer ernsten Diskussion – mein Bericht gefiel ihr nicht – und sprachen in leisem, gepflegtem Ton. Das Telefon klingelt. Sie nimmt ab und dreht sich mit strahlendem Lächeln zu mir: „Die Yankees haben gewonnen!"

Ich verstehe von Baseball so wenig wie von Kricket. Trotz amerikanischer und später britischer Staatsbürgerschaft stempelt mich das unwiderruflich zur Ausländerin.

---

156 Die Studie blieb unveröffentlicht, vgl. jedoch Marie Jahoda. 1951. What do you think about Vassar? *Vassar Alumnae Magazine* 35(6): 2–5. Die Frage, warum viele ihrer Forschungsberichte nicht publiziert wurden, diskutiert sie in: Marie Jahoda. 2019. Publizieren oder nicht publizieren? In: *Dies. Aufsätze und Essays*, hrsg. Johann Bacher, Waltraud Kannonier-Finster und Meinrad Ziegler, 359–373. Innsbruck: Studienverlag (erstm. 1981).

157 Sarah Gibson Blanding (1898–1985), war von 1946 bis 1964 die sechste und erste weibliche Präsidentin des College.

Die Vassar-Studie blieb unveröffentlicht. Ich hatte herausgefunden, dass die Studentinnen, die besonders große Stücke auf Vassar hielten, nicht die mit den besten Köpfen und Noten waren, sondern die durchschnittlichen Studentinnen aus reichen Familien, deren Freunde im nahegelegenen Yale studierten. Der Lehrkörper war begreiflicherweise in seinem Idealismus gekränkt. Mir machte das nicht allzu viel aus, denn der Bericht wurde im Lehrkörper mehrfach gründlich diskutiert, und die weniger deprimierenden Ergebnisse wurden auch akzeptiert. Ob sein Hauptergebnis irgendjemandem irgendetwas genützt hat, ist eine andere Frage.

All dies geschah zu Beginn der McCarthy-Ära.[158] Ich war dem American Committee for Cultural Freedom beigetreten, das ich für eine Anti-McCarthy-Organisation hielt. Ich hielt dort eine Rede, die Diana Trilling[159] nicht gefiel, und trat nach etwa einem Jahr wieder aus. Es wäre schön, wenn ich sagen könnte, dass mich ein guter politischer Instinkt zum Austritt bewog; später stellte sich nämlich heraus, dass das Committee vom CIA finanziert wurde. Aber meine Erinnerung sagt mir, dass ich mich nur langweilte.

Ich hatte schnell gelernt, mich in dem Teil der amerikanischen Kultur, in dem ich mich bewegte, zu Hause zu fühlen. Es war nur ein Teil; ein urbaner, intellektueller, zivilisierter und privilegierter Teil. In Wien waren meine Freunde Sozialisten; hier waren es fast ausschließlich Sozialwissenschaftler, liberal in ihrer Einstellung und ihren Werten und auf der Seite der Guten in den beiden großen Staatsaffären, die das politische Klima in jenen Jahren beherrschten: Bürgerrechtsbewegung und McCarthyismus. Persönlich und durch meine Arbeit bekam ich es mit beiden zu tun.

Von einem College für Schwarze am Stadtrand von Nashville, Tennessee, wurde ich zu Vorträgen und einem Seminar eingeladen. Zwei Vorfälle sind mir besonders im Gedächtnis geblieben. Eines Morgens ging ich mit zwei schwarzen Dozenten in die Stadt, die ich mir ansehen wollte. Als wir zu den ersten Häusern kamen, blieben sie stehen und sagten mir, wie ich weiterge-

<hr>

158 Joseph R. McCarthy (1908–1957), amerikanischer Politiker der Republikanischen Partei und Senator für Wisconsin. Als Vorsitzender des Senatsausschusses zur Untersuchung „unamerikanischer Umtriebe" leitete er 1950 bis 1954 die Suche nach vorgeblichen Kommunisten in der Verwaltung und im öffentlichen Leben der USA. Die Verfolgungswelle, vielfach als McCarthyismus bezeichnet, mobilisierte im Zuge des Kalten Krieges starke antikommunistische, nationalistische und antisemitische Vorurteile.

159 Diana Trilling (1905–1996), Schriftstellerin und Kulturkritikerin, gehörte zur Gruppe der New York Intellectuals und war von 1955 bis 1957 Vorsitzende des American Committee for Cultural Freedom.

hen sollte; sie würden auf mich warten, konnten mich aber nicht begleiten. Es könnte Ärger geben, wenn eine weiße Frau mit zwei schwarzen Männern ging.

Ich freundete mich mit dem schwarzen Fluglehrer an, einem früheren Kampfpiloten. Er gab mir eine Flugstunde in einem winzigen, offenen Flugzeug, zum Glück mit doppeltem Steuer. Ich fand es toll. Bei der Landung übernahm natürlich er das Steuer. Wir flogen in geringer Höhe über eine weiße Villa hinweg. Er sagte: „Jedes Mal, wenn ich hierherkomme, würde ich mich am liebsten mit dem Flugzeug auf dieses Haus stürzen!" Die Leute, die dort wohnten, hatten seinen Vater gelyncht.

Kurz nachdem ich den Ruf an die New York University (NYU) angenommen hatte, zog ich *downtown* in die Fifth Avenue Nr. 12. Die Wohnung war in dem einzigen baufälligen Haus, das in dieser sonst eleganten Nachbarschaft noch stand. Das Haus gehörte einer eigensinnigen alten Frau, die alle Angebote der Maklerfirmen ablehnte, die es bereits mit riesigen, teuren Apartmenthäusern eingekreist hatten. Ich liebte das Viertel Greenwich Village. Ich fühlte mich damals vollkommen sicher. Wenn mir in den unerträglich heißen New Yorker Sommernächten nachts um zwei nach einem Eis war, hatte dort der Drugstore offen und die Leute kamen und gingen, freundlich und gar nicht mordlustig. Außerdem lag meine Wohnung nur fünf Minuten zu Fuß von meinem Büro entfernt – in New York ein unschätzbarer Vorteil.

Die Hausmeister dort und an der NYU boten Einblicke in ein anderes Segment der amerikanischen Gesellschaft. Der Hausmeister in der Fifth Avenue erzählte mir eines Morgens, er sei vom FBI über mich befragt worden. Als er gesagt hätte, ich sei freundlich und höflich, habe man mehr Einzelheiten wissen wollen, etwa wie ich mich von den anderen Mietern unterscheide. Er hatte gesagt, ich hätte mehr Männerbesuch als andere Frauen und nur einen Wintermantel; seine Frau hatte zwei.

Mit dem Burschen von der Universität kam ich ins Gespräch, nachdem bekannt geworden war, dass ein hoher New Yorker Beamter eine riesige Bestechungssumme angenommen hatte. Ich sagte so etwas wie: „Schreckliche Geschichte", und er stimmte zu: „Ja, so ein dummer Kerl, hat sich erwischen lassen."

Ich hatte eine Doktorandin, eine kluge und kompetente junge Frau Ende 20. Eines Tages erzählte sie mir, sie habe einen väterlichen Freund, der sie aus einer sehr ärmlichen Jugend herausgeholt und ihr das Studium ermöglicht habe; sie habe ihm von mir erzählt, und er wolle mich gern kennenlernen. Ob ich zum Lunch kommen würde? Ich sagte in aller Unschuld zu, ohne zu wissen, dass mir eine Begegnung mit einem ganz anderen Segment des gesellschaftlichen Kaleidoskops bevorstand. Der Lunch war bei *21*, New Yorks schickstem Restaurant. Mr. Sells erste Frage war, welche Champagnermarke ich zum Lunch bevorzugte. Er war ein sehr reicher Parfümfabrikant, Ende 60, wohlmeinend, einsam, und versuchte vergeblich, seine Kultiviertheit seinem Reichtum anzugleichen. Noch lange nachdem Jenny mit ihrem Doktortitel in einen anderen Teil des Landes übersiedelt war, verfolgte er mich mit seinem peinlich ostentativen Gebaren. Einmal lud er mich zu *Parzival* in die Metropolitan Oper ein. Es stellte sich heraus, dass er zwei Paar Eintrittskarten gekauft hatte, weil er nicht wusste, ob ich lieber Parkett oder Rang sitzen wollte. Er gab die anderen einem Paar, das sich um Stehplätze anstellte.

Mit dem McCarthyismus hatte ich lange und auf mehr als eine Weise zu tun. Die *New York Times* veröffentlichte die Namen der Leute, die vor den Ausschuss für unamerikanische Umtriebe[160] zitiert wurden. Eines Tages las ich, dass der Direktor des medizinischen Zweigs der Rockefeller Foundation vorgeladen worden war. Eine solche Vorladung vor das Komitee genügte damals, um jemanden um seinen guten Ruf zu bringen und in den Augen so mancher zum kommunistischen Verräter zu stempeln. Ich hatte den Mann einige Tage zuvor kennengelernt und mich angenehm und interessant mit ihm unterhalten. Also schrieb ich ihm ein paar Zeilen, in denen ich meinem Bedauern Ausdruck gab, dass man ihn auf so dumme Weise belästigte. Er schrieb zurück, bedankte sich überschwänglich und meinte, andere Freunde und Kollegen schienen seit der Veröffentlichung in der *Times* den Kontakt mit ihm zu meiden. Wenn ein Mann in seiner Stellung von meiner moralischen Unterstützung abhängig war, standen die Dinge wahrlich schlecht.

Dieser Vorfall brachte mich auf die Idee zu einer Untersuchung über die Auswirkungen der Sicherheitsmaßnahmen auf das Meinungsklima unter den Staatsbeamten, die ich zusammen mit Stuart durchführte. Sie wurde vom Fund for the Republic finanziert. Bob Merton, der dem Fonds als Gutachter diente, sagte, lasst sie nur machen, es wird sowieso keiner mit ihr reden; also

---

160 Im Amerikanischen: House Un-American Activities Committee, HUAC.

wettete ich mit ihm und gewann.[161] Die Beamten in Washington, die Stuart und ich interviewten, hatten alle ihre Unbedenklichkeitsbescheinigung für Verfassungstreue und Zuverlässigkeit in der Tasche, und dennoch waren sie vollkommen verunsichert.

Beim Schreiben des Abschlussberichts machte ich dann die für mich seltene Erfahrung einer vollkommenen, selbstvergessenen Konzentration. Normalerweise schreibe ich langsam, lese jeden Satz noch einmal durch, habe Zweifel und verliere mich in Tagträume. Als ich um zwei Uhr nachts noch einmal durchlas, was ich geschrieben hatte, wusste ich, dass es in Ordnung war, aber ich hatte fast das Gefühl, als hätte es jemand anders geschrieben. Meine Ich-Befangenheit war weg gewesen. Ich wünschte, ich könnte diese Erfahrung nach Belieben wiederholen und wüsste nur zu gern, wie andere dieses Fassen und Formulieren von Gedanken erleben, aber ich kann ja kaum meinen eigenen Weg beschreiben. Thomas Mann jedenfalls ist diese Beschreibung nicht gelungen; aus seinem *Wie ich Doktor Faustus schrieb* weiß ich nur, dass er sich über einen Brief aus Japan freute, einen Nachmittagsspaziergang machte und zwischendurch „Doktor Faustus" schrieb.

Dass das FBI mich verdächtigte, wusste ich nicht nur von meinem Hausmeister, sondern auch von Franz, der wegen seiner Arbeit in Los Alamos[162] der Sicherheitskontrolle unterlag. Ich schickte ihm immer Sonderdrucke von meinen Aufsätzen. Eines Tages fragte ihn das FBI, was er über meine politische Einstellung wüsste und warum er von mir Material bekäme.

Und dann gab es noch den Vorfall in Seattle. Ich habe die Chronologie der dramatischen drei Tage plus zwei Wochen direkt nach meiner Entlassung aus dem Krankenhaus aufgeschrieben. Wenn ich ein Exemplar davon finde, werde ich es beifügen. Hier auf alle Fälle ein kurzer Abriss. Ich war eingeladen worden, ein einwöchiges Seminar in Seattle abzuhalten; drei Tage vor meiner Abreise kam ein Telegramm, mit dem die Einladung „wegen soeben eingegangener Informationen über Sie" rückgängig gemacht wurde. Damals wusste man sofort, was das hieß: Irgendjemand hatte gesagt, ich

---

161 Marie Jahoda und Stuart W. Cook. 2019. Sicherheit und Freiheit. Eine explorative Untersuchung zur Wirkung von Sicherheitsmaßnahmen unter McCarthy. In: *Marie Jahoda. Aufsätze und Essays*, hrsg. Johann Bacher, Waltraud Kannonier-Finster und Meinrad Ziegler, 145–199. Innsbruck: Studienverlag (erstmals 1952).

162 Ort in New Mexico, USA, wo sich ein Kernforschungslabor befindet. Er befindet sich im Besitz der amerikanischen Bundesregierung; 1945 wurde dort die erste Atombombe entwickelt und zur Explosion gebracht.

wäre Kommunistin und/oder Spionin. Aber wer? Ich war nicht gewillt, das tatenlos hinzunehmen. Zu meinem Glück war ich seit einiger Zeit mit Morris Ernst[163] befreundet, einem berühmten Bürgerrechtsanwalt, der in der Nähe in einem der vornehmen Wohnblocks wohnte. Ich hatte ein paar Mal mit ihm und seiner Frau wunderschöne Segeltouren gemacht; sie behandelten mich wie eine Tochter, er wie eine, mit der er nicht ungern Inzest begangen hätte. Morris, dessen Beziehungen sich über das ganze Land erstreckten, trat in Aktion. Zwei Tage und den größten Teil der Nächte lasen wir alle verfügbaren rechten Zeitungen und Zeitschriften, telefonierten, versuchten, die New Yorker Direktoren der Organisation zu erreichen, die mich eingeladen hatte, planten und intrigierten. Es gab Schurken und Helden in diesem Spiel; die Helden gewannen, und meine Einladung wurde erneuert. Am ersten Tag bekam ich schlimme Rückenschmerzen und ging zum Arzt, der mir Bettruhe verordnete, sich aber überreden ließ, mir stattdessen Kodein und die Adresse eines Spezialisten in Seattle zu geben. Am Tag des Sieges fuhr meine Schwester Rosi mich zum Flughafen und ließ mich am Schalter zurück. Während sie das Auto parkte, brach ich zusammen. Als sie zurückkam, lag ich immer noch bewusstlos am Boden, und hilfreiche Menschen wollten wissen, ob sie den Priester oder den Rabbi holen sollten. Vernünftig wie sie ist, sagte sie, gebraucht würde ein Arzt, der dann auch kam und mich ins Krankenhaus einwies.[164]

Meine einzigen anderen Begegnungen mit dem McCarthyismus waren die Folge einer Untersuchung über schwarze Listen in der Unterhaltungsindustrie.[165] Die Direktoren der CBS[166] hatten ganz zu Recht ein schlechtes Gewissen und hätten die Veröffentlichung gern verhindert. Sie luden mich zu einem exzellenten Lunch im Speisesaal für Direktoren ein (mit Kalorienangaben bei jedem Gericht, um die ich mich nicht kümmerte, sie aber wohl), behandelten mich überaus unhöflich, und nannten mich arrogant, als ihnen die Argumente ausgingen, weil ich ein französisches Motto nach Baudelaire

---

163 Morris Ernst (1888–1976), amerikanischer Rechtsanwalt und Begründer der American Civil Liberties Union (ACLU).
164 Ursache des Zusammenbruchs war eine Jahre zurückliegende Beschädigung eines Lendenwirbels, die durch die physische Erschöpfung akut wurde.
165 Marie Jahoda. 2019. Die Wirkung von Literatur. Können Bücher schädlich sein? In: *Dies. Aufsätze und Essays*, hrsg. Johann Bacher, Waltraud Kannonier-Finster und Meinrad Ziegler, 201–241. Innsbruck: Studienverlag (erstmals 1954).
166 CBS Columbia Broadcasting System: eine der drei großen amerikanischen Sendeanstalten der damaligen Zeit.

zitiert hatte. Es war eine Genugtuung, sie darauf hinzuweisen, dass die englische Übersetzung dieser französischen Wörter die gleichen lateinischen Wurzeln hatte, sodass jeder Schwachkopf sie mit ein wenig Nachdenken verstehen konnte. Wir schieden nicht als Freunde.

Eine der Ruhmestaten des Fernsehens ist sein Beitrag zur Erledigung des McCarthyismus. Die Albernheiten, die er und seine Untergebenen im Fernsehen vollführten, brachten die Leute schließlich zum Lachen, statt unter dem Bett nach Roten zu suchen.

Nach einer sehr langen Unterbrechung mache ich mich wieder an die Arbeit. Das Problem ist, dass ich in der Zwischenzeit einen leichten Schlaganfall hatte und seither halb blind bin, sodass ich nicht einfach nachlesen kann. All die vielen wunderbaren und nicht so wunderbaren Dinge über Amerika nämlich, die ich zu berichten vergessen habe, sind mir sehr bewusst, während ich mich an das, was ich wirklich geschrieben habe, beim besten Willen nicht erinnern kann. Es ist in jenen fernen amerikanischen Jahren noch so vieles passiert, die Wochenenden in Nyack mit Vi Bernard und dem Ehepaar (Hartmann,[167] das Theater, die Opern, die Konzerte mit wunderbaren neuen Freunden. Mindestens dreimal fuhr ich nach England, um alte Freundschaften zu pflegen, und ein paar Mal auf den Kontinent. Ich nahm auch wieder Cellostunden, leider auch nicht erfolgreicher als in meiner Jugend.

Es gab Probleme mit Mutter und Susi, den tragischen Selbstmord meiner Sekretärin, drei Jahre später gefolgt vom womöglich noch tragischeren Tod ihres jungen und sehr begabten Mannes an der Hodgkinschen Krankheit.

Ich war auch im Vorstand der American Civil Liberties Union. Ihm gehörte auch Norman Thomas[168] an, Streiter für eine verlorene Sache – einen amerikanischen demokratischen Sozialismus. Er erzählte eine bezaubernde Geschichte, die einen fast mit Eisenhower versöhnen konnte. Thomas war ins Weiße Haus gegangen, um sich für einige antikommunistische Sozialisten einzusetzen, die vor den Ausschuss für unamerikanische Umtriebe geladen worden waren. Als er ins Oval Office trat, stand Eisenhower hinter seinem Schreibtisch auf, streckte ihm die Hand entgegen und sagte: „Sie werden

167 Viola Bernard (1907–1998), Psychoanalytikerin, und Heinz Hartmann, Psychoanalytiker in New York (vgl. Fußnote 30).
168 Norman Thomas (1884–1968), prominenter amerikanischer Pazifist und Sozialist, der für die bürgerlichen Freiheiten und soziale und ökonomische Gerechtigkeit kämpfte. Er trat sechs Mal für die Socialist Party of America als Präsidentschaftskandidat an.

sich vielleicht nicht an mich erinnern, Mr. Thomas, aber wir haben einmal im selben Komitee gesessen." Wenn der Präsident der Vereinigten Staaten zu jemandem sagt: „Sie werden sich wahrscheinlich nicht an mich erinnern", dann ist das einfach unbezahlbar.

In der Zwischenzeit war Lotte am College in Swarthmore und studierte Mathematik und Psychologie – das Erste, um sich von ihrer Mutter, das Zweite, um sich von ihrem Vater zu unterscheiden, wie sie treffend bemerkte. Ich fuhr oft nach Swarthmore zu Besuch, und Lotte und ihre Freunde verbrachten so manches Wochenende bei mir in New York. Einige ihrer Freunde ehrten mich mit ihrem Vertrauen. Für mich lag darin eine außerordentliche Befriedigung, zum großen Teil, nehme ich an, weil ich dachte, es könnte mir zu einem besseren Stand bei Lotte verhelfen. Ich war damals – und bin wahrscheinlich selbst heute – immer noch befangen wegen meines Versagens als Mutter. Dabei erscheint mir Unbefangenheit als idealer Zustand. Ich kenne nur noch einen Menschen, der in dieser Hinsicht Eisenhower erreichte, nämlich den Astronauten Armstrong, als er von seinem Mondspaziergang zurückgekehrt war. Da führte man ihm ein Video vor, das den Kontrollraum während des Mondspaziergangs zeigte, Champagner, Küsse, Umarmungen, Jubel von Anfang bis Ende, und Armstrong wandte sich zu seinem Kollegen und sagte: „Wow, wir haben die ganze Show verpasst."

Während Lotte Präsidentin des Studentenverbandes war, kam es zu einem damals schwerwiegenden Vorfall. Ein Junge wurde im Schlafzimmer eines Mädchens entdeckt. Das Mädchen wurde nur verwarnt, aber der Junge musste zehn Dollar Strafe zahlen. Lotte protestierte zu Recht beim College-Präsidenten und sagte, mit dieser Art Bestrafung würde das Mädchen auf eine Stufe mit einer Prostituierten gestellt. Abgesehen davon war Swarthmore für sie, und dadurch auch für mich, eine sehr gute Erfahrung. Von dort ging sie zum Aufbaustudium nach Radcliffe, wo sie kurz darauf Bud kennenlernte, der eine entschiedene Bereicherung nicht nur ihres, sondern auch meines Lebens werden sollte. Wir pflegten oft abends bei einer Flasche Whisky zusammenzusitzen und zu reden und zu reden, über Gott und die Welt. Auch jetzt noch fühle ich mich in seiner Gesellschaft so wohl, dass ich ihm seine vergangenen Sünden vergebe, und die gab es immerhin auch. Ich erinnere mich, dass er in einem sehr kalten Winter in einem Auto mit mir herumfuhr, das keine Heizung hatte, und dass ihm ein anderes Mal an einem dunklen Abend mitten im Nichts das Benzin ausging.

Austen kam zu einer Vortragsreise und lernte Lotte und Bud kennen. Mein Leben war sehr ausgefüllt. Ich war Mitglied des New York Civil Liberties Unions Council, Mitglied – und ein Jahr lang Präsidentin – des Council of the Society for the Psychological Study of Social Issues. Ich reiste viel, zu APA-Kongressen[169] und um Vorträge zu halten, verbrachte viel Zeit in Manhasset, mit Fahrten nach Boston und nach Nyack in Vi Bernards schönes Haus.

Kaum zu glauben bei so vielen außerplanmäßigen Aktivitäten, aber außerdem arbeitete ich auch noch sehr viel. Wie immer war ich während der Bürozeiten zu beschäftigt zum Schreiben, also schrieb ich bis tief in die Nacht zu Hause, wo ich mich besser konzentrieren konnte. Ich habe diese häuslichen Arbeitsstunden als höchst ertragreich und angenehm in Erinnerung. Und es gab natürlich viel zu lesen. Die beiden großen Leseentdeckungen waren die Romane von Henry James und die *Bekenntnisse* des Augustinus. Heute finde ich mich schon heldenhaft, wenn ich es schaffe, bis zu den Neunuhrnachrichten aufzubleiben. Paul besuchte mich einmal, als ich die *Bekenntnisse* las. Er nahm das Buch und stieß sofort auf das Zitat, das er von da an in löblicher Selbstironie auf seine eigene Arbeit anwendete. Augustinus dachte über den Zeitbegriff nach und sagte: „Ja, mein Gott, ich messe sie, und doch weiß ich nicht, was ich messe?" [11, 26]

Vor Lottes Hochzeit gab es in meiner Wohnung ein großes Fest. Die Trauung war in Pauls Wohnung. Lotte hatte vorher andere Freunde gehabt, aber bei denen hatte sie mich immer gefragt, ob das, was sie für diese jungen Männer empfand, auch wirklich Liebe sei. Bei Bud musste sie nicht fragen.

Es gab auch schlechte Nachrichten. Rose hatte Brustkrebs und bald auch Metastasen. Ich besuchte die sterbende Freundin ein letztes Mal. Monate später kam Austen nach New York und hielt um meine Hand an. Die Entscheidungsqualen, die mir das bereitete, habe ich, glaube ich, bereits beschrieben. Wie gewöhnlich reagierte ich auf das Dilemma, indem ich somatische Symptome entwickelte. In der Vergangenheit hatte ich mich damit begnügt, meinen Puls absinken zu lassen, bis er beinah aussetzte. Diesmal bekam ich eine Brustfellentzündung, und bis zum letzten Tag war ungewiss, ob ich reisen könnte. Aber ich reiste. Zum Glück stand mir ein Sabbatjahr an der NYU bevor. Die Abmachung war, dass ich ein Jahr lang nach England gehen und mich dann entscheiden würde. Aber das war eine Illusion. Die Reise

---

169 American Psychological Association.

selbst war eine Entscheidung. Damals war der Wechsel von den USA nach England beruflich wie eine Vertreibung aus dem Paradies. In Uxbridge[170] gab es immer noch keinen Professor für Soziologie, und die Sozialpsychologie litt unter derselben Geringschätzung. Selbst zehn Jahre später gab es im Land nur vier Professoren für Sozialpsychologie, von denen drei aus Europa stammten. Ich habe den Eindruck, dass der Übergang von einer Kultur zur anderen ein beliebter Weg ist, um in die Sozialpsychologie einzusteigen. Wenn man die Kraft der nationalen Kulturen nicht am eigenen Leib erfahren hat, wird man dem Gegenstand der Sozialpsychologie kaum gerecht.

Austen und ich verlebten eine glückliche Zeit in Sünde, denn in den Augen der Welt war es das immer noch. Im März 1958 gingen wir in uns und heirateten. Von Austens Mutter, Söhnen, Freunden und Wählern wurde ich wunderbar herzlich aufgenommen, was viel dazu beitrug, uns das Leben leicht zu machen. Der Wahlkreis lag in einem Londoner Arbeitervorort, was sehr günstig war, und der Umgang mit den Leuten dort bereitete mir wirklich großes Vergnügen. Er war eine willkommene Abwechslung zu den einseitig intellektuellen Kontakten, die mein soziales Netz sonst bestimmten. Schneller als allseits vorhergesagt fand ich in Brunel, damals noch College of Advanced Technology, eine Stelle. Meine Hauptaufgabe bestand im Aufbau des dortigen Psychologie-Departments, und ich war ganz beglückt, weil ich dabei von dem allgemeinen Prinzip des Colleges ausgehen konnte, einer zwischen Theorie und Praxis alternierenden Ausbildung. Die Studenten, die zu ihrem vierjährigen Studium zu uns kamen, verbrachten sechs Monate im College und sechs Monate entweder in der Industrie oder in Gefängnissen oder Krankenhäusern oder Forschungseinrichtungen oder sonst irgendwo, wo sie ausprobieren konnten, ob ihnen das, was sie am College gelernt hatten, beim Verstehen des gelebten Lebens irgendwie von Nutzen war. Ich denke immer noch, dass diese Art Ausbildung für Psychologen von einzigartigem Nutzen ist. Ich hatte noch eine andere konstruktive Ausbildungsidee, oder jedenfalls bilde ich mir das gern ein. Ich nahm Kontakt mit dem Direktor der Grundschule am Ort auf, bat ihn, uns leistungsschwache Schüler zu nennen, und teilte jedem Kind einen Studenten zu, der ihm einen Nachmittag in der Woche helfen sollte, seine Blockierung zu überwinden.

170 Gemeint ist das Brunel College in Uxbridge bei London, die erste Arbeitsstelle Jahodas in England. Das College war vorerst eine technische Fachhochschule, später wurde sie zur Brunel University.

In einigen Fällen hatten die Studenten spektakuläre Erfolge, zu ihrer und meiner ungeheuren Befriedigung. Vor Kurzem hat mir ein ehemaliger Brunel-Student ein zweischneidiges Kompliment gemacht, indem er nämlich mich für seine Enttäuschung über die Psychologie verantwortlich machte. Das Problem mit meiner Lehre sei, so meinte er, dass man dann erwarte, die ganze Psychologie müsse so sein; das sei sie aber nicht.

Während der Jahre in Brunel hatten wir ein wunderbares Haus in Ealing,[171] groß und komfortabel, das wir mit Austens Mutter und Molly teilten, ihrer langjährigen Gefährtin, die der ganzen Familie zugetan war und von uns allen geschätzt wurde. Wir hatten sechs große Zimmer im ersten Stock und Mama und Molly hatten vier im Erdgeschoss plus den Garten. Wir brauchten den Platz für die amerikanischen und englischen Freunde und Familien, die jeden Sommer kamen.

Ich blieb sieben Jahre in Brunel. Ich bekam sogar Forschungsmittel und schrieb ein Buch über die alternierende Ausbildung, das offenbar bei der Einführung dieser Idee in Indien ganz nützlich war – so jedenfalls der Rektor von Brunel bei der Rückkehr von einer Indienreise –, aber es ist kein sehr gutes Buch. Ich mag es von all meinen Veröffentlichungen am wenigsten.[172]

Andere Arbeiten häuften sich. Ich wurde Berater für die Nuffield Foundation,[173] hielt Vorlesungen an der London School of Economics und später am Nuffield College in Oxford. Wir verbrachten herrliche Sommerferien in Frankreich und Italien. Jedes Jahr kam meine Mutter ein paar Wochen zu Besuch. Lotte und Bud tauchten auf und vertrauten mir eine Woche lang ihr Baby Charles an, dessen erstes Wort „bye-bye" ich unvergesslicherweise hörte. Weihnachten verbrachte ich regelmäßig in den Staaten, und Weihnachtsbaumschmücken mit den Buben wurde zum alljährlichen Ritual. Aber wenn einem der Atlantische Ozean quer durch das Herz geht, ist das ein nie endendes Dilemma; besonders schlimm war es, als Lotte während ihrer ersten Schwangerschaft wegen einer Krebszyste operiert werden musste, nach der zweiten krank war und auch während der Schweinebuchtkrise, als das nukleare Ende von allem unmittelbar bevorzustehen schien.

---

171 Ealing ist ein Stadtteil im Westen Londons.
172 Marie Jahoda. 1963. *The education of technologists: An exploratory case study at Brunel College*. London: Social Science Paperbacks.
173 Eine der großen britischen Stiftungen zur Förderung der wissenschaftlichen Forschung.

Es hat lange gedauert, bis ich mich mit der Politik der Labour-Partei in Austens Fraktion anfreunden konnte. Auch wenn er sich voll und ganz für sie engagierte und sie das Hauptthema der meisten unserer Gespräche war, unterschied sie sich von dem leidenschaftlichen politischen Engagement meiner Jugend. Er war ein Realist, nannte sich selbst stolz einen Technokraten, der sich um die technischen Probleme des Regierens und vor allem um die Wirtschaft sorgte und grundlegende Werte als selbstverständlich ansah. Vielleicht war es nicht so sehr ein Unterschied in unseren Persönlichkeiten als vielmehr ein Unterschied in der gesellschaftlichen Situation. Ich war mit dem wirklichen Feind konfrontiert gewesen, mit offen faschistischen Werten; die Tories von damals waren dagegen eher ein anständiger Haufen. Ich ging oft ins Unterhaus, um eine Debatte anzuhören oder um etwas zu essen.

Austen machte mich mit allen Abgeordneten bekannt, die uns über den Weg liefen, abgesehen von den großen Tieren, deren Namen ich bereits kannte. An ihrem freundlichen Geplauder konnte ich nie erkennen, ob wir einen Labour- oder einen konservativen Abgeordneten getroffen hatten. Undenkbar in der österreichischen Situation. Ich konnte mich noch an meine Verwunderung erinnern, als Otto Bauer[174] 1932 in der *Arbeiter Zeitung* einen würdigenden Nachruf auf Kardinal Seipel unter dem Tenor „drei Salven über die Bahre des gefallenen Feindes" veröffentlichte. Meine persönlichen parteiübergreifenden Bekanntschaften beschränkten sich auf sehr wenige. Ein oder zwei Jahre lang saß ich in einem von David Astor gegründeten und finanzierten Ausschuss, dessen Vorsitz Rab Butler innehatte, der bei einer Tasse Kaffee ganz offen über seine Abneigung gegen Macmillan sprach. Ein weiteres konservatives Mitglied desselben Ausschusses war der sanfte und liberale Edward Boyle, der mich oft zur Victoria Station mitnahm. Der Ausschuss war ein Versuch, die amerikanischen Vorurteilsstudien nachzuahmen. Ich weiß nicht mehr, warum er gescheitert ist. Norman Cohn war sein einziges produktives Ergebnis.[175]

---

174 Otto Bauer (1881–1938), der führende Intellektuelle der österreichischen Sozialdemokraten in der 1. Republik.

175 David Astor (1912–2001), Verleger und bis 1977 Herausgeber von *The Observer*, der ersten britischen Sonntagszeitung; Harold Macmillan (1894–1986), Politiker der Conservative Party und von 1957–1963 Premierminister des Vereinigten Königreiches; Rob Butler (1902–1982) und Edward Boyle (1923–1981), Politiker der Conservative Party; Norman Cohn (1915–2007), britischer Historiker und Schriftsteller, ab 1966 Professorial Fellow an der University of Sussex.

Die einzige andere persönliche Begegnung mit den Konservativen war die mit Harold Macmillan, Jahre nach seinem Amtsantritt, als er schon ziemlich gebrechlich war. Im Jahr 1959 hatte er mit seiner Rede „You never had it so good" zwei Tage vor der Wahl Austens Mehrheit in Edmonton fast zerstört. Durch seine Reden im Fernsehen und im Oberhaus war er in den Jahren danach in meiner und jedermanns Wertschätzung gestiegen. Er war ein herrlicher Performer, der seine buschigen Augenbrauen zu ihrem vollen ironischen Nutzen ausspielen konnte. Man erzählte sich, dass er bereits als Premierminister die ersten Informationen über die Profumo-Affäre mit den Worten entgegengenommen hatte: „Gut zu wissen, dass es noch etwas Männlichkeit in der Konservativen Partei gibt."[176] Ironie war seine große Stärke. Jahre später, als ich allein in einem Abteil der ersten Klasse (von der Regierung bezahlt) in einem Zug von Victoria nach Sussex saß, trat er herein.

Im Großen und Ganzen war das Leben gut zu uns. Ich hatte Spaß an meiner und an Austens Arbeit, an der ich mich so viel beteiligte, wie ich nur konnte, besonders an seinen wöchentlichen Wahlkreisbesuchen. Wenn ich ihn aufziehen wollte, sagte ich, ich hätte ihn nur geheiratet, weil die Frau eines Abgeordneten nur am Wochenende zu kochen braucht, denn das House of Commons tagte fünf Mal in der Woche bis zehn Uhr abends. Dabei kochte ich gern und immer besser, angeregt und angeleitet von seinem Feinschmeckertum und dem positiven Echo von Familie und Freunden. Immer wenn Austen eine Rede halten sollte, saß ich im Unterhaus auf der Galerie. Es waren die „Swinging Sixties", aber von diesem Swing habe ich außer zahlreichen Kaffeebars nicht viel gesehen; ich hatte viel zu viel mit Komitees, Vorträgen und neuen Freunden zu tun und war außerdem zu alt.

Zwei der schlimmsten Ereignisse meines Lebens traten ein, als wir noch in Hampstead wohnten. Anfang 1959 erzählte mir Lotte, sie sei schwanger. Das war an sich eine gute Nachricht und ließ ihren alten Traum von den vier Kindern näher rücken, die mit dem Größerwerden Quartette spielen würden. Ein paar Monate später aber rief Bud an, um mir zu sagen, dass bei der letzten Routineuntersuchung eine krebsverdächtige Zyste an einem Eier-

---

176 Profumo-Affäre, benannt nach John Profumo (1915–2006), britischer Kriegsminister 1962 und 1963. Er hatte eine Affäre mit dem Model Christine Keeler, die sie nach wenigen Wochen beendete und unmittelbar danach eine enge Beziehung mit einem Marineattaché der sowjetischen Botschaft einging. Die Labour-Opposition versucht daraus einen politischen Skandal zu machen, indem sie (zu Unrecht) Keeler der Spionage verdächtigte. Profumo trat von seinem Amt zurück.

stock entdeckt worden sei, wegen der sie sofort operiert werden müsse, mit einer guten Prognose für sie und das Baby. Noch nie hatte ich von Operationen während der Schwangerschaft gehört. Ich fürchtete das Schlimmste. Es folgte eine grauenvolle Woche, bis Bud anrief und sagte, Mutter und Embryo seien nach der Operation wohlauf, und bald darauf kam Charles zur Welt. Heute ist er ein begabter Astrophysiker, der über Sterne spricht, die 30.000 Lichtjahre von uns entfernt sind, ohne dabei verrückt oder religiös zu werden. Seine eher nachvollziehbaren Eigenschaften zeigten sich früh. Als er vier war, fragte ich ihn ganz nach Großmutterart: „Wie weit kannst du denn schon zählen?" Die Antwort kam wie aus der Pistole geschossen: „Bis 157." „Warum denn nicht weiter?", fragte ich erstaunt. „Weil ich dann müde werde", sagte er. Bei seiner Hochzeit vor nicht allzu langer Zeit konnte ich seiner Braut versichern, dass die so gezeigten Eigenschaften – Ehrlichkeit und Beständigkeit – ein gutes Vorzeichen für den Erfolg ihrer Ehe seien. Vor Kurzem konnten Charles und seine Frau ganz unabsichtlich ihr Selbstwertgefühl in beinahe gefährliche Höhen steigern, indem sie den Haushalt um einen Labrador erweiterten. Als sie den Hund Pippin ausführten, rief ein kleines Mädchen: „Sieh mal, Mama, ein Löwe!"

Das zweite schlimme Ereignis war die Kubakrise.[177] Meiner Erinnerung nach fiel sie mit Lottes Operation zusammen, aber Lotte hat mir erzählt, dass dazwischen ein Zeitraum von drei Jahren lag. Gleich mag weniger der Zeitpunkt gewesen sein als die Angst, die diese Ereignisse mir machten. Auf dem Höhepunkt des Kalten Krieges war die Erwartung eines Atombombenabwurfs auf die USA nicht unrealistisch. Ich erinnere mich, dass ich im Bett lag und Radio hörte und wünschte, ich könnte beten. Ich betrachte Gorbatschow[178] als den größten Staatsmann des Jahrhunderts, weil er diesem besonderen Albtraum Jahre später ein Ende setzte.

Fast vier Jahre später bekam Lotte einen zweiten Sohn, John. Im Laufe der Jahre wurden John und ich ganz besondere Freunde. Als er aus dem

177 Im Oktober 1962 entdeckten die USA, dass die Sowjetunion auf Kuba Atomraketen stationiert hatte. Nach dramatischen Verhandlungen fanden Nikita Chruschtschow und John F. Kennedy einen Kompromiss; die Sowjetunion rüstete in Kuba ab und die USA schlossen Raketenbasen in der Türkei.

178 Michail Sergejewitsch Gorbatschow (1931–2022), sowjetischer Politiker, von 1985 bis August 1991 Generalsekretär des Zentralkomitees der Kommunistischen Partei der Sowjetunion. Er setzte mit „Glasnost" (Offenheit) und „Perestroika" (Umbau) neue Akzente in der sowjetischen Politik und leitete das Ende des Kalten Krieges ein. 1990 erhielt er den Friedensnobelpreis.

Teenageralter heraus war, trafen wir uns öfter in einem Restaurant zum Essen und mussten uns immer erst einen Überblick über die wirklich wichtigen Dinge verschaffen, die seit dem letzten Mal passiert waren, und es gab eine ganze Reihe von dramatischen Dingen in seinem Leben. Als die Buben klein waren, war das Basteln von Christbaumschmuck das große Ereignis. Stundenlang saßen wir im Wohnzimmer auf dem Boden und machten Papierketten. Mit unserem Judentum gerieten wir nicht in Konflikt. Warum sollten wir denn nicht den Geburtstag eines der bemerkenswertesten Juden feiern, der je gelebt hat? Als John etwa drei war, protestierte er, weil er ins Bett musste, während Charles noch aufbleiben durfte. Lotte erklärte ihm, Charles sei eben schon älter. John fügte sich in sein Schicksal und sagte mit seinem bemerkenswerten Sinn für Fairness: „Eines Tages bin ich älter, und Charles muss früher ins Bett." Im selben Alter demonstrierte er seine Weltläufigkeit, indem er seinen Eltern eine Besucherin – eine Nonne in vollem Habit – mit den Worten ankündigte: „Ich glaube, es ist die Pik-Dame."

Die Abende der Erwachsenen, in der Regel erweitert um Buds besten Freund, John Clive,[179] dauerten mit guten Gesprächen und guten Getränken oft bis in den frühen Morgen. An drei Abende erinnere ich mich besonders. An dem einen forderte ich John Clive zu einem Tischtennismatch heraus und gewann unter dem Beifall der Buben. John Clive war zu meinem stillen Vergnügen richtig beschämt. Aber wir blieben gute Freunde. Zu meinem 80. Geburtstag lud er mich in den Garrick Club ein und bestellte beim Chef die beste Schokoladentorte, die ich je gegessen habe. An einem Silvesterabend sorgten Charles und ein weiterer Freund der Familie für Unterhaltung, indem sie all die besten Stücke aus den Gilbert- und Sullivan-Operetten sangen. Aber der schönste Abend von allen war ohne Gäste; nur Lotte, Bud und ich, und wir erzählten einander Erinnerungen aus unserem Leben, die wir noch nie zuvor erzählt hatten.

Von Beginn meines englischen Lebens an war ich mir eines Konflikts der Gefühle bewusst. Eine Hälfte von mir war in den USA bei meiner Familie und meinen Freunden, und ich verfluchte den Atlantik, obwohl ich ihn mindestens einmal im Jahr überquerte, und zwar immer zu Weihnachten. Im Sommer kamen Familie und Freunde hierher. Edi und ich entdeckten

---

179 John Leonard Clive (1924–1990), Professor für Geschichte und Englisch an der Harvard University, USA.

schnell, dass Schachspielen per Telefon wirklich ziemlich billig ist: fünf Sekunden pro Zug, aber es war doch besser, wenn er zu uns kam. Solange sie konnte, verbrachte meine Mutter zwei Sommerwochen bei uns. Das letzte Mal, als ich sie in Amerika in einem Pflegeheim sah, sagte sie: „Du siehst aus wie meine Mitzi." Austen war sich natürlich der Intensität meiner gespaltenen Gefühle bewusst. Er trug es mit Fassung, aber es kann nicht immer leicht für ihn gewesen sein.

Meine Großmutterfreuden mit Charles und John waren zwar auf ein paar Wochen ein- oder zweimal im Jahr beschränkt, aber dafür sorgten in England die fünf Albu-Enkel für Ausgleich, die mich damals wie heute als *fait accompli*-Großmutter akzeptiert haben.

Aus Martins erster Ehe, die mit der tragischen Krankheit und dem Tod seiner ersten Frau endete, gingen drei Kinder hervor, Michael, Lucy und Tom. Sie und ihre Eltern kamen an den Wochenenden ziemlich regelmäßig zu Besuch, erwarteten und bekamen ein gutes Essen, das ich mit Vergnügen kochte, und suchten, je nach Jahreszeit, im Garten Ostereier oder ruinierten den Rasen mit Krocket oder Swingball. Jedes von ihnen hat mir die Ehre erwiesen, mich gelegentlich in sein Vertrauen zu ziehen, Freunde mitzubringen und sich in Keymer zu Hause zu fühlen. Martin ist jetzt mit Janet verheiratet, einer weltweit anerkannten Expertin für Sehkraftbeeinträchtigungen und ein Segen für mich in meiner Altersblindheit.

Colin hat zwei Kinder, Susan und Ben, aus seiner ersten Ehe mit Pauline, die mir auch heute noch eine liebe Freundin ist und unsere früheren Rollen gelegentlich umkehrt, indem sie köstliche Essen für mich zubereitet. Susan und ich sind gute Freundinnen und können stundenlang über all die kleinen und großen Probleme von Jugend und Alter miteinander reden. Zusätzlich verbindet uns ihre Zuneigung zu den beiden Bailyn-Buben. Ben hat mir einmal gestanden, dass ich ihm als kleinem Kind nicht ganz geheuer war. Sein empfindliches Musikergehör störte sich an meinem Akzent.

Colin ist jetzt mit Mary verheiratet, die Ausbilderin für Krankenpflege ist und im Umgang mit allen Altersbeschwerden bestens bewandert ist. Dem stehen Colins Fähigkeiten als Koch und Finanzberater in nichts nach.

In keinem auch nur einigermaßen zutreffenden Bericht über diese häuslichen Angelegenheiten dürfte Bridget fehlen, die alle kennen und die praktisch zur Familie gehört. Sie kam vor rund 30 Jahren auf eine Anzeige hin zu uns, in der wir eine Haushaltshilfe suchten. Sie ist nicht nur tüchtig in ihrem

Beruf und hält das Haus und mich in Ordnung, sondern auch eine liebenswerte Person und ein kluger Kopf. In guten wie in schlechten Zeiten wurden durch ihre Anwesenheit die Dinge besser oder erträglich. Auch Austen mochte sie sehr gern, und sie sorgte hingebungsvoll für ihn. Dass sie und ihr Mann 1993 an der großen Familienfeier zu Austens 90., Mikes und Lucys 30. und Colins und Janets 60. Geburtstag teilnahmen, verstand sich von selbst.

Mein eigener 90. Geburtstag ist eine eindringliche Mahnung, dass ich mich beeilen muss, wenn ich diese Memoiren noch zu Ende bringen will. Vor etwa einem Jahr hatte ich einen leichten Schlaganfall, der mich fast mein ganzes Augenlicht gekostet hat, und auch mein Gehör lässt rapide nach. Ich trage das durchaus nicht mit Heldenmut. Eigentlich finde ich es unfair – keine Spur von britisch-stoischer Haltung. Ich bin auf Pam angewiesen, meine Gesellschafterin, und auf die Familienmitglieder, die aufpassen müssen, dass ich mit meiner Raucherei nicht das Haus in Brand setze. Vor Kurzem las ich in der Autobiografie von Hermione Gingold[180] darüber, wie man eine unwürdige Greisin wird. Mit Vergnügen und nicht ohne einen Anflug von Neid las ich, dass sie sich ihren letzten jungen Liebhaber mit 75 genommen hat! In meinen guten Momenten glaube ich immer noch, dass ich in meinem Leben einen Schutzengel hatte, und dabei zu bleiben ist trotz der schlechten Momente zwischendurch vielleicht der beste Schluss.

180 Hermione Gingold. 1988. *How to Grow Old Disgracefully*. New York: St. Martin's Press.

Briefe

1939–1946

Briefe von Marie Jahoda an Joseph Buttinger 1939–1946

Ein Berufsrevolutionär a. D.

Josef (später: Joseph) Buttinger wurde 1906 als Sohn eines oberösterreichischen Wanderarbeiters in Bayern geboren, verbrachte seine Kindheit in Oberösterreich, wo er bis zur 6. Klasse die Volksschule besuchte und im Alter von 13 Jahren als Knecht bei einem Bauern zu arbeiten begann. Ab 1921 arbeitete er in einer Glasschneiderei und wurde 1924 arbeitslos. Die Erfahrung der Industriearbeit politisierte ihn.[1] Ab 1926 leitete er in Kärnten in St. Veit a. d. Glan einen Kinderfreunde-Hort und intensivierte sein politisches Engagement. Ab 1930 Parteisekretär der Sozialdemokratischen Arbeiterpartei (SDAPÖ) in St. Veit a. d. Glan und Teilnehmer der Arbeiterhochschule in Wien. 1934 drei Monate Haft und Ausweisung aus Kärnten. Buttinger übersiedelte nach Wien, wo er anfangs als Länderreferent der Revolutionären Sozialisten (RS) tätig war. Einige der RSler hatten sich schon vor dem Februar 1934 auf die illegale Arbeit vorbereitet, standen in Kontakt mit der deutschen Gruppe Neu Beginnen und nahmen sich damals bezüglich der Arbeit im Untergrund Lenin und die russischen Bolschewisten zum Vorbild. Wegen der Verhaftung der ersten Leitungsgruppe stieg Buttinger 1935 zum Vorsitzenden der RS auf. Er nutzte u. a. Gustav Richter und Hubert als Decknamen. Da er erst seit Kurzem in Wien lebte, kannten ihn wenige, sodass er sich relativ frei bewegen konnte. In der Zeit lernte er Muriel Gardiner kennen, die mit ihrer Tochter aus erster Ehe in Wien lebte, Medizin studierte und sich zur Psychoanalytikerin ausbilden ließ. Diese Tochter aus sehr reichem Haus stellt Buttinger ihre zwei Wohnungen und ihr Wochenendhaus als Unterschlupf zur Verfügung. Ab seiner Übersiedlung nach Wien agierte Buttinger als Berufsrevolutionär, ging also keiner anderen Arbeit nach. Zu seiner Gruppe innerhalb der RS gehörte auch Jahoda, die als Leiterin der Wirtschaftspsychologischen Forschungsstelle 1936 verhaftet wurde, in den polizeilichen Vernehmungen Buttinger aber nicht verriet. Nach dem

---

1 Vgl. Joseph Buttinger. 1979. *Ortswechsel – die Geschichte meiner Jugend.* Frankfurt a. M.: Verlag Neue Kritik.

12. März 1938 floh Buttinger nach Paris und wurde dort über Vorschlag von Friedrich Adler Vorsitzender der Auslandsvertretung der Österreichischen Sozialisten (AVÖS). In Paris heiratete er Gardiner und übersiedelte mit ihr, nachdem sich die Niederlage Frankreichs abzeichnete, Ende 1939 in die USA. Die Meinungsverschiedenheiten unter den exilierten Sozialdemokraten und Sozialisten nahmen auch wegen der räumlichen Distanz (Gruppen gab es in England, Schweden und der Ost- und Westküste der USA) eher zu. Buttinger und seine Anhänger lehnten eine Fortführung einer Parteiführung ohne Verbindung ins Land ab und plädierten für eine Politik der Aufrechterhaltung der politischen Moral durch Schulung und Weiterbildung. Ende 1941 beendete er seine Tätigkeit in der Exilorganisation, unterstützte aber weiterhin gemeinsam mit seiner wohlhabenden Frau die Tätigkeit der anderen Exilanten durch Darlehen.[2] Desgleichen finanzierten die Buttingers Schul- und Collegebesuche der Kinder und Jugendlichen. Buttinger arbeitete seit seiner Gründung 1940 im International Rescue Committee aktiv an der Rettung in Europa gestrandeter Antifaschisten und fungierte als dessen europäischer Repräsentant nach Ende des Zweiten Weltkriegs. Eine Rückkehr nach Österreich unterließ er ebenso wie er aktive Parteipolitik beendete. Ersteres stand wohl im Zusammenhang mit Buttingers scharfem Anti-Kommunismus, weswegen er eine Rückkehr nach Wien während der sowjetischen Besatzung für zu gefährlich hielt. Dieser politischen Überzeugung war es wohl auch zu verdanken, dass Buttinger in Vietnam auf der Seite des anti-kommunistischen Südens Partei ergriff. Intensive Studien über Vietnam machten ihn zu einem der bedeutendsten Experten dieses Landes. In New York ließ sich das Ehepaar Buttinger von den Architekten Felix Augenfeld und Jan Pokorny ein Doppelhaus an der Adresse 10 East 87 Street errichten, in dessen Vorderhaus die Buttinger Library untergebracht war, die Interessenten benutzen konnten. 1971 schenkte Buttinger den europäischen Teil seiner Bibliothek der neu gegründeten Hochschule in Klagenfurt, die ihn ihrerseits mit einem Ehrendoktorat würdigte (der Vietnam-Bestand ging an die Harvard University). Zu den mäzenatischen Aktivitäten der Buttingers zählte auch die Anschubfinanzierung für die antistalinistische Zeitschrift *Dissent*, die 1954 von Lewis A. Coser und Irving Howe gegründet wurde.

---

2 Muriel Gardiner und Joseph Buttinger. 1978. *Damit wir nicht vergessen. Unsere Jahre 1934 bis 1947 in Wien, Paris & New York*. Wien: Verlag der Wiener Volksbuchhandlung.

Sein Buch *Am Beispiel Österreich*[3] ist eine Schilderung der Niederlage des Schutzbundes 1934, der Gründung der Revolutionären Sozialisten und deren Auseinandersetzungen untereinander und mit anderen. Bei der Recherche dafür konnte Buttinger dank Friedrich Adler die erhalten gebliebenen Korrespondenzen und Protokolle der exilsozialistischen Organisationen nutzen. Das Buch brachte viele darin oft herablassend und unfair behandelte Personen gegen Buttinger auf, was aber nichts daran ändert, dass das Buch einzigartige Einsichten in das Leben im Untergrund bietet.

Buttinger verstarb 1992 nach einer langjährigen Alzheimer-Erkrankung.

Die Briefe Jahodas an Buttinger befinden sich im Nachlass von Buttinger im Verein für die Geschichte der Arbeiterbewegung (VGA), Wien,[4] sie werden hier erstmals veröffentlicht.

Jahoda schrieb die Briefe vom 10. Mai 1939, 9. April 1940 und 21. September 1946 auf Deutsch, alle weiteren in englischer Sprache. Sie benutzte eine Schreibmaschine; nur der Brief vom 21. September 1946 ist handschriftlich verfasst. Flüchtigkeits- und Schreibfehler wurden stillschweigend verbessert und die Rechtschreibung der auf Deutsch geschriebenen Briefe den heutigen Regeln angepasst.

Christian Fleck

---

3   Joseph Buttinger. 1953. *Am Beispiel Österreichs. Ein geschichtlicher Beitrag zur Krise der sozialistischen Bewegung.* Köln: Verlag für Politik und Wirtschaft. Privater Erstdruck 1950, Neuauflage 1972: *Das Ende der Massenpartei. Am Beispiel Österreichs.* Frankfurt: Verlag Neue Kritik.
4   VGA Nachlass Buttinger, Karton 3/ Mappen 16, 18, 19, 21.

10. Mai 1939; 6 Caledonia Place, Clifton, Bristol

Lieber Hubert,

Hirsch[5] hat mir einen Durchschlag seines Briefs an Dich geschickt. Ich hoff',
Du hast ihn ebenso interessant gefunden und ernst genommen wie ich. Ich
möcht Dir gern sagen, was ich mir dazu denk':

1. Die unmittelbaren Meinungsverschiedenheiten und Schwierigkeiten
sind mindestens ebenso sehr auf Thomas'[6] Ungeschicklichkeit zurückzuführen, wie auf den Unverstand und die Feindseligkeit von Hirsch, Ausch[7] und
Gessner.[8] Hirsch ist ein alter Sozialdemokrat, Ausch ein unpolitischer Kaufmann, Gessner ein Sozialfaschist und Antisemit. Alle drei leiden an schlecht
verhehlten Minderwertigkeitskomplexen. In diesen Kreis kommt Thomas
mit seiner überlegenen Intelligenz und jüdischen Arroganz und mit all den
Minderwertigkeitsgefühlen, die Ihr ihm in Paris beigebracht habt, mit absoluter Blindheit menschlichen Schwächen und Stärken gegenüber geschlagen,
ein machthungriger Kleinbürger (wie die Lisi[9] so schön sagt) und trotzdem

5   Johann Hirsch (?–1944), sozialdemokratischer Journalist und Redakteur der Wiener Tages-,
    später Wochenzeitung *Das Kleine Blatt*. Er ist schon 1935 nach London emigriert.
6   Deckname für Karl Czernetz (1910–1978), 1939 bis 1945 in London im Exil, wo er bei den
    Exilsozialisten ähnliche Auffassungen wie Marie Jahoda vertrat. Czernetz kehrte im November 1945 nach Österreich zurück und war ab 1949 bis zu seinem Tod Nationalratsabgeordneter
    der SPÖ.
7   Karl Ausch (1893–1976), sozialdemokratischer Journalist, bis 1934 Redakteur von *Das Kleine
    Blatt*, ab 1937 in England, Rückkehr nach Wien 1946. Journalistische und historische Arbeit,
    darunter: *Als die Banken fielen. Zur Soziologie der politischen Korruption*. Wien 1968.
8   Rudolf Gessner ist der Deckname von Hans, später: John Mars, bis 1925: Hans Materschläger
    (1898–1985), Experte für Arbeitswissenschaft und Betriebsrationalisierung in der Arbeiterkammer Wien, nach der Promotion 1931 als Stipendiat der Rockefeller Foundation Studienaufenthalt in Chicago. Wurde in der Arbeiterkammer nach dem Februar 1934 entlassen. Er emigrierte nach England, wo er, unterstützt von der Rockefeller Foundation, zuerst in Birmingham
    tätig war, später Lecturer in Oxford, Dublin und Leeds. 1949 bis 1962 Reader in Economics
    in Manchester. Rückkehr nach Österreich 1962, bis 1970 als Entwicklungsökonom im Auftrag
    der UNO in Afrika tätig. Gessner-Mars war es, der aufgrund einer Bitte von Otto Bauer nach
    der Verhaftung Jahodas in London für sie Unterstützung organisierte und Protestschreiben an
    die österreichische Regierung initiierte. Vgl. Johann Bacher, Waltraud Kannonier-Finster und
    Meinrad Ziegler (Hrsg.). 2022. *Akteneinsicht. Marie Jahoda in Haft*. Innsbruck: Studienverlag,
    44 f.
9   Vermutlich Elisabeth, kurz: Liesl, Zerner (1905–1984), vor 1930 Besucherin der Arbeiterhochschule, Sekretärin in der *Arbeiter Zeitung*, Mitglied der Revolutionären Sozialisten, wo sie mit
    Jahoda im Bildungsausschuss zusammenarbeitete. Zerner wurde im großen Sozialistenprozess
    1936 angeklagt und verurteilt, wurde anlässlich der Verhaftung Jahodas im November 1937
    wieder verhaftet, aber nicht nochmals vor Gericht gestellt. In den Polizeiprotokollen wird sie
    dort als Elise Zerner bezeichnet. Es gelang ihr nach dem „Anschluss" die Emigration in die

ein revolutionärer Sozialist. Ich war nur bei einer Klubsitzung dabei seit er da ist; die Streitpunkte waren minimal, aber die Atmosphäre fürchterlich. Man spürt direkt, wie sich den anderen jedes Haar sträubt, wenn er nur den Mund aufmacht. Alle Argumente, die in so einer Situation vorgebracht werden, sind dann nur Rationalisierungen von persönlicher Abneigung.

Was die entstandenen Schwierigkeiten betrifft, so bin ich überzeugt, dass Du persönlich oder zur Not auch brieflich sie alle wirst überwinden können, wenn Du nämlich eine Meinung dazu hast. Was den Thomas betrifft, so ist der Fall schwieriger. Wenn er sich nicht noch menschlich radikal ändert, dann wird er immer ungeeignet zu einer führenden Funktion bleiben; er wird ein idealer Mitarbeiter für jemand sein, der ihm überlegen ist. Aber er wird jede Kindergartengruppe in die Opposition treiben, wenn er ihr vorgesetzt ist. Warum hast Du Dir nie die Mühe genommen, ihn in Deine so bewusst entwickelte Technik, Menschen zu behandeln, einzuführen? Du wirst früher oder später Leute brauchen, die Dir darin ebenbürtig sind. Es wäre falsch zu sagen, dass das ebenso wichtig wie politischer Verstand ist; es ist ein Teil des politischen Verstandes, ohne den der Rest sich kaum durchsetzen kann.

2. Die sachlichen Probleme im Brief vom Hirsch: Der Austritt aus dem österr. Ausschuss[10] wird vorläufig deshalb nicht durchgeführt, weil Hirsch sich nicht traut, energisch aufzutreten. Sachlich hat er für den Ausschuss ebenso wenig übrig wie wir alle. Man sollte ihn nicht einschüchtern mit der Drohung, „wenn Du nicht gleich dort mit der Faust auf den Tisch schlägst, sag ich's dem Hubert", sondern ihn durch Argumente und ausführliche Diskussion sicherer machen, sodass er sich traut. Es ist für jeden Fall nur eine Frage der Zeit, wann es geschieht.

Die Kriegsdienstfrage[11] ist viel schwieriger. Dazu liegt tatsächlich keine Stellungnahme der Partei vor. Ich persönlich bin mir nicht ganz klar darüber und ebenso, fürcht' ich, geht es den meisten anderen auch. Was in so einer

USA, wo sie als Sprachlehrerin tätig war. Sie wird wegen der Namensähnlichkeit gerne mit Elisabeth Lazarsfeld verwechselt, die Zerners Bruder Fritz heiratete. Elisabeth Zerner heiratete in den USA den deutschen Journalisten Karl Otto Paetel.

10 Der Österreichische Ausschuss/Council of Austrians in Great Britain wurde 1938 gegründet und sollte der rechtlichen Vertretung der ehemaligen Österreicherinnen und Österreicher gegenüber britischen Behörden dienen. Monarchisten und Kommunisten konnten es nicht lassen und versuchten, dieser Einrichtung eine politische Rolle zu geben, was auf Widerstand der Exilsozialisten stieß.

11 Vermutlich ist damit die Frage gemeint, ob österreichische Exilanten um Aufnahme in die britische Armee vorstellig werden sollten.

Situation dann geschehen soll, führt zu dem Hauptproblem in Hirschs Brief: der Organisationsfrage.

Ich bin absolut mit Hirsch einer Meinung, dass es hier um den ‚Geist unserer Partei‘ geht, allerdings nicht der Partei als Selbstzweck, sondern der Partei als ein Mittel zum Hauptzweck. Wie man anfängt zuzugeben, dass der Zweck und die Mittel nicht auf demselben moralischen Niveau stehen müssen, ist man auf dem schönsten Weg zu kommunistischen Methoden. Wenn wir's wirklich mit der Freiheit halten wollen, dann gibt's in einer Partei und in einem Staat nur eine Methode: lokale Autonomie für alle lokalen Fragen und für andere Fragen, über die keine bindenden Parteibeschlüsse vorliegen.

Natürlich enthält der Standpunkt Gefahren. Aber ungefährlich wird unser Weg für keinen Fall sein. Und wenn man schon was riskieren muss, dann für etwas was dafürsteht. Die Gefahren wären viel geringer, wenn man für die englische Gruppe[12] eine bessere Personalpolitik gemacht hätte. Aber darüber zu reden, ist jetzt zwecklos.

Und ich geb' zu, dass es schwierig ist, eine RS-Personalpolitik zu machen, solang kein Mensch weiß, was ein Revolutionärer Sozialist ist. Früher oder später wird man aber doch die Frage der Parteimitgliedschaft lösen müssen. Hirsch schien dazu eine Theorie zu haben, die er nicht näher ausdrückt, wenn er sagt „die gewählten Klubleitungen[13] besteh'n ganz oder überwiegend aus Angehörigen der RS". Ich bin gespannt darauf, von ihm zu erfahren, wer in der englischen Klubleitung seiner Meinung nach zur RS gehört.

Ich glaub, die Frage der Parteimitgliedschaft kann nur im Zusammenhang mit der des Parteiprogramms gelöst werden. Seit Jahrzehnten hat es keine Zeit gegeben, in der das Bedürfnis, ein sozialistisches Programm zu haben, größer war als jetzt. Du solltest die Gelegenheit nicht verpassen.

Ich hoff, nächste Woche in London mit Thomas und Hirsch ausführlich reden zu können.

Grüß Dich,

M.

---

12 Jahoda bezieht sich hier darauf, dass die Anhängerschaft Buttingers in der Exilorganisation der Sozialisten und Sozialdemokraten in London vergleichsweise schwach war.

13 Gemeint ist der Austrian Labour Club, der sozialdemokratisch und sozialistisch orientierten Exilanten eine Begegnungsstätte bot.

9. April 1940; 6 Caledonia Place, Clifton, Bristol

Lieber Hubert,
es war eine nette Idee von Dir mich zu fragen, wie's mir geht. Die einfachste
Antwort darauf wäre: gut, so wie immer. Aber weil ich nicht weiß, ob nicht
etwa die räumliche und zeitliche Distanz Dein Verständnis für die ironische
Wahrheit so einer Antwort schwächt, erzähl ich Dir's lieber ausführlicher.
Am liebsten fast hätt' ich Dir als Antwort auf Deine Frage die drei Arbeiten
geschickt, die ich geschrieben habe, seit ich in England bin: eine Studie über
die Arbeitslosen in South Wales,[14] eine Studie über eine Fabrik, in der ich
5 Monate lang gearbeitet habe,[15] und eine Novelle[16] über Dinge, die ich vor
ein paar Jahren erlebt habe. Nur hab' ich nicht genug Vertrauen, dass Du
das alles wirklich lesen würdest, Du vielbeschäftigter Mann. Und Perlen vor
die großen Männer werfen, ist mindestens ebenso peinlich wie die andere
sprichwörtliche Verwertung von Perlen. Deshalb schreib ich lieber einen
Brief, ganz abgesehen von dem Spaß, den es mir macht, wieder einmal mit
jemandem deutsch reden zu können.
   In dem letzten halben Satz liegt das erste große Problem: mit jedem Tag,
den ich länger hier bin, merk' ich deutlicher, wie gern ich wieder nach Wien
zurück möcht'. Nicht, dass ich etwa den österreichischen Nationalcharakter
entdeckt hätte (der übrigens hier in Bristol noch eifrig gepflegt wird von
unsern Freunden von der Konkurrenz,[17] die anscheinend noch nicht wissen, dass er von ihren großen Brüdern schon wieder ad acta gelegt wurde[18]);
auch nicht, weil ich hier nicht arbeiten könnt' oder keine Freunde hätte. Im
Gegenteil; ich bin viel gescheiter geworden im Arbeiten seit ich hier bin (ent-
schuldige, ich mein's nicht so ernst) und ich hab' ein paar liebe Freunde.

14 Marie Jahoda. 2019. *Arbeitslose bei der Arbeit*, hrsg. Johann Bacher, Waltraud Kannonier-
    Finster und Meinrad Ziegler, übersetzt von H.G. Zilian. Innsbruck: Studienverlag.
15 Marie Jahoda. 1941. Some socio-psychological problems of factory life. *The British Journal of
    Psychology* 31(3): 191–206.
16 Nicht erhalten geblieben.
17 Gemeint sind hier die österreichischen Kommunisten.
18 Jahoda meint hier offenbar, dass die Sowjetunion ihre Österreichpolitik verändert habe, aller-
    dings gibt es dafür zu diesem Zeitpunkt wenig Evidenz. Es könnte sein, dass Jahoda meinte,
    der 1939 geschlossene Pakt zwischen Nazi-Deutschland und der Sowjetunion impliziere einen
    Verzicht der sowjetischen Kommunisten auf die Wiederherstellung eines unabhängigen Öster-
    reich. Jedenfalls sprachen sich die österreichischen Kommunisten im britischen Exil während
    der Gültigkeit dieses Paktes für eine Art Stillhaltepolitik aus und torpedierten antinazistische
    Aktionen.

Sondern weil ich immer deutlicher spür', wie sehr man hier ein Fremder bleiben muss und das, was man in den ersten 30 Jahren seines Lebens zu Hause begriffen und gelernt hat, frühestens in weiteren 30 Jahren von einem fremden Land erfasst haben wird. Ich werde wahrscheinlich mit 60 Jahren eine sehr nette und weise alte Frau sein, sogar in England; Du weißt, ich hab' mich schon immer auf mein Alter gefreut. Aber die Zwischenzeit ist halt ein bissl kompliziert. Es ist mit der Emigration von einem, der so viel Glück dabei gehabt hat wie ich, so wie mit dem Schwimmen: Man schwimmt und freut sich dran, es ist spannend und belebend, aber nach einer Weile steht man doch gern wieder auf festem Boden. Ich schwimm ganz gut hier, aber ich schwimme.

Ich möcht gern wissen, was Du dafür tust, dass ich 'wieder einmal in Grinzing bin'.[19] Ich versuche einiges zu tun; vor allem lesen, diskutieren, nachdenken. Zum Lesen: Hast Du Prof. Carrs Buch *The 20 Years' Crisis*[20] gelesen? Wenn nicht, so musst Du's unbedingt tun. Wenn ich mehr Geld hätte, hätt' ich Dir's zum Geburtstag geschickt (I am sorry not to have forgotten, that this letter will reach you at a time near your birthday); aber ich bin Familienerhalter einer nur teilweise auf dem üblichen Weg erworbenen 5-köpfigen Familie,[21] und am Ende hast Du's eh schon gelesen. Auch das dort zitierte Buch von Karl Mannheim *Ideologie und Utopie*[22] ist sehr gescheit. Die Kritik allein allerdings, auch wenn sie noch so gescheit ist, genügt nicht. Daher zum Nachdenken: Der europäische Sozialismus hat sich über die Gleichheits-, Freiheits-, Brüderlichkeitsideale der französischen Revolution noch nicht erhoben. Und damit geht es nicht, wie wir wissen. Am besten von den dreien gefällt mir noch die Brüderlichkeit.[23] Aber die Gleichheit ist ein

19 Wienerlied von Ralph Benatzky.
20 Edward H. Carr. 2001. *The Twenty Years' Crisis: 1919–1939. An Introduction to the Study of International Relations.* New York: Perennial (erstm. 1939).
21 Jahoda lebte zu dieser Zeit mit ihrem Bruder Fritz, dessen Frau Hedwig und dem Neffen Franz bei ihrer Cousine Clara.
22 Karl Mannheim. 1929. *Ideologie und Utopie.* Bonn: Cohen. Eine englische Übersetzung von Edward A. Shils und Louis Wirth war 1936 in London und New York erschienen. Carr verweist auf den englischen Titel, zitiert aber nach der deutschen Ausgabe. Bemerkenswerterweise war Jahoda in Fragen sozialwissenschaftlicher Theorie damals offenbar konzilianter gegenüber Andersdenkenden als bei politischen Meinungsverschiedenheiten.
23 „Ach, ich war in abgelebten Zeiten deine Schwester." Kennst Du das? Gehört nicht zum Thema, deshalb als Fußnote [Fußnote Jahodas]. Anm. C. Fleck: Bei Goethe heißt es in einem Gedicht „An Charlotte von Stein": „Ach, du warst in abgelebten Zeiten/ Meine Schwester oder meine Frau." Johann Wolfgang von Goethe. 1960. *Berliner Ausgabe. Poetische Werke,* Band 2. Berlin: Aufbau Verlag, 211.

biologischer, psychologischer und ökonomischer Unsinn; und die Freiheit ein großes Problem. Schon der alte Schopenhauer hat gewusst, dass Freiheit nur ein negativer Begriff ist, nichts Positives.[24] Frei – von was? Natürlich frei von Gestapo und GPU,[25] aber das ist auch England. Wie aber wird man frei vom Zwang der Umstände, z. B. vom Zwang der Fabrikarbeit? (Siehe dazu A. Loewe: *Price of Liberty*.[26] Der zeigt, wie die Freiheit in dieser Hinsicht aussieht.) Vollkommene Freiheit ist natürlich ein Unsinn; man müsst' schon einmal genauer definieren, wovon wir frei sein wollen. Die nationale Freiheit, die in der Friedensziel-Diskussion so eine große Rolle spielt, ist doch auch eine inhaltsleere Phrase. Unser Freund Karl Marx hat das nur ungenügend beantwortet. Frei von Hunger und Elend, gewiss.[27] Aber wenn man sieht, wie in England, selbst unter einer konservativen Führung, das eine allgemein anerkannte Forderung geworden ist, und wie eben diese Regierung durch die Anerkennung dieser Forderung schon in Friedenszeiten zu immer energischeren planwirtschaftlichen Maßnahmen gegriffen hat, dann frägt man sich unwillkürlich, wo denn der große Unterschied liegen wird. Mit der Hebung des Lebensstandards ist es ebenso: Sogar der Hitler tät das gern, wenn er nur könnte. Das als Ziel zeichnet uns zu wenig von dem allgemeinen Trend der Entwicklung aus. Ich stell mir vor, dass die Sicherheit mehr als die ökonomische Gleichheit, und die Veränderung der Arbeitsbedingungen mehr als die vollkommene Freiheit bedeuten müssten, zumindest für Mitteleuropa. Ob allerdings die zwei Begriffe stark genug sind, um die politische Apathie in Mitteleuropa[28] zu durchbrechen, weiß ich nicht. Nur über eines bin ich mir ganz klar: Der Testfall jeder neuen Gesellschaftsordnung liegt nicht in ihren Worten und Programmen, sondern in der Frage, ob sich der durchschnittliche Fabrikarbeiter in so einer neuen Ordnung woh-

24 Arthur Schopenhauer. 1978. *Über die Freiheit des menschlichen Willens* [Preisschrift gekrönt von der Königlich Norwegischen Sozietät der Wissenschaften zu Drontheim, am 26. Januar 1839]. Hamburg: Felix Meiner, 39.

25 GPU, sowjetischer Geheimdienst, auch als NKWD und KGB bekannt.

26 Adolph Loewe. 1937. *The price of liberty: A German on contemporary Britain*. London: L. and Virginia Woolf at the Hogarth Press.

27 Jahoda bezieht sich hier auf die heftigen Debatten über die Gestaltung Nachkriegsösterreichs und bezieht gemeinsam mit ihren wenigen Weggefährten eine Position, die sich strikt gegen die Wiederherstellung Österreichs um seiner selbst willen richtet.

28 Jahoda war offenkundig nicht gewillt, die nationalsozialistischen Massenaufmärsche bei NSDAP-Parteitagen, über die man auch in England informiert sein konnte, als Widerlegung ihrer These in Erwägung zu ziehen.

ler fühlen wird, ob er mehr Möglichkeiten und eine größere Intensität des Lebens haben wird, als in den sogenannten demokratischen Ländern heute.

Die ganze Welt ist verdorben worden von der mechanisierten Denkungsart von Hegel. Sie glauben weder an rechts noch an links, deshalb muss die Wahrheit irgendwo in der Mitte liegen. Sie hören die deutschen und englischen News und rechnen das arithmetische Mittel der versenkten Schiffe aus. Dass aus der falschen These von rechts und der dummen Antithese von links keine sinnvolle Synthese kommen kann, sollte die Welt eigentlich trotz Hegel schon begriffen haben.

Der Krieg ist vielen Engländern noch immer seltsam fremd. Allerdings wächst jetzt trotz der offiziellen Toleranz den „refugees of nazi-oppression" gegenüber eine Tendenz, die eine absolute Vernichtung Deutschlands und der Deutschen erhofft.[29] Nicht so mild wie Versailles und Präsident Wilson,[30] sondern eine endgültige Ausschaltung der Deutschen aus der europäischen Geschichte. Was einen an der ganzen Diskussion über die Kriegs- und Friedenziele, und die federated states of Europe so nervös macht, ist die unerschütterte Überzeugung der Engländer, dass das England der kommenden Friedensverhandlungen genauso wie das England von 1939 ausschauen wird. Wenn man sich nur einigen könnte, ob Deutschland in 10 oder 20 Staaten aufgeteilt werden soll, dann ist für viele das Problem schon gelöst. Diese Stimmung ist natürlich zum Teil eine Reaktion auf die Enttäuschung, dass der unglückseligerweise von so vielen refugees prophezeite innere Zusammenbruch Deutschlands nicht eingetreten ist. Während die gesamte offizielle Propaganda am Anfang zwischen Hitler und den Deutschen unterschieden hat, geht man jetzt dazu über zu erklären, warum sie genau das Gleiche sind. Ich hör diese Meinung vielfach von Arbeitern. Die Intellektuellen und Linken zögern noch, aber sie haben keine hoffnungsvolle Alternative zu bieten.

---

29 Der britische Diplomat und Politiker Robert Vansittart, von Beginn an ein Gegner Hitlers und prinzipieller Opponent der Appeasement-Politik gegenüber dem Dritten Reich, hielt im Frühherbst 1940 Radiovorträge, die 1941 in Buchform erschienen: *Black Record: Germans Past and Present*. Seine Haltung eines schon an Rassismus grenzenden Antinazismus wurde als Vansittartismus bekannt. Jahoda bezieht sich hier auf das Meinungsklima, dem Vansittart Ausdruck gab.
30 In Versailles wurde der Friedensvertrag mit und über Deutschland verhandelt und dann auch beschlossen. US-Präsident Woodrow Wilson war in diesem Zusammenhang kein Scharfmacher gegen Deutschland. Der Vertrag von Versailles gilt allgemein als einer der Faktoren, die zum Aufstieg der NSDAP beitrugen. Insofern überrascht, dass Jahoda 1940 die antideutsche Stimmung für so viel heftiger hält.

Hast Du schon genug vom Lesen? Wahrscheinlich. Ich bin schon bald müde vom Schreiben. Im Beruf geht es mir gut und ich bin, was die anderen eine erfolgreiche Frau nennen. Cambridge University hat mir für 3 Jahre ein research fellowship gegeben,[31] und beinahe völlige Freiheit zu tun, was mir beliebt. Daneben halt ich eine Menge Vorträge und lerne viele Menschen kennen. Ein paar wenige davon sind wirklich gute Freunde; aber sogar im persönlichsten Teil meines Lebens ist es schwer, sich hier wirklich zu Hause zu fühlen. Es ist alles sehr lieb, sehr menschlich, sehr rücksichtsvoll, sehr persönlich – aber doch irgendwie fremd. Nie so, dass man nur sich wohl fühlt, immer findet man's dabei auch interessant, weil es so anders ist. Nicht animalisch unbefangen genug für meinen Geschmack; aber das schadet wahrscheinlich nicht und erhält das Gefühl lebendig, dass es spannend ist, da zu sein.

Im Übrigen hab' ich den großen Wunsch, im Mai oder Juni, wenn meine Mutter nach New York fährt, sie zu begleiten, und einen Monat lang dort zu bleiben. Wirst Du dann vielleicht in erreichbarer Nähe von N.Y. sein?

Ich hoff, dass Du Dich nicht sehr verändert hast und Dich – wie immer – am Leben freust. Hast Du Thomas Manns neues Buch *Lotte in Weimar*[32] gelesen? Es ist sehr schön.

Herzlichen Gruß
Mitzi

1. Juli 1940; Whitenights Street, Somerset

Mein lieber Freund,
ich hoffe, es stört Dich nicht, dass ich auf Englisch schreibe, aber der Zensor[33] scheint Englisch jeder anderen Sprache dieser Welt vorzuziehen, was man ja irgendwie verstehen kann. Ich glaube auch, dass er meine Rücksichtnahme auf ihn belohnen und diesen Brief beschleunigt zustellen wird.

Ich habe mich über Deinen Brief sehr gefreut, aus Gründen, die keine weitere Analyse nötig haben, aber auch, weil Du die Probleme der Stunde,

---

31 Jahoda erhielt 1938 das Pinsent-Darwin Studentship der Cambridge University für die Dauer von drei Jahren zugesprochen. Sie verzichtete im Sommer 1940 auf die Fortführung des Stipendiums.
32 Das Buch erschien erstmals 1939 im Behrmann Fischer Verlag in Stockholm.
33 Während des Zweiten Weltkriegs galt in Großbritannien eine Briefzensur. Mehr als 10.000 Personen waren damit beschäftigt, private Korrespondenzen zu prüfen.

ja des Jahrhunderts ansprichst. Ich kenne die „Weltgeschichtlichen Betrachtungen" nicht und habe unglücklicherweise auch keine Möglichkeit, hier an dieses Buch zu kommen.[34] Nichtsdestotrotz, eines Tages werde ich sie lesen, und in der Zwischenzeit geben mir Deine Ideen über die Welt genug zum Nachdenken. Obwohl ich Deine Weisheit sehr schätze, die es Dir möglich macht, dort zu sein, wo Du bist, bedaure ich ein wenig, dass Du nicht die Gelegenheit hattest, die Entwicklung hier in diesem Land während der vergangenen Monate zu erleben. Es gab tatsächlich eine ernsthafte Krise für die Regierung Chamberlain,[35] und einen Versuch, die Situation durch geplantes Handeln zu meistern, was einen völligen Bruch mit der Tradition bedeutete. Die Leistungen der neuen Regierung sind bemerkenswert, sie wurden allerdings von den Massen hier nicht ausreichend gewürdigt; würdest Du das eine Revolution nennen? Ich hatte jüngst eine lange Diskussion mit Deinem Freund Dick Crossman[36] darüber. Er behauptete, dass das eine Revolution gewesen sei, während ich es bezweifelte. Ich stimme Dir völlig zu, dass eine Revolution eine Aufgabe ist und kein Chaos, kein Bürgerkrieg, sondern ein ordentlicher und vollständiger Neuaufbau einer Gesellschaft. Trotzdem wünsche ich mir, dass Du für mich und jedermann sonst definierst, was die wichtigsten Prinzipien eines Neuaufbaus sein werden. Was gibt Dir das Recht, die Welt verändern zu wollen? Planung ist natürlich sehr wichtig und eine Ganztagsbeschäftigung für das Lebenswerk eines großen Mannes, aber das ist sicherlich nicht alles. Wäre es so, könnte ich den entscheidenden Unterschied zwischen jemandem von den englischen Konservativen, ja

---

34 Buttinger lobte in seinem Brief vom 29. April 1940 Jacob Burckhardts 1905 aus dem Nachlass publiziertes Buch, worin ihm die Überlegungen zur Revolution, die bei Burckhardt Krise genannt wird, besonders bedeutsam erschienen. Sie wären in der Lage, bei geschulten Marxisten gewisse Denkhemmungen zu überwinden.

35 Die Regierung unter Führung von Neville Chamberlain bestand vornehmlich aus Politikern der Konservativen Partei und trat im Mai 1940 zurück. Ihr folgte ab 10. Mai 1940 unter Winston Churchill ein Kriegskabinett, in dem alle Parteien vertreten waren. Diese Regierung blieb bis 23. Mai 1945 im Amt.

36 Richard „Dick" Crossman (1907–1974) war ein Absolvent von Oxford, der während des Zweiten Weltkriegs in der „Special Operations Executive (SOE)", einer geheimdienstlichen Einrichtung, und der psychologischen Kriegsführung tätig war, wo er auch für die Radiosendungen verantwortlich zeichnete, bei denen Jahoda mitwirkte. Crossman gehörte zum linken Flügel der Labour Party und zu jenen britischen Intellektuellen, die anti-nazistischen Deutschen und Österreichern behilflich waren. Berühmt wurde Crossman als Herausgeber des Sammelbandes The God That Failed (1949) mit Texten von sechs früheren Sympathisanten und Mitgliedern kommunistischer Parteien und posthum durch die Veröffentlichung seiner Tagebücher, die für die TV-Serie „Yes, Minister" (BBC 1980–1988) herangezogen wurden.

sogar den Nazis und uns nicht mehr erkennen. Mir ist schon klar, dass ich Dich damit auffordere, ein idealistisches Prinzip zu formulieren, aber ich bin mir sicher, ohne ein solches geht es nicht. Ich vermag nicht zu sehen, wie jemand sich für die große Aufgabe vorbereiten kann, ohne eine Antwort auf diese Grundsatzfrage zu haben.

Ein Problem, das mich beschäftigt, ist die Funktion der Arbeiterklasse, und der Begriff der klassenlosen Gesellschaft. Letzteres ist meines Erachtens unmöglich, wenn Du Klasse als eine Gruppe von Menschen definierst, die dieselbe Funktion im Produktionsprozess haben. Bei ersterem habe ich ein Problem, sie positiv zu verstehen. In einem negativen Sinn, also dass sie am meisten unter dem Chaos unserer Tage zu leiden hat und daher sehr klar aufzeigt, dass mit unserer Welt nicht alles in Ordnung ist, verstehe ich ihre Funktion. Aber für den Prozess des Wiederaufbaus bin ich nicht mehr der Meinung, dass das die Klasse ist, die uns in eine neue Gesellschaft führen wird. Nicht nur Deutschland ist ein Beweis für das Gegenteil – es gibt keinen Zweifel, dass der Großteil der Arbeiterklasse für Hitler ist –, sondern auch die Ansichten und die Ideologie der englischen Arbeiterklasse, soweit ich mich damit nun auskenne. Du erwähnst in Deinem Brief Deine wachsende Abneigung gegen Reformisten, dazu kann ich nur sagen, dass, soweit ich es sehen kann, die englische Arbeiterklasse als Ganzes niemals irgendetwas anderes als reformistisch sein möchte.

Es wäre viel netter und einfacher das alles persönlich zu diskutieren anstatt in Briefform, aber es scheint, dass ich noch einige Zeit warten werde müssen, bis sich diese Gelegenheit ergibt. Seit meinem letzten Brief an Dich hat sich nicht nur das Schicksal der Welt geändert, sondern auch mein eignes Leben. Bristol wurde plötzlich zur Schutzzone erklärt und wir hatten die Stadt überstürzt verlassen müssen und warten nun hier in einem kleinen Dorf ab, was sich als Nächstes ergibt.[37] Daher habe ich keine Möglichkeit, meine bisherige Arbeit fortzuführen; ich habe einen Halbtagsjob als Hilfskraft bei einem Gärtner und verbringe meine Nachmittage mit Schreiben und Lesen. Wie rasch ich selbst interniert werde, weiß ich nicht, aber ich bin mir sicher, dass wenn es dazu kommt, ich es nicht mögen werde.[38] Allerdings wird das nichts ändern.

37 Wegen der drohenden Invasion der Wehrmacht wurden die Küstengebiete für nicht-britische Personen zur Sperrzone erklärt, wovon Jahoda und ihre Angehörigen betroffen waren.
38 Jahoda wurde nicht interniert. Nur wenige Frauen waren davon betroffen.

Es gibt keine Neuigkeiten über unsere Freunde in Frankreich. Lass mich wissen, wenn Du etwas Neues erfährst. Das Einzige, das ich gehört habe, ist dass Julius und seine Frau,[39] unzerstörbar wie das Unkraut in meinem Garten, sicher hier angekommen sind. Es ist nicht gut, über all die Tragödien zu reden, die sich ereignet haben; es scheint, dass sie das Flüchtlingslager in der Nähe von Paris an die Gestapo übergeben haben.[40] Aber alle diese Sachen beschäftigen mich, vermutlich ebenso wie Dich zu sehr, um darüber schreiben zu können.

Schreib mir wieder, wenn Dir danach ist. Alles Liebe an Liesl[41] und Grüße an Deine Frau.[42]

Deine

Mitzi

39 Julius Deutsch (1884–1968), führender Politiker der SDAPÖ in der Ersten Republik und Obmann des Republikanischen Schutzbundes, flüchtete während des Bürgerkriegs im Februar 1934 nach Brünn. Er war in den Jahren danach einer der politischen Gegner Buttingers und damit auch Jahodas innerhalb der Exilorganisation der österreichischen Sozialisten. Später ging er nach Spanien, um auf Seiten der Republik als Militärberater tätig zu sein und lebte ab 1938 im Exil in Paris. Nach der Kapitulation Frankreichs gelang ihm im Mai 1940 die Flucht nach England, wo er bis August blieb, um danach weiter in die USA zu emigrieren. Seine zweite Ehefrau, Maria Deutsch-Kramer (1884–1973), war in der Ersten Republik Lehrerin und Gemeinderätin in Wien. Ihre Tochter aus einer früheren Ehe, Hedwig, die an der Universität Wien in Psychologie promovierte, heiratete 1935 den jüngsten Bruder Marie Jahodas, Fritz, einen Dirigenten und Komponisten.

40 Durch das Waffenstillstandsabkommen am 22. Juni 1940 gelangte Nord- und Westfrankreich unter deutsche Verwaltung. Im Großraum um Paris waren in dieser Zeit deutsche Staatsbürger (also auch Österreicher), darunter sowohl Sympathisanten wie Gegner der Nazis, in zwei Sportstadien interniert, deren Verwaltung in die Hände der deutschen Besatzer überging. Ob die Gestapo allerdings schon in dieser kurzen Zeit (Jahoda schrieb diesen Brief am 9. Juli) dort tätig wurde, ist fraglich.

41 Vermutlich Elisabeth Zerner, vgl. Fußnote 9 zum Brief vom 10. Mai 1939.

42 Muriel Gardiner (1901–1985), lebte ab 1926 in Wien. Sie lernte Buttinger nach 1934 kennen und versteckte ihn in einer ihrer Wohnungen (vgl. den einführenden Kommentar). Während Buttinger im März 1938 nach Paris flüchtete, war Gardiner anderen bei der Flucht behilflich und agierte als Kurier. 1939 heirateten die beiden in Paris und emigrierten in die USA. Gardiners Untergrundaktivitäten machte sich die KP-freundliche US-amerikanische Autorin Lillian Hellman zu eigen und verarbeitete sie 1977 für das Drehbuch von „Julia" (Regie: Fred Zinnemann, mit Vanessa Redgrave, Jane Fonda, Meryl Streep und Maximilian Schell). In *Code Name Mary: Memoirs of an American Woman in the Austrian Underground* (1983) erzählte Gardiner ihre mit *Julia* zum Verwechseln ähnliche Geschichte, was einen Kommentator veranlasste festzuhalten, dass wohl nicht zwei amerikanische Millionärinnen zeitgleich in Wien Psychoanalytikerinnen werden wollten und die sozialistische Untergrundpartei unterstützten. Während Gardiner selbst über Hellman und deren Aneignung ihrer Geschichte kein Wort verlor, verwickelte sich die prominente US-Schriftstellerin Mary McCarthy in einen bis zum Tod Hellmans währenden Rechtsstreit, der seinen Ausgang darin genommen hatte, dass McCarthy schrieb, dass jedes Wort, das Hellman „schreibt, eine Lüge sei, einschließlich ‚und' und ‚der/die/das'".

24. Oktober 1940; 28 Roland House, Roland Gardens, London S.W. 7

Lieber Hubert,

hin und wieder sage ich mir, dass es Dich doch furchtbar interessieren müsste,
wie es uns hier geht. Aber nachdem ich mich von dieser Annahme überzeugt
habe – allerdings ohne die geringste Grundlage dafür – fange ich an, Dich zu
bemitleiden, dass Du nicht weißt, was hier vor sich geht. Deswegen habe ich
mich vor Wochen dazu durchgerungen, Dir zu schreiben, und heute Nacht
mache ich das endlich. Die Nacht ist lang und laut, und ausnahmsweise habe
ich nichts Besseres zu tun (bei allem Respekt); sicherlich könnte ich etwas
Schlimmeres tun.

Es ist sehr schwierig, ein zutreffendes Bild von London zu geben, obwohl
diese Stadt, vermutlich erstmals seit sie so ein riesiges Monster geworden
ist, nun eine wirkliche Gemeinschaft geworden ist, oder zumindest auf dem
Weg dorthin ist. Es gibt für alle sozialen Klassen, Altersgruppen und beide
Geschlechter nur ein Gesprächsthema: das sind die Bombenangriffe[43] und
was wem wo passierte. Es ist großartig, dass du mit jedem ins Gespräch
kommen kannst und dass du weißt, dass alle deine Interessen und Erfahrungen teilen. Die entstandenen Schäden variieren stark nach Bezirk, aber
du triffst nicht viele Leute, die nicht auf die eine oder andere Weise sehr
persönliche Erfahrungen mit dem Bombardement gemacht haben. Ich hatte
drei und finde, damit meinen Anteil erledigt zu haben und wäre sehr erleichtert, wenn keine weiteren hinzukämen. Das erste Mal fiel eine Bombe auf
die Straße und explodierte 50 Yards[44] von mir entfernt, was ziemlich nahe
ist. Aber es hat mir weder körperlich noch geistig Schaden zugefügt. Das
nächste Mal wählte eine Zeitbombe mein neu eingerichtetes Apartment (mit
einer Bücherstellage, die Loisl[45] baute) als Ziel aus, und ich musste das Haus
räumen. Es dauerte 12 Tage bevor sie in die Höhe ging; der Schaden war
nicht sehr ernst, aber ich zog weg. Dann, als ich bei ein paar Freunden lebte,

---

43 Ab Mitte Juni 1940 griff die Luftwaffe Ziele auf den britischen Inseln bei Tag und Nacht an;
    Ende Oktober verlegte sich die Luftwaffe auf Angriffe bei Nacht. London wurde erstmals am
    24. August angegriffen. Bis Ende Oktober wurde London täglich bombardiert.
44 Ca. 45 Meter.
45 Alois, später Louis Buttinger (1909–1996). Der Bruder des Briefempfängers Joseph Buttinger
    war Lehrer in Kärnten und lebte ab 1939 in England. 1941 übersiedelte er mit seiner Familie
    in die USA, wo er politisch nicht mehr aktiv war. 1950 gründete er im Staat New York eine bis
    zur Gegenwart fortgeführte Ferienkolonie für Kinder (Hillcroft).

erwischte es das Nebenhaus. Das ganze Glas und ein wenig Gips flogen herein und ich wurde am Ohr verletzt. Das ist alles, soweit es mich selbst betrifft. Du hast recht, das ist nicht sehr viel, aber mir reicht's.

Die allgemeine Situation ist natürlich deutlich ernster und manchmal herzzerreißend. Erstaunlicherweise gilt das offenbar nur für ein Herz vom Kontinent. Es stellt sich heraus, dass der Mangel an Vorstellungskraft bei den meisten Engländern in der gegenwärtigen Situation ein unschätzbarer Vorteil ist. Ich traf nur wenige, die sich nicht heldenhaft verhielten. Aber ich begegnete auch nicht sehr vielen, die sich wirklich die ganze menschliche Tragödie in dieser Stadt vorstellen wollen oder können. Als ich obdachlos war, habe ich zwei Nächte in den U-Bahnschächten verbracht, um mir selbst ein Bild zu machen. Ich bemerkte, dass ich das nicht für längere Zeit ausgehalten hätte. Nicht aus körperlichen Gründen, in der Hinsicht bin ich ziemlich stark, aber aus emotionalen und ideellen. Die, die nun seit mehr als sechs Wochen jede Nacht hinuntergehen, sind subjektiv recht zufrieden. Sie fühlen sich sicher, was mehr oder weniger berechtigt ist, sie hören nicht, was oben vor sich geht, und sie haben Gesellschaft. Aber nach Mitternacht, wenn die Züge nicht mehr durch diesen riesigen Schlafsaal fahren, schlafen die meisten, und wach bleiben die, die Babys in ihren Armen halten, die unglücklich sind, obdachlos und leidend. Und dann beginnen sie, ihre Geschichten zu erzählen. Bevor ich selbst dort hinunter ging, um mir ein Bild zu machen, war ich wütend auf die Regierung, weil sie keine verpflichtende Evakuierung für Mütter und Kinder machte. Nachher wurde mir klar, dass das nicht so einfach ginge. Die meisten weigern sich, aus guten oder schlechten Gründen, wegzugehen. Und jetzt bin ich wütend auf die Regierung, weil sie nicht kapieren, dass das, was in den U-Bahnschächten geschieht, nicht nur eine große Tragödie, und, nebenbei gesagt, auch eine enorme Gefahr im Fall einer Epidemie, sondern auch eine Möglichkeit und eine Chance ist. Jede Nacht sind zwischen einem Viertel und einer halben Million Menschen in den U-Bahnschächten, die dort im Durchschnitt elf Stunden ihres Tages verbringen. Sie schlafen vielleicht vier oder fünf Stunden. Erstmals gibt es diese riesige unorganisierte Masse, die Organisierung dringend brauchen würde, aber nichts wird getan, um aus dieser verlorenen Menge Gruppen mit Verantwortlichkeit zu bilden. Die Kommunisten sind die Einzigen vor Ort, und das wird eines Tages eine Gefahr werden. Sie organisieren Bahnsteig-Komitees, veröffentlichen Bahnsteig-Zeitungen, alles auf die übliche Art und Weise, getarnt und nur für das geübte Auge wahrnehmbar. Die Labour Party schickt ab und zu einen Minister hinunter, der eine offizielle Rede hält, und das war's. Nur deutsche Bomber können Londoner dazu bringen, sich organisieren zu lassen und einen Teil der Verantwortung für sich selbst zu übernehmen. Es ist eine Schande, wenn diese Gelegenheit ungenutzt vorübergeht. Schließlich kann man nicht bloß auf dem Papier für Demokratie kämpfen und jede echte Chance, sie in der Wirklichkeit ein wenig zur Geltung kommen zu lassen, ignorieren. Ich versuche, Austen Albu[46] und Gordon Walker[47] zu überzeugen, dass sie etwas tun müssen. Aber die wahre Schwierigkeit ist, dass im Moment in London niemand auch nur eine Minute Zeit findet, irgendwas zu tun.

Nimm mich als Beispiel: Ich habe jetzt eine Forschungsstelle beim War Time Social Survey[48] des Informationsministeriums. Ich darf Dir darüber nicht viel erzählen, außer der Tatsache, dass die Arbeit faszinierend ist und dass sie mit allen Problemen der Heimatfront[49] zu tun hat. Aber ich kann Dir schildern, wie wir arbeiten: Die Arbeit beginnt zwischen 9 und 9:30 und endet um 6 Uhr abends, in der Theorie, praktisch aber nie. Das bedeutet, ich verlasse das Büro zum allerletztmöglichen Zeitpunkt, um noch rechtzeitig vor Beginn des Sperrfeuers zu Hause zu sein. Ich nehme für den Abend immer ein wenig Arbeit mit. Samstage und Sonntage sind gelegentlich frei, aber die letzten drei Wochen habe ich nicht viel davon bemerkt. Das ist keineswegs meine persönliche Laune, alle anderen tun das Gleiche. Die Busse sind am Morgen ein wenig unorganisiert, weil sie Straßen mit Bomben und anderen Verwüstungen ausweichen müssen. Deswegen ist die U-Bahn so überfüllt, dass du kaum hineinkommst. Daher stehe ich ziemlich früh an der Bushaltestelle und lächle so freundlich wie nur möglich jeden Fahrer eines

---

46 Austen Albu (1903–1994), britischer Ingenieur und ab 1948 Abgeordneter der Labour Party, 1965–1967 Minister. In zweiter Ehe ab 1958 mit Marie Jahoda verheiratet.

47 Patrick Gordon Walker (1907–1980) studierte in Oxford, war während des Zweiten Weltkriegs für deutsche Sendungen der BBC zuständig, später Abgeordneter und Minister der Labour Party. In seinen *Political Diaries 1932–1971* (London: Historians' Press 1991) erwähnt er Treffen mit Czernetz, Buttinger und Jahoda.

48 Im April 1940 gegründete Sozialforschungseinheit der britischen Regierung. Etwas mehr als 30 Personen erstellten regelmäßig Berichte über die Stimmung im Land und nutzten dafür die damals bekannten Techniken der Umfrageforschung. Kathleen Box und Geoffrey Thomas. 1944. The Wartime Social Survey. *Journal of the Royal Statistical Society* 107 (3/4), 151–189. Stable URL: https://www.jstor.org/stable/2981213

49 Im Englischen übliche Bezeichnung für die Auswirkungen des Krieges auf die Zivilbevölkerung und die Verteidigungsmaßnahmen der Regierung.

Privatfahrzeugs oder eines Lastautos an, und die meisten widerstehen nicht. Jeder nimmt jeden mit, und ich bin ziemlich amüsiert zu sehen, wie soziale Verdrängungen und Hemmschwellen unter diesen Bedingungen zusammenbrechen. Es spart nicht immer Zeit, aber es ist immer gut, zu beobachten wie Engländer doch menschliche Wesen werden können, selbst dann, wenn man ihnen nicht förmlich vorgestellt wurde. Wäre es nicht so ernst, könnte ich Dir eine Menge lustiger Geschichten erzählen, was passiert, wenn jemand mit einem ausländischen Akzent beim Autostoppen mitgenommen wird. Das alles raubt mir alle Zeit jenseits der Arbeit. Ich verlasse meine Wohnung, bevor die Geschäfte öffnen und komme heim, wenn sie geschlossen sind. Da ich für mich selber koche, führt das dazu, dass ich sichtbar abnehme, was mich freut, aber meine Freunde besorgt macht. Der Umstand, dass ich zu nichts anderem als zu den dringendsten Arbeiten Zeit habe, ist durchaus nicht mein persönliches Problem, sondern eines, das alle arbeitenden Männer und Frauen in London haben. Ich selbst genieße es fast, aber das ist Masochismus und keine Lösung. Die Probleme der Verwaltung unter diesen Umständen sind enorm, und bloß, wenn du diese Details im täglichen Leben siehst, kannst du dir ein Bild davon machen, was es bedeutet, dass London noch so gut funktioniert. Gelegentlich haben wir kein Gas im Stadtteil, kein Wasser in einem anderen und das Telefon ist ein Problem für sich selbst. Trotzdem, alle diese Einrichtungen werden rasch repariert und das Leben geht weiter. Eines unserer größten Probleme ist, ob die Deutschen ihren Stundenplan an die längeren Nächte anpassen werden oder ob sie dabei bleiben, um zirka 7 Uhr 15 zu kommen und um 6 Uhr früh wieder zu verschwinden. Die letzte Nacht spricht für Zweiteres und die allgemeine theoretische und methodische Auffassung der Deutschen lässt hoffen, dass sie ein simples Faktum wie die Länge des Tageslichtes übersehen, und an ihrer Theorie festhalten. Aber wenn sie im Winter um 4 Uhr Nachmittag beginnen und erst um 9 Uhr in der Früh aufhören, wird es schwierig werden zu arbeiten. Zum Glück denken Tausende darüber nach und irgendwas wird uns schon einfallen, da bin ich mir sicher.

Ich werde schläfrig und ich sollte zu einem Ende kommen, obwohl ich bestenfalls erst ein Zehntel von dem, was ich sagen wollte, erzählt habe. Es ist schwierig, mir auszumalen, was Du weißt und was nicht. Eine der angenehmen Seiten meiner eiligen Mittagessen ist das häufige Zusammenkommen mit Loisl in einem chinesischen Restaurant. Ich mag ihn sehr. Dahinter zu kommen, wie es möglich ist, dass Du einen derart charmanten Bruder hast, überstrapaziert mein müdes Hirn zu dieser späten Stunde. Irgendwas muss es da in der Familie geben.

Gute Nacht

Mitzi

3. November 1940; 28 Roland House, Roland Gardens, London S.W. 7

Lieber Hubert,

Loisl, Thomas und ich haben gerade über die mexikanische Frage konferiert, das unfertige Ergebnis hast Du telegrafisch erfahren. Wir haben alle vereinbart, Dir zu schreiben und unsere Einstellung ausführlicher zu schildern.

Wir stimmen alle darin überein, dass wir aus politischen Gründen im breitesten Sinn lieber hier bleiben würden. Aus persönlichen Gründen zögern allerdings sowohl Loisl als auch ich, jetzt sofort eine endgültige Entscheidung zu treffen.

Sicher, London ist im Moment ein gefährlicher Ort und niemand kann uns garantieren, dass die nächste Bombe unsere Nachbarn tötet und nicht uns. Aber dieser Gesichtspunkt ist in gewisser Weise nebensächlich. Wir alle hängen am Leben und wollen es weiterführen. Aber wir lehnen es für uns ab, eine „Sicherheit zuerst"-Haltung einzunehmen. Letzten Endes, was hättest Du über unsere Freunde, die in Madrid gekämpft haben,[50] gedacht, wenn sie von dort weggelaufen wären, weil es dort gefährlich wurde? Gefährliches Leben ist weder ein Argument fürs Weggehen noch fürs Bleiben (das Letztere muss ich anfügen, weil ich ungefähr weiß, was Du über mich denkst. Jedenfalls, dass sogar der vorsichtige Thomas zustimmt, dass das Risiko des Lebens allein keine sofortige Abreise rechtfertigt, unterstützt mein eigenes Urteil).

Unser politisches Argument lautet: London ist das Zentrum, in dem dieser Krieg entschieden wird, was Jahrhunderte beeinflussen wird, jedenfalls unsere eigenen politischen Ideen. Die Situation ist offen: Es ist immer noch möglich, dass reaktionäre Kräfte hierzulande über die fortschrittlichen sie-

---

50 Diese Bemerkung bezieht sich auf die Internationalen Brigaden, ausländische Freiwillige, die an der Seite der spanischen Republik gegen die Putschisten unter General Franco kämpften.

gen, aber es ist wahrscheinlicher, dass sich die Ereignisse in die andere Richtung entwickeln. Wir wurden keine britischen Nationalisten, aber wir sind europäische Patrioten. Das bedeutet, dass wir glauben, dass das Schicksal Europas hier entschieden wird, und was auch immer wir an Möglichkeiten sehen, wollen wir in diesem Moment nicht aus Europa weglaufen. Das war bei Dir ganz etwas anderes, zuerst einmal, weil Du in Frankreich warst und nicht hier, und zweitens, weil Du unmittelbar in Gefahr warst.[51] Keiner von uns ist das, im Gegenteil. Die Labour Party, oder zumindest Gordon Walker und seine Freunde interessieren sich immer mehr für uns, und soweit es mich betrifft, habe ich Dir ja in meinem letzten Brief geschildert, dass ich jetzt eine Arbeit habe, die meinen Status fast schon zu dem einer eingebürgerten Britin macht. Die Angelegenheiten schauen sicherlich von hier anders aus als von der anderen Seite des Ozeans. Bei jeder winzigen Entscheidung, die irgendwo getroffen wird, spürst du den heute aktuellen Kampf zwischen fortschrittlichen und reaktionären Kräften. Nahezu unabhängig von Parteibindungen, in jedem Stadtbezirk, in jedem Ministerium, in jedem Komitee gibt es diese beiden Seiten. Und wie unendlich klein unser Einfluss auf solche Entscheidungen auch sein mag, es bleibt, trotzdem, ein Einfluss. Keiner unserer englischen Freunde würde unser Weggehen in diesem Moment verstehen. Es kann schon sein, dass falls dieser Krieg schlecht ausgeht, wir ein viel größeres Risiko eingehen als unsere englischen Freunde; aber, wenn er gut endet – womit ich meine, dass England nicht nur Hitler besiegt, sondern auf dem Weg dorthin in internationalen Fragen eine progressive Haltung entwickelt und den Krieg auf die einzige Art und Weise führt, die Sieg verspricht, nämlich als politischen und nicht als nationalen Krieg –, dann wird unser Status in Europa ein besserer sein, wenn wir hier geblieben sein werden.

Die persönlichen Argumente sind viel schwieriger: Friedl[52] und das Baby[53] sollten London verlassen, ich werde das beiden sagen (Loisl und Friedl), aber ich verstehe sehr gut, dass Friedl nicht ohne Loisl nach Mexiko gehen will. Wenn Du einen Fehler in unserem politischen Argument fin-

---

51 Jahoda versucht hier Buttingers prinzipiellen Standpunkt, wonach Europa verloren sei, durch den Hinweis auf persönliche Umstände der raschen Emigration Buttingers in die USA zu unterlaufen.
52 Elfriede Buttinger, Ehefrau von Louis Buttinger.
53 Dennis Buttinger, leitete später das von seinen Eltern gegründete Camp Hillcroft im Staate New York.

dest, sollte es leicht sein, Loisl, Friedl und das Kind bei der ersten sich bietenden Gelegenheit nach Mexiko zu bringen. Meine eigene Lage hast Du wahrscheinlich begriffen: Mutter und Kind sind tatsächlich starke Anreize; andererseits hasse ich die Vorstellung, in einem anderen Land wieder ein unerwünschter Flüchtling zu werden, nachdem es mir hier gelungen ist, diesen Zustand zu überwinden. Wäre Mexiko die USA, wäre mein Dilemma viel größer, und ich würde deutlich stärker dem Weggehen zuneigen. Ich werde alt, wie Du weißt, und die Don Juan-Einstellung gegenüber Ländern, wonach man zufrieden ist, wenn man möglichst viele Eindrücke von möglichst vielen Ländern gesammelt hat, habe ich schon lange abgelegt. Wie bei anderen Angelegenheiten auch präferiere ich auch bei Ländern die Monogamie. Es war für mich schwierig genug, Österreich zu verlassen. Die wirklich großen Abenteuer im Leben erfordern eine bestimmte Stabilität der äußeren Umstände. Vielleicht bin ich einfach zu faul, um ein Schmetterling zu sein (zugegeben, eher eine unterklassige poetische Abweichung), aber so ist es nun einmal.

Ich glaube, dass ich Dir gegenüber sehr undankbar bin, weil mir schon klar ist, dass es nicht einfach gewesen sein wird, diese Chance für uns aufzutun, und in der Bilanz aller meiner Argumente bin ich bloß mit 51 % fürs Bleiben und die 49 % sind manches Mal kaum zu besänftigen. Ich sage mir, dass ihr drüben ein viel distanzierteres Urteil der Lage habt, und dass es dumm ist, euren Ratschlägen nicht zu folgen. Aber vor allem anderen: Ist es wirklich euer Rat, dass wir gehen sollen? Oder hast Du bloß die Versuche fortgeführt, die begannen, als die Invasion Englands drohte?

Praktische Fragen, über die wir gerne Bescheid wüssten: Wäre es möglich, Visa zu bekommen, die man nicht gleich benutzt? Die Entscheidung mag in ein paar Monaten einfacher sein. Hast Du eine Menge Geld für uns aufwenden müssen? Wirst Du es zurückbekommen, wenn wir die Visa nicht nutzen?

Es scheint einfach, unsere österreichische Staatsbürgerschaft zu beweisen. Ich kann Dir eine Fotokopie meiner englischen Reisepapiere schicken, worin vermerkt ist: frühere Staatsbürgerschaft: Österreich, oder meine Geburtsurkunde, oder meine Heiratsurkunde, oder ähnliches. Mein englisches Reisepapier ist abgelaufen, aber eine Erneuerung ist bloß eine Formalität, wenn ich nachweisen kann, eine Chance auf ein Visum von irgendwo zu bekommen.

Ich hoffe, ich habe erklärt, was meine Gedanken sind, und ich hoffe, Du wirst sie verstehen. In gewisser Weise vertraue ich Deinem Urteil und wenn Du, nachdem Du diesen Brief bekommen hast, telegrafierst, wir sollen gehen, werden wir sehr wahrscheinlich Deinem Rat folgen.

Viele liebe Grüße an Dich und Deine Frau, und vielen Dank für alles.

Mitzi

1. Jänner 1941; 28 Roland House, Roland Gardens, S.W. 7

Echt, Hubert, Du verdienst keinen weiteren Brief! Ich habe Dir zwei Mal geschrieben, Dir die interessantesten Details über eines der interessantesten Länder geschildert, und habe nie eine Antwort bekommen. Jedenfalls habe ich schon vor Langem aufgegeben, Dich nach Deinen Verdiensten zu behandeln, was meiner freundlichen Einstellung gegenüber der Menschheit widerspricht. Du bekommst also einen weiteren Brief, obwohl ich keine Zeit habe und obwohl ich nichts Besonderes zu berichten habe.

Ich bin von meiner Arbeit so fasziniert, dass ich damit beginnen muss. Ehrlich gesagt, glaube ich nicht, dass die Regierung mich für meine Fähigkeit bei der Bearbeitung von Problemen großer Verwaltungen bezahlt, aber das ist, was sie tut. Ich warne Dich: Falls Du einmal Ministerpräsident des befreiten Europas sein wirst, werde ich mich um die Leitung des Öffentlichen Dienstes bewerben. Und wenn Du mich nicht nimmst, *tant pis pour vous, monsieur.* Der Öffentliche Dienst in diesem Land ist, wie Du weißt, der am wenigsten korrupte, den man sich vorstellen kann. Die moralischen Standards sind sehr hoch und von der Tradition gefördert. Aber die Tradition garantiert nicht nur dieses Niveau, sondern hat auch geholfen, andere Merkmale hervorzubringen. Ehe der Krieg es nötig machte, eine größere Zahl an Beamten vorübergehend aufzunehmen, führten sie das Leben einer ungestörten Sekte, oder vielleicht eher eines höchst zivilisierten Stammes, wo nichts auf rationale Weise gemacht wurde, sondern alles durch Tabus und Regeln entschieden wurde.[54] Ein strenger und nicht in Frage gestellter Symbolismus der Kleinigkeiten des Alltags bestimmte das Leben: Wenn du ein

---

54 Die Wortwahl spiegelt Jahodas neue Bekanntschaft mit der britischen Sozialanthropologie wider.

Gehalt von mindestens 1000 Pfd[55] pro Jahr hattest, hattest du das Recht auf einen Teppich in deinem Zimmer. Wenn du 800 Pfd jährlich bekamst, hattest du Anspruch auf einen Polstersessel anstatt eines gewöhnlichen Stuhls, und so weiter. Mir wurde erzählt, dass einer der primitivsten Stämme Zentralafrikas diese Art von Symbolen für heilig hält und niemand auch nur daran dachte, an ihnen zu rütteln, ganz zu schweigen von Versuchen, die Regeln zu verletzen. Obwohl es wirklich keinen Mangel an Teppichen in England gibt, beginnen diese Symbole zu verschwinden. Ich bekomme keine 800 im Jahr und außerdem wird mein Geburtsort noch immer als dunkler Fleck betrachtet, aber es gibt andere ohne diesen dunklen Fleck, die sogar mehr als 800 bekommen, und sie arbeiten wie die Teufel auch ohne Teppich.

Um ein wenig ernsthafter zu werden: Wir dachten doch immer, Bürokratie sei eine der größten Gefahren für den Sozialismus, aber was sie wirklich bedeutet, verstehe ich erst jetzt. In hunderten Fällen ist die Versuchung groß, diktatorische Mittel anzuwenden, anstatt eine demokratische Verwaltung sich durchwursteln zu lassen, aber das ist die großartige Erfahrung, dass neue Versuche, eine demokratischere Verwaltung zu schaffen, stattfinden und einige sogar erfolgreich sind. Ich weiß nicht, wie viel Du über Coventry[56] weißt. Nach dem großen Bombardement entstand eine neue Verwaltung, eine Kombination von lokalen und staatlichen Behörden, viel effizienter und demokratischer als alles was bis dahin existierte. Die lokalen Unterschiede sind allerdings riesig: während in einer Stadt, in der das zentrale Lager der ARP[57] durch eine Brandbombe im Feuer aufging, der Hauptluftschutzwart versuchte, in London telefonisch Auskunft zu bekommen, ob es „legal" wäre, Treibstoff für Einsatzfahrzeuge zu requirieren (seine Coupons waren verbrannt), entschied eine andere Stadt in einer vergleichbaren Notlage, an Ort und Stelle auf demokratischem Weg alles zu requirieren, was nötig war. Wenn genügend Leute vorhanden wären, die realisierten, wie entscheidend ein Bruch mit einigen Traditionen der Öffentlichen Verwaltung wäre, hätte England die einmalige Chance, noch viel mehr als diesen Krieg zu gewinnen. Wir werden es bald sehen.

---

55 Der Betrag entspricht einer Kaufkraft von € 70.000 im Jahr 2023.
56 Am 14. und 15. November 1940 führte die deutsche Luftwaffe ein Flächenbombardement auf diese englische Industriestadt durch. Rund 500 deutsche Flugzeuge flogen elf Stunden lang Angriffe und die Nazi-Propaganda kreierte den Ausdruck „coventrieren" für diese Art von Kriegsführung.
57 Air Raid Precautions, 1924 aufgrund der Erfahrungen im Ersten Weltkrieg gegründete Organisation zur Abwehr der Folgen von feindlichen Bomberangriffen.

Womit ich aktuell beschäftigt bin, hat nichts mit diesen Beispielen zu tun, es besteht hauptsächlich aus dem Sammeln und Ausarbeiten von Informationen darüber, wie es um verschiedene Angelegenheiten an der Heimatfront steht. Die Art dieser Arbeit ist genau dieselbe wie in den guten alten Tagen der „Forschungsstelle", und Du würdest überrascht sein, wenn Du wüsstest, wie weit die Ähnlichkeit geht, obwohl ich wirklich hoffe, dass am Ende etwas Unterschiedliches herauskommt.

Von dieser Sache abgesehen, bin ich immer noch im Kontakt mit der BBC, die ziemlich offen ist, sich Vorschläge anzuhören und diese zu prüfen. Das Problem ist, dass sie sich nicht nur von mir und unseren Freunden Vorschläge machen lassen, sondern auch von weniger einfallsreichen und weniger vertrauenswürdigen Seiten. Das Ergebnis ist gemischt, was vermutlich der passendste Ausdruck ist. Ich erfuhr vor zwei Tagen von der BBC, dass sie auch mit Oscar[58] in Kontakt sind, aber ich habe das von ihm nicht erzählt bekommen! Noch von sonst wem.

Das Feuer im Stadtzentrum war unlängst eine tolle Szene. Ich war ziemlich in der Nähe, vor der Westminster Brücke. Ich habe noch nie so etwas Unmenschliches und Riesiges gesehen, und zugleich war dieses Meer aus Flammen wahnsinnig schön. Soweit ich es beurteilen kann, ist es nicht nur Journalistengerede, dass das den stärksten Einfluss auf die Londoner hatte. Man könnte Einwände gegen ihre Haltung erheben, diesem Feuer mit vergleichsweise wenigen Opfern mehr Bedeutung einzuräumen als den Angriffen, die viel mehr Menschenleben kosten, aber so ist es. Es ist eine Tatsache, dass sie mehr denn je gewillt sind, Hitler zu besiegen.

Was diese Niederlage dann für uns bedeuten wird, steht auf einem anderen Blatt. Thomas und ich sind beim Nachdenken über die Zukunft eine Arbeitsteilung eingegangen. Er versucht Klarheit über die Chancen und die unmittelbar nötigen Schritte zu gewinnen; er schreibt gegenwärtig einige Thesen über unsere Einstellung zum Krieg. Ich nehme an, dass wir, im Fall eines glücklichen Endes, mit einer schrecklich großen Zahl an technischen Problemen konfrontiert sein werden und ich denke darüber nach, wie wir das schaffen sollen. Wir diskutieren sehr regelmäßig über Gott und die Welt und kommen, wie Du Dir denken kannst, zu keinen endgültigen Urteilen.

---

58 Oscar Pollak (1893–1963) war bis 1934 und ab 1945 Chefredakteur der *Arbeiter Zeitung*. Im britischen Exil näherte er sich der Politik der Labour Party an und vertrat Auffassungen, die von Buttinger und seiner Gruppe abwichen.

Loisl versucht in sehr kompetenter Weise, unsere Internierten[59] frei zu bekommen, und pflegt die Kontakte zur Labour Party. Austen Albu und seine Freunde sind wirklich sehr hilfsbereit, aber in gewisser Weise kann ich nicht anders als auf A. A. trotz seiner Länge hinunterzuschauen wie auf einen kleinen Buben, der gerade dabei ist, die ersten Prinzipien des politischen Lebens zu entdecken. (Erzähl das bitte nicht seiner Frau![60]) Ihre ansteckende Begeisterung ist wirklich erfreulich, und sie sind keinesfalls blind gegenüber den Gefahren der Situation.

Während alle anderen den mexikanischen Konsul schon aufgesucht haben, habe ich noch nichts unternommen, weil ich weder von Dir noch von jemandem anderen über die Sache etwas erfahren habe. Loisl ist davon überzeugt, dass mein Brief an Dich in dieser Sache zu negativ war. Ich überlasse es ganz Dir mit Deinem besseren Überblick.

Ich habe von Loisl von Deinem Rücktritt[61] gehört und ich finde es schwierig, dazu etwas zu sagen, da mir die Informationen fehlen. Thomas neigt dazu, Dir zu widersprechen, was er Dir ja vermutlich schon mitgeteilt hat; aber ich erzähle ihm weiterhin, was ich Dir bei unserem letzten Treffen in Paris (es wirkt, als wäre das vor Jahrhunderten gewesen) sagte: Es ist sowohl in Deinem wie in unser aller Interesse, dass Du befreit wirst davon, tagtäglich zu versuchen, eine letztlich uninteressante Bande von ambitionierten und unerfahrenen Leuten in Schuss zu halten. Du solltest Ruhe für Arbeiten von größerer Bedeutung haben. Ich hoffe, Du hast das nun endlich verstanden und obwohl Deine Entscheidung unsere Arbeit hier ein wenig schwieriger macht, bin ich im Großen und Ganzen Deiner Meinung. Schreib mir, woran Du jetzt arbeitest.

Was hältst Du davon, für ein oder zwei Monate nach England zu kommen? Wenn Du das in Erwägung ziehen würdest, bin ich mir sicher, dass wir das von dieser Seite her organisieren könnten. Ich bin fest davon überzeugt, dass man aus erster Hand etwas über dieses Land wissen muss, ehe man damit beginnen kann, die Probleme der Zukunft anzugehen.

---

59 Ab Frühjahr 1940 internierte die britische Regierung Deutsche und Österreicher als feindliche Ausländer recht undifferenziert, mit der Folge, dass in den Lagern Nazis und Antifaschisten gemeinsam interniert wurden. Dank Interventionen britischer Freunde der deutschsprachigen Antifaschisten wurden diese alsbald wieder freigelassen.

60 Rose Marks (1905–1956).

61 Buttinger drohte mehrfach, sein Amt als Vorsitzender des Auslandsbüros der österreichischen Sozialisten niederzulegen, was im Frühjahr 1941, also nachdem dieser Brief verfasst wurde, zur Stilllegung der New Yorker Vertretung führte.

Lass Liesl[62] sehr herzlich grüßen und sag ihr, dass sie ein Monster ist, nicht wenigstens ein Wort zu schreiben. (Wahrscheinlich weiß sie das eh.) Kannst Du erraten, was Du bist?
Deine Mitzi

16. März 1941; 28 Roland House, Roland Gardens, London S.W. 7

Lieber Joe,[63]
ich will Dir einen Brief schreiben, der eingangs an Deine Freundschaft appellieren muss, und selbst dann bin ich mir nicht sicher, dass ich Dich dazu bringen kann, das zu sehen, was ich möchte, dass Du siehst. Wie auch immer, es lohnt den Versuch.

Es ist nicht einfach zu beginnen, aber, als Frau, nehme ich an, dass ich meinen Weg zu den wichtigen politischen Dingen am leichtesten finde, wenn ich mit ein paar persönlichen Bemerkungen beginne.

Es ist wirklich nicht leicht zu verstehen, warum Du keine Zeit findest, uns zu schreiben (Thomas und mir). Wir wissen, dass Du sehr beschäftigt bist, vermutlich nicht nur mit Flüchtlingshilfe, aber das gilt auch für uns. Und wir haben Zeit zum Schreiben gefunden. Ich konnte nicht anders als schmunzeln, als ich in Deinem letzten Brief an Loisl las, du fandest meine Briefe interessant und dass du traurig wärst, wenn ich zu schreiben aufhören würde, weil du nie antwortest. Klar sind meine Briefe interessant, weil ich in diesem Land hier ein interessantes Leben führe; aber ich habe sie nicht geschrieben, um von Dir eine gute Note zu bekommen, sondern weil ich wollte, dass Du verstehst, was es im Moment bedeutet, hier zu leben. Ich hatte gehofft, dass diese Briefe Dich dazu bringen würden zu verstehen, warum wir England ungern verlassen wollen, aber nachdem ich nie eine Antwort erhalten habe, fürchte ich, dass die Briefe Dir überhaupt nichts vermittelt haben. Tatsächlich ist es noch viel schlimmer, dass Du Thomas nicht geschrieben hast. Du weißt, dass wir Dich als Freund und als Führer unserer Gruppe[64] respektieren; aber so eine Beziehung bedarf

---

62 Möglicherweise Elisabeth Zerner, vgl. Fußnote 9 im Brief an Buttinger vom 10. Mai 1939.
63 In den USA änderte Buttinger seinen Vornamen auf Joseph und wurde zunehmend Joe genannt.
64 Jahoda gehörte im politischen Untergrund und danach im Exil zu der Gruppe, die in Buttinger ihren Sprecher sah und die sich von anderen „Fraktionen" der Exilsozialisten und -sozialdemokraten dahingehend unterschied, dass sie strikt antikommunistisch, für

einer gewissen Gegenseitigkeit. Du möchtest, dass wir Deinen Rat und Deine Ansichten ernst nehmen, und wir sind durchaus gewillt, das zu tun, wenn Du es umgekehrt auch tust. Ich kann einfach nicht verstehen, warum Du Thomas nicht schreibst, ob Du zustimmst oder widersprichst, was auch immer zur Debatte steht. Keine Zeit zu haben, ist wirklich keine Entschuldigung; Willi,[65] zum Beispiel, schreibt ziemlich detailliert, was er so tut. Wir sind schließlich weder Faschisten noch Kommunisten und sicherlich nicht in der Lage, oder haben die Absicht, Geheimnisse weiterzugeben. Warum soll der Zensor sich dafür interessieren, was wir über Gott und die Welt und einige unserer Freunde denken? Oscar sagte kürzlich zu mir: Du verstehst schon, warum ich Thomas nicht frage, ob er etwas von Hubert gehört habe, weil ich ihn nicht in die peinliche Situation bringen will, antworten zu müssen: Nichts. Es ist für Dich durchaus nicht von Vorteil, zu jedem wichtigen Thema zu schweigen. Und es ist ganz bestimmt nicht gut für uns, dass Oscar gnädiger Weise darauf verzichtet, uns zu fragen, ob wir noch eine politische Verbindung mit Dir, mein Freund, haben oder nicht. Eines der Dinge, von denen wir beispielsweise hofften von Dir etwas zu hören, betrifft die Frage, was Du denn jetzt so tust. Wir verstehen schon, dass die ganze Situation für Dich ekelhaft ist und ich selbst kann mir vorstellen, dass es schlimm für Dich ist, niemanden in Amerika zu haben, mit dem Du kooperieren kannst. Aber was folgt daraus für Deine eigene Tätigkeit? Was tust Du überhaupt? Und was würde und könnte Thomas tun, wenn er nach Amerika käme? Was macht Korn,[66] und was Herbst?[67] Warum kannst Du uns nicht wenigstens Andeutungen dazu mitteilen? Einer

eine Perspektive auf eine gesamtdeutsche Revolution zur Überwindung der Nazi-Diktatur und gegen die Wiederherstellung der Eigenstaatlichkeit Österreichs als Kriegsziel war. Im Exil galt es für sie zu „überwintern", also die politische Moral aufrechtzuerhalten und sich auf die Rolle in der Nachkriegszeit vorzubereiten, aber keine Pseudopolitik (in Form der Bildung einer Exilregierung) zu betreiben. Es sollten auch keine sinnlosen Opfer (in Form von in das Deutsche Reich gesandten Widerstandskämpfern) erbracht werden.

65 Es gab mehrere Personen, auf die der Deckname Willi passt. Möglicherweise handelt es sich hier um Karl B. Frank (1893–1969), der mit Mitgliedern der Gruppe, zu der Jahoda gehörte, in engem Kontakt stand.

66 Josef Podlipnig (1902–?), während der Februarkämpfe 1934 in Kärnten verhaftet, übersiedelte danach nach Wien und war in der Leitung der Revolutionären Sozialisten für die Kontakte zu den Bundesländern zuständig. 1940 emigrierte er in die USA, wo er seinen Namen auf Josef Moll änderte und sich aus der Politik komplett zurückzog. Später Rückkehr nach Österreich.

67 Otto Bauer (1897–1986), in der Ersten Republik Vorsitzender des Bundes Religiöser Sozialisten. Er emigrierte in die USA und arbeitete später als Bibliothekar in Buttingers öffentlich zugänglicher Privatbibliothek. Er wurde allgemein „der kleine Otto Bauer" genannt, um ihn von seinem Namensvetter zu unterscheiden.

der wenigen politischen Gründe, die uns bewegen könnten, England zu verlassen, ist die Zukunft unserer Gruppe. Wir alle, nehme ich an, glauben, dass es da eine, wenn auch vielleicht nur sehr kleine Chance für unsere politische Zukunft am Kontinent gibt. Wenn es jemals dazu kommt, wäre es von allergrößter Bedeutung, eine Gruppe von Leuten zu haben, die ihre Ideen in enger Abstimmung miteinander entwickelt haben, die sich in jeder Hinsicht aufeinander verlassen können und sich wirklich einig sind, was sie tun wollen. Offensichtlich kann so eine Gruppe unglücklicherweise nicht weiterbestehen, wenn ihre Mitglieder durch einen Ozean voneinander getrennt sind. Aber Du hast bislang kein einziges Wort darüber verloren, ob Dich ähnliche Überlegungen veranlasst haben uns zu raten, nach Amerika zu kommen. Natürlich stimmt es schon, dass wir hier nicht allzu viel ausrichten können. Aber wir können uns zumindest bemühen, bestimmte Entwicklungen zu verhindern. Hast Du vielleicht davon gehört, dass die Monarchisten[68] versuchen, eine österreichische Legion[69] zu formieren, in der alle österreichischen Pioniere zusammengefasst werden sollten, die jetzt in der britischen Armee dienen? Mit etwas Geschick und Verstand und dank der Hilfe unserer englischen Freunde war es möglich, ein Memorandum dazu zu verfassen, das wir einem M.P. übergaben,[70] der dabei ist, eine parlamentarische Anfrage einzubringen, was vielleicht die Gründung dieser Legion verhindern wird. Abgesehen davon und ein paar vergleichbaren Aktivitäten, ist unser größtes Aktivum hier, dass es uns hier gibt, dass wir als die österreichischen Sozialisten bekannt sind, dass wir eine Menge Kontakte haben und natürlich immer einen guten Eindruck hinterlassen. Jene Engländer, die deutlich machen, dass viele Österreicher und Deutsche ihre Verbündeten und nicht ihre Feinde sind, müssen daher nicht immer auf Kerle

---

68 Sowohl in England wie in den USA versuchten konservative österreichische Politiker, die oftmals von einer Wiederherstellung der Habsburger-Herrschaft träumten, Einfluss auf die Politik der Westalliierten zu gewinnen.

69 Zur Gründung einer eigenen österreichischen Einheit kam es weder in England noch in den USA, wohl aber zur Beteiligung größerer Gruppen ehemaliger Österreicher in diesen Armeen.

70 Jahoda war Mitglied einer Delegation des London Bureau, die bei John Parker, Abgeordneter der Labour Party, vorsprach und diesen dazu veranlasste, am 18. März 1941 eine parlamentarische Anfrage an den Kriegsminister zu stellen. Parker behauptet darin, dass es unter den österreichischen Mitgliedern des Pioneer Corps Besorgnis darüber gebe, in eine eigene österreichische Einheit transferiert zu werden. Das würde Politik in die Truppe bringen. Ihm sei mitgeteilt worden, dass die (ehemaligen) Österreicher lieber in einer britischen Einheit dienen würden. Der Minister antwortete, dass die Separierung der Österreicher auf Wunsch von Österreichern veranlasst worden sei und nochmals überprüft werde.

172

wie Starhemberg[71] zurückgreifen, wann immer es um Österreich geht. Wie ich Dir ja schon schrieb, lernen wir hier über Politik mehr, als irgendwer irgendwo sonst gegenwärtig darüber lernen kann. Auch das ist von einiger Bedeutung. Das bringt mich zu einem Vorschlag, den ich gern machen würde:

Warum kommst Du nicht für ein paar Monate herüber? Komm mit einem Clipper[72] und wir werden uns darum kümmern, dass Du hier eine Zeit verbringst, die Du nie bedauern wirst. Man kann über europäische Politik nichts sagen, wenn man kein Wissen aus erster Hand über England hat. Und vergiss nicht, dass Du eine Verantwortung hast, eines Tages in der europäischen Politik etwas von großer Bedeutung zu sagen. Ich werde Dich jedenfalls aus dieser Verantwortung nicht entlassen, außer Du erklärst ausführlich, das Interesse an Politik verloren zu haben. Komm und Du wirst sehen, dass noch nicht alles verloren ist, und dass das Leben hier nicht mehr Risiko und Abenteuer ist, als wir alle bewältigen können. Es würde mich sehr freuen, Dich hier zu sehen, aber wenn Du nicht kommst, ring Dich dazu durch, uns als menschliche Wesen und Freunde zu behandeln, ich meine, dass wir das aus mehr als einem Grund verdienen.

Deine
Mitzi

21. September 1946; 59 Vanderbilt Avenue, Manhasset, N. Y.

Mein lieber Freund,
ich habe schon das 5. Kapitel[73] fertig gelesen. Ich weiß, Du erlaubst mir, dazu etwas zu fragen.

Die Fragen, die wir neulich kurz besprochen haben: ob man so über sich selbst schreiben kann; ob Deine Freunde Deine Darstellung ihrer Größe und Kleinheit ertragen können; ob das Buch dem Gustav Richter,[74]

---

71 Ernst Rüdiger Starhemberg (1899–1956), Politiker und Führer der Heimwehr. Im Exil gewann er letztlich keinerlei Bedeutung.

72 Pan Am setzte viermotorige Flugboote vom Typ Boeing 314 Clipper für transatlantische Flüge ein.

73 Buttinger arbeitete nach Ende des Zweiten Weltkriegs an einem Buch über die Niederlage der Sozialdemokraten im Bürgerkrieg 1934 und die nachfolgenden Aktivitäten im Untergrund. Wie er selbst die Führung der illegalen Partei übernahm, wird im 5. Kapitel des Buches behandelt. Vgl. Einführung zu diesen Briefen.

74 Gustav Richter war der Deckname, unter dem Buttinger als Obmann der Revolutionären

der vielleicht noch einmal im Leben ein politischer Führer sein wird, diese Funktion ungebührlich erschweren wird, kann ich nicht mit viel größerer Sicherheit im Sinn unseres letzten Gespräches beantworten. Ja, man kann so über sich schreiben, und es ist großartig, dass es einer wirklich tut. Kohn,[75] Holoubek,[76] und wahrscheinlich noch ein paar andere Deiner Freunde werden alle ihnen zu Gebote stehende Großzügigkeit brauchen, um nicht unter dem Buch allzu sehr zu leiden. Aber ich glaube, sie besitzen diese menschliche Großzügigkeit.

Und dass auch Gustav Richter in 10 Jahren vielleicht unter seinem eigenen Werk zu leiden haben wird, ist einem schließlich als Ausdruck einer allzu seltenen göttlichen Gerechtigkeit beinahe nicht unwillkommen. Er wird es zumindest so gut wie seine Freunde ertragen, und ich glaube nicht, dass es seine Möglichkeiten einschränken wird.

Aber ich habe, seit ich das Kapitel gelesen habe, eine zusätzliche Frage, die ich nicht so leicht beantworten kann; die Frage, ob das, was Du uns von Gustav Richter erzählst, ausreichend ist. Was Du erzählst, und wie Du es erzählst, hat einen bezaubernden Reiz. Der Unterton von liebevoller Ironie ist gerade die rechte Mischung von liebevoll und ironisch. Die Darstellung Deiner 12 Vorträge bei den Kärntner Jugendlichen, zum Beispiel, ist großartig. (Nebenbei: War die Zeit in der Arbeiterhochschule für die geistige Entwicklung von Gustav Richter so unmaßgebend, dass sie in diesem Kapitel nicht erwähnt zu werden braucht?[77]) Die Begabung des Geistes und die Begabung zum Glück, die Gustav Richter auszeichnen, wird sogar den von vornherein nicht liebevollen Leser so packen, dass er ganz abgesehen vom letzten Zweck der Existenz eines solchen Menschen dankbar dafür sein muss, dass es das gibt.

Aber der Gustav Richter, den ich zwischen 1934 und 1937 gekannt habe, war um ein paar Grade komplizierter als der, den Du darstellst. Er war bei-

Sozialisten bekannt war. In seinem Buch schreibt er durchgängig über sich selbst in der dritten Person.

75 Vermutlich ein Tippfehler. „Korn" war einer der Decknamen von Josef Podlipnig; auffallend ist in diesem Zusammenhang, dass Jahoda zu diesem Zeitpunkt noch Decknamen benutzt.

76 Karl Holoubek (1899–1974), Sozialdemokrat, der 1927 am zweiten Jahrgang der Arbeiterhochschule teilnahm. Er wurde im Austrofaschismus und im Dritten Reich mehrfach verhaftet. Einer Strafkompanie zugeteilt, desertierte er erfolgreich in Frankreich. Nach 1945 war Holoubek Bundes- und ab 1953 Nationalrat.

77 Buttinger besuchte 1930 den 5. Jahrgang der Arbeiterhochschule, einer Einrichtung der SDAPÖ zur fundierten politischen Bildung jener ihrer Funktionäre, die nicht die Gelegenheit gehabt hatten, weiterführende öffentliche Schulen zu besuchen.

des, größer und gefährlicher. Vielleicht ist es nur auf meine unbezwingliche Neugier in Bezug auf meine Freunde zurückzuführen, dass ich etwas von der Kompliziertheit in dem Kapitel vermisse. Aber das schreib ich nur als eine scheinheilige Konzession an Dich; ich glaub wirklich, dass es fehlt.

Es ist natürlich begreiflich, dass Du Richters Führungsbegabung nicht groß genug dargestellt hast. Aber weil es begreiflich ist, ist es damit noch nicht gerechtfertigt. Du tust Dir und andern damit unrecht. Zum Beispiel dem Oscar Pollak. Wahrscheinlich hast Du nie etwas erlebt, was dem Auftauchen von Gustav Richter in Wien[78] vergleichbar wäre. Mir hat der liebe Gott immer schon leid getan, weil er das beseligende Gefühl der Begegnung mit dem Größeren nicht kennt, das wir armen Sterblichen gelegentlich empfinden. Oscar Pollak mit seiner verkümmerten Seele hat nichts anderes zu sagen gewusst, als dass Richter sich als ausgezeichneter Vorsitzender entpuppt hat. Aber gemeint und gespürt hat er das Außerordentliche, das ihm in Dir begegnet ist. Alle Menschen, die Gustav Richter in diesen Zeiten kennengelernt haben, wurden berührt von dem Gefühl des Außerordentlichen. Ich hab' es bei den kleinen und den großen beobachtet; und erzählt bekommen mit scheuen unbeholfenen Ausdrücken und mit obergescheiten Theorien. Von der [unleserlich] und vom Thomas. Und das ist eine Tatsache, die Du nicht unterschlagen darfst. Ich weiß, wie schwierig es sein wird, das darzustellen. Aber Du musst es schon deshalb tun, weil es dazu führen wird, ein zweites Versäumnis gut zu machen: dem größeren Licht den komplementären größeren Schatten in der Persönlichkeit Gustav Richters gegenüberzustellen.

Dass die Gewohnheit, geliebt und bewundert zu werden, sein Wesen bestimmt und ihm die Farbe gibt, hat schon Thomas Mann, allerdings ahnungslos, über ihn gesagt. Solche Gewohnheiten sitzen tief. Und wenn man weiß, dass der Bruch mit einer solchen Gewohnheit eine große Erschütterung bedeuten würde, dann fragt man sich, in welchem Ausmaß das Nicht-sich-entwöhnen-Wollen ein Leitmotiv für Gustav Richter's Handlungen war. Hat Gustav Richter je längere Zeit Menschen zu Mitarbeitern haben können, die ihn nicht bewundert und geliebt haben? Hat nicht das sein politisches Urteil über Menschen mitbestimmt? Und hat Gustav Richter jemals

---

[78] Buttinger wechselte 1934 aus Kärnten nach Wien, wo er rasch eine führende Rolle in der illegalen Organisation übernahm, was angesichts der bekannten Überlegenheitsgefühle der Wiener Sozialdemokraten (und derer, die mehr Bildung genossen hatten) sehr ungewöhnlich war.

in der illegalen Zeit oder vorher, einem Freund, und nicht dieser Gewohnheit, ein Opfer gebracht? Vor vielen Jahren hat mir Gustav Richter einmal über seine Beziehung zu einem cellospielenden Freund, ich glaube, einem Dorfschullehrer, erzählt. Das hat mir damals so tiefen Eindruck gemacht, weil das Glück, das diese Beziehung für den jungen Mann bedeutet hat, nicht zweckgebunden war. Zu der Zeit der illegalen Bewegung hat Gustav Richter, wie mir scheint, gelebt von der Überzeugung einer prästabilierten Harmonie zwischen seiner Selbsterfüllung und der Zweckerfüllung einer Bewegung. Wahrscheinlich ist das eine unerlässliche Voraussetzung zur Führungsbegabung. Aber sollte der Führer auf Urlaub, der über all das nachdenkt, nicht auch die Frage stellen, bis zu welchem Grad diese prästabilierte Harmonie Illusion war?

Dear Joe, I am getting so much into an all too intimate interpretation of a person we both like very much, that I feel the need to escape into a less familiar language, in order to say the last thing I have to say: there is an explanation, as obvious as it is wrong, of the fact that it is me who says these things to you. Please be a real friend, and take all that I say, the positive and the critical as nothing but the expression of a lasting friendship.

Mitzi

Briefe

1946–
1948

Briefe von Marie Jahoda an Walter Hacker
1946–1948

Ein alliierter Soldat kehrt nach Wien zurück

Walter Hacker (1917–1987), Mitglied der Revolutionären Sozialistischen Jugend, maturierte in Wien. Wegen seiner politischen Aktivitäten wurde er verhaftet und verbrachte mehr als ein Jahr in Haft. Daher wurde er von der Universität Wien nicht zum Studium zugelassen. Er emigrierte 1938 über die Schweiz nach Frankreich und schließlich 1939 nach England, wo er anfangs als Fabrikarbeiter seinen Unterhalt verdiente. 1940–1941 wurde er als „enemy alien" interniert und, da er nicht jüdisch war, in ein Lager verlegt, in dem sich vor allem Nazi-Anhänger befanden. Nach seiner Entlassung beteiligte er sich an den Aktivitäten des London Bureau und lernte dort Jahoda kennen. Ab 1942 als Übersetzer und Journalist tätig, trat er 1944 in die Armee ein, wo er in der Special Operations Executive (SOE) für einen Einsatz hinter der Front ausgebildet wurde, aber bis Kriegsende nicht mehr zum Einsatz kam. Sein SOE-Einsatz begann tatsächlich im Mai 1945, als er gemeinsam mit Theo Neumann von Italien aus in die westlichen Besatzungszonen fuhr, von wo beide regelmäßig nach London, sowohl an britische Vorgesetzte als auch an österreichische Exilanten, insbesondere Oscar Pollak, berichteten. Ohne Erlaubnis ihrer britischen Vorgesetzten fuhren Stefan Wirlander, Hacker und Neumann nach Wien und berichteten als eine der Ersten über die Lage vor Ort, insbesondere die Rolle der KPÖ, die Rote Armee und die sowjetische Besatzung, aber auch über die Auffassungen der führenden SPÖ-Funktionäre. Die drei „Bobbies" (nach dem Decknamen ihrer Operation) spielten eine wichtige Rolle beim Bemühen, exilierte Kader und Überlebende der KZs unter Umgehung alliierter Reisebeschränkungen nach Wien zu lotsen. Hacker schied 1946 aus dem Dienst der britischen Armee aus.

Er nahm ein Studium der Ethnologie, Afrikanistik und Psychologie an der Universität Wien auf (das er nicht abschloss), arbeitete als Übersetzer und zunehmend als Journalist. Von der *Arbeiter Zeitung* wurde er für die Auslandsberichterstattung rekrutiert und fungierte 1952 als ihr USA-Korrespondent.[1] 1952–1955 war er Chefredakteur der Tageszeitung *Weltpresse,* die anfangs von der britischen Besatzungsmacht herausgegeben wurde und sich später im Eigentum der SPÖ befand. Von 1956 bis 1963 war er stellvertretender Chefredakteur der Tageszeitung *Neues Österreich,* die seit 1945 von den drei Parteien, die die Unabhängigkeitserklärung Österreichs unterzeichnet hatten, herausgegeben wurde. Anfang der 1960er Jahre trat Hacker als vehementer Kritiker der Traditionspflege des Kameradschaftsbundes auf,[2] stritt mit dem SPÖ-Justizminister über die unterbliebene Entfernung von Richtern, die in der NS-Diktatur Todesurteile verhängt hatten, und warnte vor dem Erstarken des Neonazismus. Nach einem Aufenthalt in Westafrika und freiberuflicher Tätigkeit leitete Hacker ab 1967 die *Sozialistische Korrespondenz,* das Presse- und Öffentlichkeitsreferat der SPÖ-Bundespartei. Das höchste politische Amt, das er erringen konnte, war das des internationalen Sekretärs der SPÖ.

Jahodas Briefe liegen im Nachlass von Walter Hacker im Verein für die Geschichte der Arbeiterbewegung (VGA), Wien.

Jahoda schrieb fast alle Briefe in englischer Sprache und zumeist mit der Hand; für die Briefe vom 20. April und 6. Oktober 1946 verwendete sie eine Schreibmaschine. Flüchtigkeits- und Schreibfehler wurden stillschweigend verbessert und die Rechtschreibung der auf Deutsch geschriebenen Briefe den heutigen Regeln angepasst.

Christian Fleck

---

1   John B. Priestley. 1946. *Brief an einen heimkehrenden Soldaten.* Wien: Sozialistischer Verlag; George E. R. Gedye. 1947. *Die Bastionen fielen. Wie der Faschismus Wien und Prag überrannte.* Wien: Danubia Verlag; Denis Healey. 1947. *Mit offenen Karten. Die Außenpolitik der englischen Arbeiterregierung.* Wien: Verlag der Wiener Volksbuchhandlung; Tom Mboya. 1966. *Afrika: Freiheit - und nachher? Ein Kontinent ringt um die Zukunft.* Wien: Europa Verlag; Joseph Buttinger. 1968. *Der kampfbereite Drache. Vietnam nach Dien Bien Phu.* Wien: Europa Verlag; Leopold Infeld. 1969. *Leben mit Einstein. Kontur einer Erinnerung.* Wien: Europa Verlag.

2   Walter Hacker. 1969. *Warnung an Österreich: Neonazismus. Die Vergangenheit bedroht die Zukunft.* Wien: Europa Verlag.

January 20, 1946; 59 Vanderbelt Ave., Manhasset, L.I., N.Y., U.S.A.

My dear Walter,
it's just about time I wrote, almost too late though for wishing you a happy birthday apart from the fact that it's never too late for good wishes. You know, you are really a very exacting type; type I mean in the sense of un type which reminds me that I could just as well deutsch mit Dir reden. Dein Weihnachtsgruß war lieb aber kurz. Nimm Dir an mir ein Beispiel: Ich schreibe einen Brief, obwohl ich sicher weniger zu erzählen habe als Du. Du fragst, warum ich nicht in Wien bin. Ich frag mich das auch. Manchmal bin ich zufrieden mit den Antworten, die ich mir gebe; manchmal nicht. Mein Hauptgrund ist, dass ich mich nicht so schnell wieder von der Lotte trennen will. Sie ist ein sehr liebes Kind, viel kindlicher noch als man von ihren 15 ½ Jahren erwarten könnte. Aber ich freu mich darüber, vor allem, weil es bedeutet, dass mein Hiersein für sie noch wirklich Sinn hat. Nebenbei: ich hab ihr einmal die Fotos, die ich von Dir hab, gezeigt, und die haben ihr großen Eindruck gemacht. Schade, dass er schon so alt ist, hat sie gesagt, und war ganz fassungslos wie ich darauf erwidert habe: Schade, dass er noch so jung ist.

Mein zweiter Grund ist, dass ich mich frag, ob es einen Sinn hat, im Augenblick nach Wien zu gehen. Thomas[3] hat mir einen ausführlichen Brief geschrieben, in dem er trotz seiner Position und seines unbegrenzten Idealismus sogar den Sinn seines Dort-Seins in Frage stellt. Vorläufig probiert er's noch; aber ich war sehr berührt von seinem Zweifel. Er hat angedeutet, dass auch Oscar[4] u. andere ähnliche Zweifel haben. Begründet hat er seine Einstellung vor allem mit dem Partei-offiziellen Antisemitismus.[5] Nun glaub ich zwar, dass in diesem Fall der Antisemitismus nur eine Verkleidung des

---

3   Deckname für Karl Czernetz (1910–1978), 1939 bis 1945 als Vertreter der Revolutionären Sozialisten in der Leitung des London Bureau der exilierten österreichischen Sozialdemokraten, kehrte im November 1945 nach Österreich zurück, 1949 bis zu seinem Tod Nationalrat der SPÖ. In London war er einer der Verbündeten Jahodas.
4   Oscar Pollak (1893–1963), der bis 1934 und ab 1945 Chefredakteur der *Arbeiter Zeitung* war, gehörte als Vertreter der alten SDAPÖ der Leitung des London Bureau an. Er kooperierte im Exil eng mit der Labour Party sowie dem amerikanischen und dem britischen Geheimdienst.
5   Der Brief von Czernetz, in dem er dieses Urteil formulierte, ist nicht erhalten geblieben. Für die Ansicht, dass es unter den führenden Vertretern der SPÖ auch nach der Shoah Antisemiten gab, existieren zahlreiche Hinweise, die allerdings in den gleichsam parteioffiziösen historischen Darstellungen heruntergespielt oder gar bestritten werden.

Emigrantenrückkehrproblems ist, von dem wir immer gewusst haben, dass es schwierig sein wird. Aber wie dem auch sei, die Rückkehr ist mir nicht nur wegen meiner persönlichen Situation problematisch. Meine Hauptfrage für Österreich ist, dass ich vorläufig nirgendwo unter den Großmächten die Bereitwilligkeit zur wirtschaftlichen Hilfe sehe.[6] Nun nahm ich zwar an, hoffentlich mit Berechtigung, dass ich mit Anstand hungern könnte; aber ich weiß nicht, ob ich, wenn ich den Hunger von Millionen mit ansehen muss, den Mut zur politischen Arbeit hätte. Geh, schreib mir, was Du Dir zu all dem denkst; und vor allem bitte gib mir alle Fakten, die zum Thema Rückkehr gehören. I wish I was a British citizen like you.[7] Zu diesem Land hier hab ich noch wenig innere Beziehung, und ich zweifle, ob sich das mit der Zeit ändern wird. Es interessiert mich intellektuell. Wahrscheinlich kann man die gesellschaftlichen Probleme unseres Jahrhunderts überhaupt nur hier oder in Russland studieren. Amerika hat den Vorteil, dass man sie hier wenigstens noch ungestört studieren kann. Der Nachteil dieser intellektuell befriedigenden Situation ist, dass sie einen zu allem eher als zu einem Optimisten macht.

Meine Arbeit gibt mir eine gute Gelegenheit, das Land und die Menschen ein bissl kennenzulernen. Ich bin director of a research team of 8 social scientists, entrusted with the tremendous task to study the extent, the social economic and psychological roots of antisemitism in this country.[8] Das Studium des Entstehens einer Ideologie[9] hat mich schon immer gereizt; vielleicht werden wir wirklich etwas Vernünftiges zusammenbringen, wenn ich nicht früher oder später nach Europa durchkomme.

6 Die Versorgungslage der Bevölkerung war im Winter 1945/46 sehr problematisch, Jahoda stand aber wohl auch unter dem Eindruck ihrer Erinnerung an die Lage nach Ende des Ersten Weltkriegs.

7 Als Angehöriger der britischen Armee verfügte Hacker über Papiere, die es ihm erlaubten, Österreich zu verlassen. Bei seiner Demobilisierung 1946 dürfte er diese Vergünstigung verloren haben.

8 Jahoda war ab Sommer 1945 Mitarbeiterin der Forschungsabteilung des American Jewish Committee (AJC), die unter Leitung von Max Horkheimer und Samuel Flowerman stand. Die „Studies in Prejudice" wurden in fünf Bänden ab 1949 veröffentlicht. Am bekanntesten wurde *The Authoritarian Personality* von Theodor W. Adorno, Else Frenkel-Brunswik, Daniel J. Levinson und R. Nevitt Sanford; der von Jahoda und Nathan W. Ackerman verfasste abschließende Band *Anti-Semitism and emotional disorder: A psychoanalytic interpretation* erfuhr geringere Beachtung.

9 Es ist bemerkenswert, dass Jahoda nach einem halben Jahr im Team der „Studies in Prejudice" Antisemitismus noch als Ideologie betrachtete. Die Berkeley-Gruppe rund um Frenkel-Brunswik, die Jahoda mehrfach besuchte, erforschte antisemitische Einstellungen.

Hubert,[10] der auch 3 Monate in Europa war,[11] kommt dieser Tage nach N.Y. zurück. Ich bin schon sehr auf seinen Bericht gespannt.

Schreib, was aus Deiner Familie geworden ist; schreib auch, was ich Dir schicken soll, und ob ich ein Paket an Deine alte army Adresse aufgeben kann.

Schreib auch, dass Du noch in Freundschaft an mich denkst.

Mitzi

16. Februar 1945;[12] 59 Vanderbilt Ave., Manhasset, Long Island, N.Y.

Lieber Walter,

vielen Dank für Deinen Brief. Du kannst dir kaum vorstellen, wie sehr Dein Brief zu meinen Plänen und Gedanken passt. Aber wenn Du nicht lernst, Mitzi richtig zu buchstabieren, bekommst Du eine Ausnahmegenehmigung, mich Marie zu nennen. Mizzi geht jedenfalls überhaupt nicht.

Erstens: Ich weiß nicht, wer Mr. Wilde[13] ist, richte ihm schöne Grüße aus und mach ihm klar, dass das alles ist, was er zu erwarten hat. Die drei Pakete, die ich an seine Adresse heute gesandt habe, sind nicht für ihn gedacht. Gleichgültig, was auf ihnen oben steht, hat er sie an Dich zu übergeben. Eines ist für Dich, eines für Czernetz, eines für Rosl Jochmann.[14] Falls ich einen Vorschlag machen darf: Öffne sie und verteile den Inhalt vernünftig; wegen der verflixten Beschränkung von 11 Pfund je Paket ist es schwierig, diese hier vernünftig zu packen.

Das führt mich zu Nr. 2: Es ist möglich, Pakete an Österreicher zu senden; aber es ist unverschämt teuer (es gibt eine erpresserische Firma hier, die Pakete per Lastwagen quer durch Europa zustellt) und was noch wichtiger ist: Ich habe ungefähr zehn verschickt und von keinem einzigen bekam ich

---

10 Deckname von Joseph Buttinger (1906–1992), s. die Vorbemerkung zu den Briefen Jahodas an Buttinger.
11 Buttinger bereiste Europa als Mitglied des International Rescue Committee.
12 Es muss sich um einen Schreibfehler handeln, der Brief muss 1946 verfasst worden sein.
13 Vermutlich ein Mitglied der englischen Besatzungsbehörde in Wien.
14 Rosa Jochmann (1901–1994), besuchte 1926 den ersten Jahrgang der Arbeiterhochschule und war vor 1934 Zentralsekretärin der sozialdemokratischen Frauenorganisation, danach Mitarbeit bei den Revolutionären Sozialisten. 1938 verzichtete sie auf Emigration und war ab 1940 im KZ Ravensbrück interniert. Nach der Befreiung war sie ab 1945 Nationalrätin und von 1959 bis 1967 Vorsitzende der SPÖ-Frauen.

eine Bestätigung, dass es angekommen ist. Ich hörte, dass Theo[15] aus irgendeinem Grund keine mehr erhalten kann. Was ich Dich daher bitte sofort zu erledigen, sind telegrafisch mitgeteilte Adressen von Amerikanern oder Briten in Österreich, die gewillt sind als Vermittler tätig zu werden. Ich kenne hier ziemlich viele Leute, die ich dazu bringen könnte, regelmäßig etwas zu senden; aber es ist dumm, 10 $ Postgebühren für ein Paket zu bezahlen, das 3 $ wert ist.

Schick mir bitte auch Namen und Vorschläge von Leuten, die Pakete bekommen sollten. Ich habe meine eigene Freundesliste und die ist fast schon länger als ich sie aus eigenem finanzieren kann. Aber wenn ich von Dir Fälle und Adressen genannt bekomme, kann ich eine Art Adoptionsaktion für einen größeren Kreis zu organisieren beginnen.

Eine Hilfsorganisation hier ist nicht besonders effizient. Sie schaffen es nicht, größere Summen an Spenden aufzustellen und abgesehen vom schwedischen Weg haben sie noch keinen Transportweg gefunden. Außerdem bin ich davon überzeugt, dass es viel einfacher ist, amerikanisches Geld für ein paar hundert persönliche Fälle aufzubringen, statt für das anonyme Volk. Ich weiß, dass Du keine Zeit hast, aber das ist wirklich wichtig. Soweit ich es beurteilen kann, wird Österreich und besonders Wien noch eine Zeit lang private Hilfssendungen nötig haben. Schick außerdem eine Liste von Dingen, die am meisten fehlen. Was ist mit Seife, Zahnpasta etc.?

Was meine Pläne anlangt: Ich werde kommen, keine Angst! Das große Problem ist, dafür einen Weg zu finden, der es nicht unmöglich macht, wieder auszureisen, falls ich das Gefühl haben sollte, dass meine dauerhafte Anwesenheit in Wien niemandem etwas bringt, mich eingeschlossen. Dein Plan

15 Theodor Neumann (1908–1970), Revolutionärer Sozialist und Mitarbeiter der Wirtschaftspsychologischen Forschungsstelle in Wien. 1936 wurde er gemeinsam mit Jahoda verhaftet. 1938 flüchtete er nach Jugoslawien, arbeitete an einer sozialpsychologischen Untersuchung über ländliches Familienleben mit (Vera St. Erlich. 1966. *Family in Tansition. A Study of 300 Yugoslav villages.* Princeton: University Press). Im Mai 1939 ging Neumann nach Großbritannien, wo er zunächst als freier Mitarbeiter bei „Mass Observation" arbeitete, die die öffentliche Meinung zu gesellschaftlichen und politischen Themen untersuchte. Anfang Jänner 1940 meldet er sich zur britischen Armee und wird nach deren Gründung der geheimdienstlichen „Special Operations Executive (SOE)" zugeteilt, wo er allerdings meist nur auf künftige Einsätze wartet. Er kehrte als Mitglied dieser Einheit gemeinsam mit Hacker und Stefan Wirlander schon im Mai 1945 nach Österreich zurück. Später wechselte er in die amerikanische Verwaltung der Marshall-Plan-Hilfe und nach deren Ende in die Abteilung des Labor Attaché an der US-Botschaft, wo er die Kontakte zum ÖGB betreute. 1965 schied er aus gesundheitlichen Gründen aus.

über London klingt zu gut, um wahr zu sein. Ich würde mich sehr freuen! Aber ich glaube nicht, dass es machbar ist. Ich bin in Kontakt mit einer großen privaten Organisation, die eine Menge Geld hat. Ich will sie dazu bringen, mich für drei Monate nach Wien zu schicken, um ein Programm auf die Beine zu stellen, das dem Adoptionsprinzip folgt: Eine Familie hier adoptiert eine dort. Es ist möglich, dass ich das zustande bringe. Allerdings mag es ein wenig, ein oder zwei Monate dauern, bis es so weit ist. Möglich, dass Du meinst, ich sei angesichts der Not in Wien übertrieben vorsichtig. Aber wie ich Dir schon in dem Brief nach Graz[16] geschrieben habe, bin ich sehr skeptisch über die Linie, die die Partei einnimmt; und ich würde viel lieber nicht von der Partei leben und an sie auf Gedeih und Verderben gebunden sein, falls sich meine Zweifel bestätigen.

Am wichtigsten: Schreib bald wieder, und pass auf Dich auf,
In Liebe
Mitzi

20. April 1946; 59 Vanderbilt Avenue, Manhasset, N.Y.

Lieber Walter,
hast Du mich jemals richtig wütend erlebt? Warte ein paar Sekunden, es wird eine aufschlussreiche Erfahrung für Dich. Aber lass uns zuerst übers Geschäft sprechen. Toni Platzer,[17] Hilde Lehnert,[18] Dr. Strasser[19] und Hilde Grill[20] werden Pakete von meinen amerikanischen Freunden bekommen. Sie werden entweder über die Schweizer Arbeiterhilfe[21] oder durch eine dieser mörderisch teuren privaten Firmen verschickt. Ich hoffe, die Leute hier werden das fortsetzen. Schick mir noch ein paar Adressen und ich werde versu-

---

16 Da Hacker damals noch in der britischen Armee diente, befand er sich öfter im Grazer Verwaltungszentrum der britischen Besatzungszone, wo er sowohl mit der dortigen SPÖ wie der britischen Verwaltung zu tun hatte. Der Brief ist nicht erhalten geblieben.
17 Antonie Platzer (1890–1981), bis 1934 sozialdemokratische Gemeinderätin in Wien. Sie war während des Austrofaschismus und der NS-Diktatur mehrfach verhaftet, danach 1954–1947 wieder als Gemeinderätin tätig.
18 Hedwig Lehnert (1898–1977), Mitglied der SDAPÖ und 1934 und 1935 mehrfach verhaftet. Von 1954–1963 als Wiener Gemeinderätin tätig.
19 Unbekannter Empfänger von Paketen.
20 Möglicherweise: Hildegard Grill (1909–1990), über die nichts Näheres bekannt ist.
21 Schweizer Arbeiterhilfe ist eine sozialdemokratische Wohlfahrtsorganisation.

chen, sie hier an den Mann zu bringen. Ich habe Pakete an Czernetz, Dich, die Pollaks,[22] Rosl Jochmann, Novy,[23] Wirlander[24] über Schweden, private Firmen und Mr. Wilde[25] geschickt und werde das weiterhin regelmäßig für die Genannten tun. An Czernetz habe ich ungefähr fünf Pakete geschickt, an all die anderen bisher zwei. Unglücklicherweise habe ich keinerlei Empfangsbestätigungen erhalten. Es wäre für mich wichtig zu wissen, welcher Weg der schnellste ist und welche Inhalte am nötigsten sind.

Socken und Strümpfe bekommt man auch hier nur sehr schwer, aber ich werde mich bemühen. Wenn Du mir weitere Adressen schickst, schreib mir ein paar Zeilen über die Empfänger. Ich weiß, dass Du nur die aussuchst, die es am nötigsten haben, aber an diese verrückten Amerikaner kann ich Familien leichter verkaufen, wenn ich ein paar persönliche Angaben habe. Wenn's nicht allzu schwierig ist, solltest Du den Empfängern von Paketen sagen, sie mögen ein paar Zeilen des Danks an die Absender schreiben, das würde vermutlich sicherstellen, dass sie regelmäßig etwas bekommen und nicht nur einmal.

Von Czernetz habe ich schon sehr lange nicht mehr gehört. Kannst Du ihn bitten, mir zu schreiben. Neben anderen Sachen würde ich gerne wissen, ob all die Zeitschriften und Papiere, die ich ihm via Theo geschickt habe, angekommen sind. Theo schickte mir ein Telegramm, ich solle Sendungen an ihn einstellen. Wer von Deinen amerikanischen oder britischen offiziellen Freunden mit einer Armeeadresse ist gewillt, Schriften an Czernetz weiterzuleiten? Hartley?[26] Oder Wilde? Außerdem will ich wissen, ob er für *Commentary*[27] etwas über Wien schreiben wird. Wenn nicht, sollte das

22 Marianne Pollak (1891–1963), ab 1940 in England im Exil und 1945 Rückkehr nach Wien, dann Nationalratsabgeordnete 1945–1959. Sie war verheiratet mit Oscar Pollak.

23 Franz Novy (1900–1949), emigrierte zuerst nach Schweden und war ab 1940 in England, wo er in der Leitung des London Bureau die Exil-Gewerkschafter vertrat. Er kehrte auf eigene Faust, also ohne Genehmigung der britischen Regierung, schon 1945 nach Österreich zurück.

24 Stefan Wirlander (1905–1981), 1926 Besucher des ersten Jahrgangs der Arbeiterhochschule, danach Mitarbeiter in der Statistikabteilung der Wiener Arbeiterkammer. Er wurde im großen Sozialistenprozess 1936 angeklagt, blieb danach bis 1939 in Österreich. Er emigrierte nach England und war in Kanada interniert. Mit ihm arbeitete Jahoda im englischen Exil beim Sender „Radio Rotes Wien" zusammen. Wirlander kehrte, wie Hacker und Neumann, als Mitglied der SOE 1945 nach Wien zurück, wo er später ein Studium der Sozial- und Wirtschaftswissenschaften absolvierte und für die Arbeiterkammer in den neu entstehenden sozialpartnerschaftlichen Einrichtungen führend tätig war.

25 Vgl. Fußnote 13 zum Brief vom 16. 2. 1946.

26 Vermutlich Mitglied der britischen Besatzungsadministration in Wien.

27 Zeitschrift, herausgegeben vom American Jewish Committee.

irgendwer anders machen, jede kleine Information über Österreich wäre hier von großem Nutzen. Ist er gesund? Hat er irgendwas gehört, was mit seinen Eltern passierte?[28]

Jetzt kommt die Wut, pass auf; aber selbst das bedarf einer sachlichen Einführung: Ich habe gerade erfahren, dass mein Hilfsplan nicht akzeptiert wurde, das bedeutet, ich kann nicht auf Besuch kommen. Ob ich überhaupt für immer kommen werde, habe ich noch nicht entschieden. Was meine Wut auslöste, sind die Argumente, die Du ins Treffen führst, damit ich komme. Kannst Du mir erklären, welchen politischen Wert es für die Partei hätte, wenn ich käme? Du sagst selbst, das Niveau ist das von Broadhurst Gardens.[29] Ich will keine Nationalratsabgeordnete werden, bloß um eine zu sein, oder Österreich in England vertreten,[30] wenn ich das, was in Österreich passiert, nicht wirklich vertreten kann. Ich habe auch keine Lust, hungrig und frustriert zu sein, um den persönlichen Ruhm zu erwerben, hungrig und frustriert zu sein. Du kennst mich gut genug und ich muss Dir nicht erklären, dass mir ungünstige Arbeits- und Lebensumstände nichts ausmachen. Aber ich lehne es ab, solche zum Selbstzweck zu machen. Ich bin mir sicher, Du kannst, was Du geschrieben hast, nicht wirklich ernst gemeint haben. Wenn ich zurückkomme, bedeutet das für mich sehr viel: Ich habe keine Staatsbürgerschaft, was bedeutet, dass ich nicht wieder rauskomme, falls das nötig werden sollte. Ich müsste Lotte aufgeben und ich müsste meinen echten Beruf, die Sozialwissenschaften, aufgeben. Ich wäre weder bereit, das, was ich über Russland denke und fühle,[31] aufzugeben, noch das, was ich über Kruzifixe in österreichischen Schulen denke und fühle.[32] Das heißt, ich muss die Menge an Scherereien abschätzen, in die ich mich begeben würde. Angesichts all dessen, will ich kommen. Zum Teil, weil ich Amerika unerträglich

28 Die Namen der Eltern von Karl Czernetz sind in der DÖW-Opferkartei nicht auffindbar.
29 Adresse des London Bureau der österreichischen Sozialisten und des Austrian Labour Clubs während der Exiljahre 1940–1945.
30 Hacker scheint Jahoda als eine der möglichen Tätigkeiten den auswärtigen Dienst offeriert zu haben.
31 Jahoda teilte wohl mit anderen linken Sozialisten die Sorge, wegen ihrer prononcierten antikommunistischen Haltung bei einer Rückkehr nach Österreich Schwierigkeiten mit den sowjetischen Besatzungsorganen zu bekommen.
32 Jahoda bezieht sich hier wohl auf ihre Erfahrungen als Volksschullehrerin im Austrofaschismus. Während ihrer ersten Tätigkeit als Volksschullehrerin im Roten Wien dürfte sie allerdings keine Kruzifixe im Klassenzimmer erlebt haben, wohl aber als sie in der austrofaschistischen Diktatur kurzzeitig wieder als Volksschullehrerin Einkommen erwarb.

finde, zum Teil, weil ich die Idee noch nicht verabschiedet habe, dass ich etwas Nützliches tun könnte. Würdest Du mir helfen, herauszufinden, was das sein könnte, wäre das weitaus hilfreicher als mich anzubrüllen.

Lieber Walter, nichts für ungut! Aber ich denke dauernd über all das nach, weswegen ich nicht in akademischer Weise darauf reagieren kann. Schreib mir wieder, und wenn nötig, brüll mich noch einmal an. Liebe Grüße an alle unsere Freunde, die nicht dem Glauben anhängen, es seien die Fleischtöpfe von Amerika, die mich hier halten.

Deine
Mitzi

1. Juli 1946; 59 Vanderbilt Avenue, Manhasset, N.Y.

Lieber Walter,
ich habe schon eine ganze Weile nicht mehr geschrieben, vor allem, weil ich zu ungeduldig auf eine Entscheidung über meine geplante Reise nach Wien warte, um mich auf irgendetwas anderes im Zusammenhang mit Österreich zu konzentrieren.

Ich habe heute an Dich ein CARE-Paket[33] geschickt, das Du bitte mit Rosl Jochmann teilst. Die Schwierigkeit ist, dass diese Pakete – von denen es heißt, sie seien großartig und enthielten 40.000 Kalorien – so verflixt teuer sind. Ich weiß, das wird Dir nichts ausmachen. Es ist sehr schwierig, hier ohne Hilfe von Organisationen vernünftige Pakete zu organisieren. Es herrscht im Moment eine künstliche Verknappung an bestimmten Dingen. Idealisten meinen, dazu sei es gekommen, weil Amerika so viel Essen nach Europa sendet. Die traurige Wahrheit ist, dass der Einzelhandel eine gut organisierte Kampagne veranstaltet, um die Regierung dazu zu bringen, gegen ihre Überzeugung die Preiskontrolle zu lockern.

Ich schicke Deinem Freund Hartley[34] Zeitschriften, die für Czernetz bestimmt sind. Kannst Du bitte die nötigen Details der Übergabe organisieren?

---

33 CARE (Cooperative for American Remittances to Europe) war eine Organisation verschiedener amerikanischer Wohlfahrtsorganisationen, die ab Frühjahr 1946 Lebensmittelpakete nach Deutschland und Österreich sandten.
34 Vermutlich ein Mitarbeiter der britischen Besatzungsbehörde in Wien.

Ich habe mir selbst zwei weitere Monate für eine endgültige Entscheidung in meiner Angelegenheit gegeben. Davor wirst Du nicht viel von mir hören; sicher aber danach.

Mir gefiel Deine Priestley-Übersetzung[35] sehr gut. Vielleicht bist Du letzten Endes ja doch nicht so übel.

In Liebe
Mitzi

6. Oktober 1946; 59 Vanderbilt Avenue, Manhasset, N.Y.

Lieber Walter,

sind nicht Jahrhunderte vergangen, seit ich Dir zuletzt schrieb? Es fühlt sich so an. Ich hoffe, einige Pakete sind in der Zwischenzeit angekommen, was Dich wissen lassen konnte, dass ich zumindest nicht tot umgefallen bin oder irgendwas Vergleichbares getan habe. Seit dem Care-Paket, das ich Dir im Juli sandte, habe ich ein normales im August und ein weiteres Care-Paket im September aufgegeben. Es wäre gut, von Dir zu erfahren, wie lang der Transport gedauert hat und ob die Care-Pakete wirklich um so viel besser sind als die privat zusammengestellten. Du würdest nicht nur Dir selbst einen guten Dienst erweisen, sondern auch ungefähr 50 anderen Wiener Familien, die ich meinen Freunden hier zur Betreuung übergeben habe.

Walter, wie konntest Du es nur zulassen, dass der Artikel „Wir möchten Sie los sein!"[36] gedruckt wurde. Ich war so angewidert. Du weißt, wie sehr

---

35 Walter Hacker übersetzte J. B. Priestleys *Letter to a returning serviceman* als *Brief an einen heimkehrenden Soldaten*, erschienen in Sozialistischer Verlag, Wien 1946.

36 Im Original deutsch. In einem namentlich nicht gezeichneten Leitartikel der *Arbeiter Zeitung* wurde am 21. August 1946 auf Seite 1 ein Protest jüdischer Zuseher bei einer Theatervorführung eines Stücks von Anton Wildgans zum Anlass genommen, die Repatriierung der in Österreich gestrandeten Displaced Persons (DP), eine administrative Bezeichnung für jüdische Überlebende des Holocaust, zu verlangen. Ohne die frühere, auch in sozialdemokratischen Zeitungen nachweisbare Ablehnung der Ostjuden ausdrücklich zu nennen, adressiert dieser Artikel unverhohlen antisemitische Einstellungen und lässt jegliches Verständnis für DPs vermissen, die nicht in jene Staaten zurückkehren wollten, aus denen sie in die KZ deportiert wurden, sondern auf ihre Ausreise nach Palästina hofften. Am 24. August erschien eine Stellungnahme des damaligen Wiener Gemeinderats (und späteren Bürgermeisters) Bruno Marek, der dieses Verständnis einfordert. Daraufhin veröffentlicht der Chefredakteur Oscar Pollak am 25. August eine Stellungnahme, in der er über den Besuch eines namentlich nicht genannten Genossen und guten Freundes in der Redaktion berichtet und ausführlich dessen Kritik an dem ursprünglichen Artikel referiert. Pollak versucht sich damit zu verteidigen, dass die eigentliche Absicht dieses Artikels offenbar missverstanden worden sei. Von jenen „österreichischen Juden (…),

ich mit Oscar in bestimmten Punkten übereinstimme. Aber dieser Artikel disqualifiziert ihn vollständig. Das erinnert mich: Es ist vermutlich Dir zu danken, dass ich die *Arbeiter Zeitung* regelmäßig bekomme. Vielen Dank. Obwohl ich mehr zu widersprechen habe, denn Zustimmung zu geben, ich schätze es, zu wissen, was vor sich geht.

Nach vielen und zeitaufwendigen Erkundigungen und nach einer Menge befremdlicher Korrespondenz steht für mich nun fest, dass es unmöglich ist, nach Wien auf Besuch zu kommen. Wodak[37] hat mir geschrieben, dass er im November zum Parteitag nach Wien fahren wird und er es nochmals versuchen wird, aber ich glaube nicht mehr daran, dass bei solchen Versuchen etwas herauskommt. Ich habe vor, für zwei bis drei Wochen im Dezember oder Jänner nach London zu fahren, vor allem, um physisch den Blinkwinkel zu ändern, was mir immer guttut. Ich habe allerdings noch keine Ausreise- und Wieder-Einreise-Genehmigung, und noch wahrscheinlicher ist es, dass mich ein Schiffsstreik aufhalten wird, selbst wenn ich sonst alles beieinanderhabe. Der offizielle Grund für meine Reise ist, dass das Institut für Soziologie[38] mich eingeladen hat, ein paar Vorträge zu halten. Würdest Du kommen wollen, um einen davon zu hören? Vielleicht könntest Du etwas lernen.

Von dieser Reise, die ja noch sehr unsicher ist, abgesehen, habe ich beschlossen, so lange in diesem Land zu bleiben, bis Lotte ins College kommt, was kommenden Herbst der Fall sein wird. Erst danach werde ich endgültige Entscheidungen treffen, und ich bereite mich sehr sorgfältig darauf vor. Wenn sich die Situation in Österreich nicht geändert haben wird, werde ich nach England gehen. Vielleicht bleibe ich ein Jahr in Jamaica; das britische Kolonialministerium hat mir einen faszinierenden Forschungsauf-

---

die in und an Österreich Ansprüche haben" sei gar nicht die Rede gewesen. Weil Missverständnisse ermöglicht worden seien, müsse man wohl den Artikel als schlechten Zeitungsartikel bezeichnen. Pollak spricht sich für „Wiedergutmachung" aus und meint, mit dem Antisemitismus fange die Reaktion an – „das haben wir gelernt". Jahoda überschätzte die Möglichkeiten Hackers, solche Artikel verhindern zu können.

37 Walter Wodak (1908–1974), studierte an der Universität Wien Rechtswissenschaften und promovierte 1933. Nach 1934 war er vorübergehend bei der KPÖ. Über Jugoslawien floh er nach England, wo er nach dem Hitler-Stalin-Pakt die KPÖ verließ. 1941 war er für das Pioneer Corps (Armeeeinheit für Ausländer) aktiv. Jahoda arbeitete mit ihm bei dem aus England sendenden „Radio Rotes Wien", wobei es auch zu politischen Meinungsverschiedenheiten kam. Wodak kehrte als Mitglied der British Legal Army Unit (BALU) 1945 nach Österreich zurück und wurde dort rasch zu einem Vertrauten Adolf Schärfs und Karl Renners. Er beginnt eine Laufbahn als Diplomat, die ihn ab 1947 wieder nach London bringt.

38 Über die Vortragsreise Jahodas ist nicht mehr bekannt.

trag in Aussicht gestellt.[39] Und bevor ich mich ganz England zuwende, wo die äußerliche Ruhe des Lebens Abenteuer auf den Bereich der Seele und des Geistes beschränkt, ist es vielleicht aufregend, erstmals Hurrikans und Klapperschlangen zu treffen.

Was sind Deine Pläne? Wie lang bleibst Du in Wien? Ich hoffe, Du teilst mir mit, ob es ratsam ist, dorthin zurückzugehen, selbst dann, wenn man kein Wieder-Einreise-Visum für irgendein anderes Land unter der Sonne hat.

Schreib mir doch.

In Liebe

Mitzi

1. Dezember 1946; 59 Vanderbilt Avenue, Manhasset, N.Y.

Lieber Walter,

es tut mir leid, dass ich Dir über meine Reise nach England geschrieben habe. Ich fürchte, keiner von uns wird sich sehr darüber freuen, wenn wir uns dort treffen. Du hast alles Recht zu denken, dass ich nicht in Wien bin, weil ich mich vor Notlagen drücke. Und es ist mein volles Recht, jemanden nicht mehr als Freund anzusehen, der entweder aus Verbitterung blind geworden ist oder so wenig Vorstellungsvermögen besitzt, mir solche Motive zu unterstellen.

Ich schreib das vor allem, weil Du angesichts dessen, was ich schreibe, Deinen nächsten Englandaufenthalt vielleicht anders arrangieren willst. Ich bin sehr froh, dass zumindest Du einen Pass besitzt, der es Dir möglich macht wegzugehen, wann immer Du willst.

Du bist die erste Person, die Care-Pakete nicht mag. Es tut mir leid, dass ich das nicht früher erfahren habe. Ich habe Dir noch zwei mehr gesandt (September und November), und eines, das ich im Oktober arrangierte. Was an Care verlockend ist, ist ihre garantierte und schnelle Zustellung. Aber, natürlich, werde ich zu Nicht-Care wechseln.

Mitzi

39 Über dieses Angebot ist nichts weiter bekannt. Zu der erwähnten Reise ist es nicht gekommen.

2. Februar 1947

Lieber Walter,
ich schreibe im Zug auf der Rückreise von Minneapolis.[40] Dein letzter Brief, der mich in Manhasset nach meiner Rückkehr aus England[41] erwartete, machte mir ein weiteres Mal klar, wie schwierig es ist, ernste Angelegenheiten schriftlich zu diskutieren. Obwohl mir sehr danach ist, ausführlich zu antworten, lasse ich es lieber bleiben. Alles, was ich sagen will, ist: Mir ist seit einiger Zeit völlig klar, was Du und all meine anderen Freunde in Wien über mich denken. Das hat mich irritiert und gekränkt. Aber ich kann nicht nur nichts dagegen tun, sondern bin auch fest entschlossen, die Meinung anderer nicht meine Lebenspläne durchkreuzen zu lassen. Es war mein Fehler, über die verschiedenen Möglichkeiten, die ich erwäge, zu sprechen. Ich werde das nicht mehr tun. Aber ich werde Dich wissen lassen, was ich schließlich beschlossen haben werde. In der Zwischenzeit, pass auf Dich auf; ich werde alles tun, so lange ich hier bin, um Dir dabei zu helfen.

Ich bin froh, nun zu wissen, warum Care-Pakete Ramsch sind. Wenn Du irgendwelche speziellen Wünsche hast, lass es mich wissen.

Herzlichst
Mitzi

24. Februar 1948; 253 West 16 Street, New York 11

Lieber Walter,
manches Mal ist es eine größere Belastung, nicht an Dich zu schreiben statt zu schreiben. Ich habe mich sehr gefreut, Dein Buch[42] zu bekommen und war von seinem Inhalt sehr bewegt. Ich bin froh, dass Du nicht vergessen hast, ein Poet zu sein, abgesehen von all den anderen Seiten, die Du hast. Drei Dinge würde ich gerne wissen: Warum hast Du unter Pseudonym veröffentlicht? Bist Du von Wildgans wirklich angetan? Und überarbeitest Du deine Verse, oder schreibst Du sie so hin, wie sie Dir in den Sinn kommen?

---

40 Vermutlich hielt Jahoda in Minneapolis einen Vortrag an der University of Minnesota.
41 Über diese Reise ist nichts Näheres bekannt.
42 Hacker hat es unter einem Pseudonym publiziert: Ernst Fremd. 1947. *Worte am Weg. Gedichte*. Wien: Danubia.

Über den letzten Punkt habe ich sehr deutliche Gefühle, aber ich halte mich zurück sie zu äußern, aus Angst, das seltsame Missverständnis zwischen uns zu vergrößern, das mich dazu bringt, Dir Deine Kritik an meinem Leben übel zu nehmen, und Dich deshalb ermuntert, noch mehr Kritik zu üben.

Ich würde auch gerne wissen, aus welchem Gedicht das wunderschöne Yeats-Zitat stammt. Ich kenne ihn nicht sehr gut. Je älter ich werde, umso wichtiger werden mir Gedichte. Schick mir doch ein paar von Deinen.

Pass auf Dich auf.

Mitzi

28. Juli 1948; 253 West 16 Street, New York 11

Lieber Walter und liebe Hedi,[43]

viele, viele Glückwünsche Euch beiden! Es gibt so viele Gründe zu gratulieren: Heiraten, Eltern werden, und Du, Hedi, wieder gesund werden. Ich hoffe, dass Ihr beide das Leben so weit wie nur möglich genießt. Hedi, ich würde Deinem Sohn[44] gerne etwas schicken. Bitte schreib mir, was am vernünftigsten wäre. Außerdem, welche Lebensmittel Ihr benötigt. Ein paar meiner Wiener Freunde haben kürzlich gemeint, dass meine Auswahl nicht die bestmögliche wäre. Aber niemand hat mir irgendwelche Vorschläge zukommen lassen. Würdest Du, bitte? Ihr müsst keine langen Briefe schreiben. Ich verstehe sehr gut, wenn Ihr nur eine kurze Notiz schickt.

Alles Liebe Euch beiden.

Mitzi

43 Vermutlich: Hedwig Hacker, geb. Deutsch (1911–1989). Die Ehe wurde Anfang der 1950er Jahre geschieden.
44 Stephan Hacker (1948–1967).

Vier Genera tionen

Vier Generationen

Vier Generationen. Eine Erinnerung an das Leben von Frauen

Lotte Bailyn

Ich möchte diesen Vortrag nutzen, um informell, persönlich und anekdotenhaft über die sich wandelnden Lebensmuster von Frauen zu sprechen – nicht über alle Muster oder alle Frauenleben, sondern über die jener Frauen, die ich am besten kenne, der Frauen in meiner eigenen Familie. Sie sind sicherlich nicht typisch für ganze Klassen oder Kategorien von Frauen; sie sind nicht repräsentativ in irgendeinem genauen Sinne. Aber sie haben auf ihre eigene Art und Weise bestimmte grundlegende Merkmale im Leben von Frauen erfahren und in dem Maße, in dem sie originell oder innovativ waren, haben sie die Beschränkungen, die Rahmenbedingungen deutlich gemacht, die selbst die emanzipiertesten Frauen ihrer Zeit einschränkten. Auf jeden Fall scheinen sie mir interessante Menschen zu sein, obwohl ich das natürlich nicht objektiv beurteilen kann.

Eine meiner Großmütter[1] war, wie ich noch erläutern werde, die intime Gefährtin eines politischen Attentäters[2] und verbrachte den größten Teil ihres erwachsenen Lebens als Laienanalytikerin, die Frauen bei ihren sexuellen Problemen beriet. Meine Mutter[3] war eine politische Aktivistin, zeitweise eine sozialdemokratische Revolutionärin, dann eine Wissenschaftlerin und schließlich eine Übersetzerin von Gedichten. Von meinen beiden Stiefmüttern war die eine – die hauptsächlich für meine spätere Kindheitserziehung verantwortlich war – die erste Frau, die Forschungsleiterin in einem großen New Yorker Werbeunternehmen wurde; heute lebt sie auf einer Tiroler Forellenzuchtfarm.[4] Die andere, bis zu ihrem Tod im Jahre 1990 Pro-

---

1   Sofie Lazarsfeld (1881–1976), siehe *Rekonstruktionen*, Fußnote 104.
2   Friedrich Adler (1879–1960), siehe *Rekonstruktionen*, Fußnote 26.
3   Marie Jahoda (1907–2001).
4   Herta Herzog (1910–2010), siehe *Rekonstruktionen*, Fußnote 82. Herzog heiratete 1954 den Soziologen Paul Wilhelm Massing. Als dieser in den 1970ern erkrankte, kehrte das Paar nach Europa zurück und lebte bis zu Massings Tod 1979 im pfälzischen Grumbach. Danach widmete sich Herta Herzog wiederum der Forschung im Bereich der Medien- und Kommunikationswissenschaft und zog nach Leutasch in Tirol in die Nähe ihrer Schwester. Deren Familie betreibt seit Generationen eine Fischzucht.

fessorin für Soziologie am Queens College,[5] verfasste grundlegende Werke über die Analyse von Umfragen und Interviewmethoden und spielte eine wichtige Rolle bei der Entwicklung des Bureau of Applied Social Research an der Columbia University.

Keine dieser Frauen war oder ist ein Genie, keine von ihnen war von Geburt mit Vermögen ausgestattet, das ihr den Weg geebnet hätte, und sie wuchsen auch nicht in besonders freizügigen Gesellschaften auf. Wien in den 1910er und 20er Jahren, New York in den 1940er und frühen 50er Jahren und England in den 1960er und 70er Jahren waren kein Nährboden für emanzipierte Frauen. Aber irgendetwas in ihren Lebensumständen und Persönlichkeiten machte es ihnen möglich, ihr Schicksal eigenständig zu gestalten. In diesem Essay formuliere ich einige Überlegungen über vier Generationen von Frauen aus einer einzigen Familie, die etwas mehr als ein Jahrhundert umspannen.

Meine beiden Großmütter wuchsen, wenn auch unter sehr unterschiedlichen Umständen, im säkularen jüdischen Milieu von Freuds Wien auf. Beide waren intelligent, aber keine von ihnen ging über das 14. Lebensjahr hinaus zur Schule – damals, vor dem Ersten Weltkrieg, gab es in Wien noch kein öffentliches Gymnasium für Mädchen. Das erste private Realgymnasium für Mädchen wurde 1911 von Eugenie Schwarzwald gegründet. Öffentliche höhere Bildung für Frauen wurde erst unter der sozialdemokratischen Regierung von 1918 bis 1934 für Frauen zugänglich.[6]

Meine Großmutter väterlicherseits, Sofie Lazarsfeld, stammte aus einer bürgerlichen Familie und war eine beeindruckende Frau. Von stattlicher Erscheinung und Haltung, war sie ungeheuer ehrgeizig. Ihr Haus – und es war wirklich *ihr* Haus – war ein Salon für liberale und sozialdemokratische Intellektuelle der Stadt. Ihr engster Gefährte[7] (vielleicht auch ihr Geliebter, darüber lässt sich streiten) war der Mann, der 1916 den österreichischen Ministerpräsidenten aus Protest gegen die autoritären Maßnahmen seiner Regierung und ihre beharrliche Fortsetzung des Krieges ermordete.[8]

---

5   Patricia Kendall (1921–1990), siehe *Rekonstruktionen*, Fußnote 106.
6   Die Schule hatte jedoch kein Recht auf Abnahme einer Maturaprüfung und ermöglichte damit keinen Zugang zur Universität.
7   Friedrich Adler (1879–1960), siehe *Rekonstruktionen*, Fußnote 26.
8   An dem Tag, an dem Friedrich Adler plötzlich beschloss, die Tat zu begehen, erinnerte er sich daran, dass er für den nächsten Abend mit meiner Großmutter zum Opernbesuch verabredet war. Bei der Oper handelte es sich um die neue Fassung von Richard Strauss' *Ariadne auf*

Er wurde dank der wachsenden Opposition gegen den Krieg, die ihn zum Volkshelden machte, vor der Hinrichtung bewahrt. Seine Beziehung zu meiner Großmutter beschrieb er später als ein „bezauberndes Wunder", das geradezu „einem Märchen" entsprungen schien.

Meine Großmutter bildete sich autodidaktisch im Rahmen der von Alfred Adler[9] – einem Schüler Freuds, der später mit ihm brach – gegründeten Beratungskliniken und wurde durch eine Analyse mit Adler selbst auch zu einer führenden adlerianischen Analytikerin. Sie brachte ihre Praxis mit nach Amerika und setzte sie bis in ihre neunziger Jahre fort, wodurch sie sowohl für sich als auch zeitweise für ihre Tochter und Enkel einen finanziellen Unterhalt sichern konnte.

In den 1920er Jahren arbeitete sie in der Wiener Eheberatungsstelle, wo sie – sowohl im persönlichen Gespräch als auch durch eine Kolumne, die sie für eine Wiener Zeitung schrieb – Frauen mit „ehelichen" Problemen beriet. Auf der Grundlage dieser Erfahrungen schrieb sie mehrere Bücher, von denen zwei ins Englische übersetzt wurden; eines davon erlebte in den 1960er Jahren seine neunte Auflage. Beide englische Übersetzungen – *Rhythm of Life: A Guide to Sexual Harmony for Women* und *Woman's Experience of the Male* (dt. *Wie die Frau den Mann erlebt. Fremde Bekenntnisse und eigene Betrachtungen*, 1931) – befinden sich in der Kategorie X der Harvard-Bibliothek (die früher für Pornografie reserviert war). Sie werden vielfach zu den ersten explizit feministischen Schriften gezählt. Ich möchte Ihnen einige beispielhafte Passagen aus ihrem Werk zitieren:

> Das sexuelle Leben innerhalb unserer männlich eingestellten Kultur ist auf Herabsetzung der Frau aufgebaut worden und dieses Verfahren wird trotz der daraus auch für den Mann resultierenden Schäden krampfhaft festgehalten. (…)

Naxos mit ihren sensationellen Sopranpartien, und da Wien eben Wien war – wo, wie es hieß, die Dinge zwar hoffnungslos, aber nicht ernst waren – hatte Adler ein Problem. Er hielt an seinem Plan fest, kümmerte sich aber dennoch vorsorglich darum, dass meine Großmutter die Opernkarten rechtzeitig zur Aufführung bekam. Ronald Florence. 1971. *Fritz: The Story of a Political Assassin.* New York: Dial Press, 145, 174, 177 (L. Bailyn).

9 Alfred Adler (1870–1937), Arzt und Psychotherapeut, Begründer der Individualpsychologie. Er betrachtet den Menschen als grundlegend soziales Wesen, das von Natur aus auf andere angewiesen ist. Vor diesem Hintergrund gewichtet er soziale Faktoren wie gesellschaftliche Werte und Normen höher als die biologischen Dispositionen. Kultur wirkt für ihn als kompensatorische Kraft, die durch Erziehung und Sozialisierung die Möglichkeit eröffne, eine Entwicklung von Vernunft und Humanität zu fördern.

Die Eigenart wird also nicht durch das Geschlecht bestimmt, sondern an erster Stelle durch das Machtverhältnis der Geschlechter, durch Vorherrschaft und Unterordnung.[10]

Eine weitere Passage (die dazu beigetragen haben könnte, dass das Buch in der Kategorie X landete):

… die Frau dürfte nicht so sehr von der primären Sehnsucht nach dem Besitz eines Penis beherrscht sein, als vielmehr von dem Wunsch nach Anteil an jener Macht, welche die Penisträger aus Sorge um die Unverläßlichkeit ihres angeblich besten Besitzes sich geschaffen haben.[11]

Und schließlich:

Ich konnte aus den Erfahrungen der Beratungsstunden die interessante Tatsache feststellen, dass nur Männer, die ihrer sexuellen Potenz sehr sicher sind, sich von selbständigen Frauen angezogen fühlen, ja man kann fast aus dem Grad der erotischen Ablehnung, mit der ein Mann der Selbständigkeit der Frauen gegenübersteht, auf seine sexuelle Sicherheit oder Unsicherheit schließen.[12]

Eine interessante Beobachtung, die aber ausgerechnet in der Einleitung zur englischen Ausgabe des Buches von einem männlichen Therapeuten[13] widerlegt wurde, der meiner Großmutter nicht ganz zu Unrecht vorwarf, sie habe keinen Sinn für Humor.

Dennoch hatte das, was sie als Frau in Freuds Wien schrieb und Frauen riet, wie sie ihre Integrität in der Ehe bewahren und für ihre Unabhängigkeit einstehen konnten, eine befreiende Wirkung. Andererseits ist ihr gesamtes Werk von dem Gefühl durchdrungen, dass sie in einer übermächtigen männlichen Welt lebte. Die praktischen Lebensbedingungen, schrieb sie, brachten es mit sich, dass „die Stellung der Frau gegenüber dem Mann die gleiche ist

---

10 Sofie Lazarsfeld. 1931. *Wie die Frau den Mann erlebt. Fremde Bekenntnisse und eigene Betrachtungen.* Leipzig und Wien: Schneider, 70 und 72.
11 Ebd., 86.
12 Ebd., 217 f.
13 Norman Haire (1892–1952); zu Norman Haires Verdacht, dass meiner Großmutter „ein stark entwickelter Sinn für Humor" fehlte, und zu seiner Auffassung, dass ihre Art, die männliche Potenz einzuschätzen, „weit hergeholt" war, siehe seine Einleitung zu *Woman's Experience of the Male.* London: Encyclopaedic Press (L. Bailyn).

wie die des Kindes gegenüber dem Erwachsenen". Die Entwürdigung der Frauen durch die Männer sei einfach unausweichlich, eine Grundbedingung des Lebens, und deshalb empfahl sie in einer bemerkenswerten Passage den fortschrittlichen Frauen,

> „den Mann nur soviel von ihrem Fortschritt merken zu lassen, als er gerade noch verträgt und nicht ein Stückchen darüber hinaus, und wenn sie fühlen, daß er noch nicht viel gewöhnt ist, dann werden sie gut daran tun, etwas hilfsbedürftiger, etwas schwächer zu erscheinen, als sie wirklich sind. Was liegt denn daran? (…) die zurückgelegte Strecke dem Mann durchaus unter die Nase reiben zu wollen, wenn er es noch nicht verträgt, ist wirklich nicht nötig. Ich darf den Frauen vielleicht auch raten, in der Beurteilung dessen, was der Mann an Ebenbürtigkeit der Frau verträgt, *besonders* vorsichtig zu sein."[14]

Ihre Ehrfurcht und Faszination für die Macht der Männlichkeit prägten nicht nur ihre schriftstellerische und beratende Tätigkeit, sondern auch ihr persönliches Leben – ein Grund, warum sich meine Mutter in ihren Memoiren an sie als eine „außergewöhnliche, aber keine gute Frau" erinnert.[15] Während sie ihren Sohn[16] verehrte, lehnte sie es ab, ihre Tochter[17] auf die Universität gehen zu lassen, was zwar den Sitten der Zeit entsprach, aber nicht dem, was sie geschrieben hatte. In der Tat verachtete sie alle Frauen in ihrer Familie und liebte die Männer, was sich auch gegenüber den nachfolgenden Generationen fortsetzte. Ihr Sohn hatte eine Tochter (mich), und ihre Tochter hatte Söhne, und ich erinnere mich, dass ich als Kind oft von ihr gefragt wurde, warum ich nicht so nett sei wie meine männlichen Cousins. In ihren eigenen Memoiren, die voll von faszinierenden Details aus ihrer öffentlichen und familiären Geschichte sind, sprach sie wenig über ihre Tochter und ignorierte ihre Enkelin gar vollkommen.[18]

Auch für ihre drei Schwiegertöchter hatte sie wenig übrig und arrangierte sich erst mit ihnen, als sie nicht mehr mit meinem Vater verheiratet waren und ihr ihre neuen, attraktiven Ehemänner vorstellten. Sogar ich wurde zur

14 Lazarsfeld, *Wie die Frau den Mann erlebt*, 228; Hervorhebung im Orig.
15 Marie Jahoda, *Rekonstruktionen*, in diesem Buch, 92.
16 Paul F. Lazarsfeld (1901–1976), siehe *Rekonstruktionen*, Fußnote 28.
17 Elisabeth Zerner (1903–1983).
18 Typoskript ohne Titel, abgeschlossen in ihrem 91. Lebensjahr (L. Bailyn).

persona grata, als ich einen Ehemann vorweisen konnte und zwei Söhne zur Welt brachte, im Gegensatz zu meinem einst bevorzugten männlichen Cousin, der es bloß schaffte, drei Töchter zu zeugen.

Meine andere Großmutter war ganz anders.[19] Sie wurde in eine arme polnische Familie hineingeboren, und als ihre Mutter starb, wurde sie im Alter von vier Jahren allein nach Wien geschickt, um bei entfernten Verwandten zu leben, die kaum genug Geld hatten, um ihre eigenen Kinder zu ernähren. Aber sie war klug und beharrlich. Sie verließ die Schule so schnell wie möglich, besuchte aber Abendkurse und meldete sich schließlich auf eine Anzeige für eine Stelle als Buchhalterin in einer kommerziellen Papierfirma. Die Firma gehörte meinem Großvater mütterlicherseits, der 13 Jahre älter war als sie;[20] sie heirateten innerhalb von zwei Jahren. Sie nahm bald die Kultur der Familie auf, in die sie einheiratete, und entwickelte insbesondere eine tiefe Liebe zur und Kenntnis von Musik. In ihrem Haus gab es immer Kammermusik, und sie freute sich besonders über die musikalische Begabung ihres jüngeren Sohnes, der Dirigent und Konzertpianist wurde.[21] Im Unterschied zu meiner anderen Großmutter war sie eine Feministin aus tiefer Empfindung, ohne dies aber öffentlich zum Ausdruck zu bringen. Kurz vor Ausbruch des Ersten Weltkriegs reiste sie einmal allein mit dem Orient-Express nach Konstantinopel und überließ Mann und Kinder der Obhut einer Haushaltshilfe. Sie erklärte, dass sie einfach müde war und sich von ihren häuslichen Pflichten erholen wollte, musste dann aber auch zu ihrem Entsetzen feststellen, dass sie die Erlaubnis ihres Mannes benötigte, um einen Reisepass zu bekommen.

Außerdem bestand sie gegen den Willen ihres sonst durchaus liberalen Mannes darauf, dass ihre beiden Töchter[22] die gleiche Ausbildung erhielten wie ihre Söhne,[23] und beide haben schließlich auch promoviert. Ihr Haus wurde zu einem Zufluchtsort für Freunde ihrer Kinder, deren eigene Familien streng und viktorianisch waren; unter anderem konnte sich eine junge Frau dort von einer Abtreibung erholen. Eine ganze Reihe prominenter amerikanischer Gelehrter, Kriegsflüchtlinge aus Wien, erinnern sich noch gern

---

19 Betty Jahoda (1881–1967).
20 Carl Jahoda (1867–1926).
21 Fritz Jahoda (1909–2008).
22 Marie (1907–2001) und Rosa (1905–2004).
23 Eduard (1903–1980) und Fritz.

an ihr Haus als Ersatzfamilie. Leider überlebten ihre großen menschlichen Qualitäten die Emigration nach Amerika nicht ohne gewisse Rückschläge; nach dem frühen Tod ihres Mannes wurde sie fast zwanghaft abhängig von ihrem ältesten Sohn.

Beide Frauen waren für ihre Zeit ungewöhnlich. Die Selbstständigkeit, die sie für sich erreichen konnten, wurde nicht durch äußere Einflüsse begünstigt, sondern beruhte allein auf ihren Fähigkeiten, ihrem Antrieb und ihren inneren Bedürfnissen. Sie gestalteten ihren Lebensweg in sehr persönlicher und individueller Form, durch ihren bloßen Willen, gegen die gesamte institutionelle Struktur ihrer Welt und gegen vorgegebene Anschauungen, die so tief verwurzelt waren, dass niemand daran dachte, sie zu hinterfragen. Ihre Kämpfe fochten sie aber lediglich auf der Ebene ihres persönlichen Lebens aus. Während Frauen anderswo auf der Welt für das Wahlrecht kämpften, waren sie keine politischen Aktivistinnen.

Aber auf ihre individuelle Art und Weise, in der Verfolgung ihrer eigenen Bedürfnisse, zeigten sie, dass Alternativen möglich waren, und ermutigten dadurch diejenigen, die ihnen nachfolgten, und bereicherten die Grundlage ihres Lebens. So hatte meine Mutter, die in der von ihrer polnisch-wienerischen Mutter geschaffenen liberalen Atmosphäre aufwuchs und von den Reformträumen der sozialdemokratischen Bewegung, die die Welt verändern wollte, mitgerissen wurde, eine offenere und ihre Entwicklung stärker fördernde Kindheit.

Obwohl sie behauptet, ihr Leben sei sehr zufallsbestimmt, größtenteils als Reaktion auf äußere Ereignisse verlaufen, zeigte sich die grundlegende Haltung meiner Mutter gegenüber der Welt schon früh: Sie akzeptierte nichts, weigerte sich, sich an Traditionen zu halten, und beteiligte sich mit Begeisterung an den reformerischen Kämpfen ihrer Zeit. Als Kind war sie einmal davor gewarnt worden, ihre Hand in den Rachen eines großen steinernen Löwen zu stecken, der auf der Treppe ihres Wohnhauses stand, weil der Löwe sie dann beißen könne. Unter großer Angst – und nachdem sie sich vergewissert hatte, dass ihre Mutter für den Fall zur Hand war, dass sie gerettet werden musste – steckte sie ihre Hand hinein, um selbst herauszufinden, ob dies stimmte oder nicht.

In einem ähnlichen Experiment testete sie die Existenz Gottes, wobei sie wachsam abwartete, ob sie von einem Blitz der zornigen Gottheit getroffen würde, nachdem sie ein Schimpfwort gegen sie ausgestoßen hatte. Ihr junges

Erwachsenenalter verbrachte sie teils mit der sozialdemokratischen Jugendbewegung, in der sie Sommerlager und Schulen für Mädchen und Jungen leitete, teils mit ihrem Studium an der Universität im Psychologischen Institut Karl Bühlers und seiner herrischen, aber begabten Frau Charlotte, und teils auch mit ihrer Mitarbeit in der Wirtschaftspsychologischen Forschungsstelle. In deren Rahmen entstand *Die Arbeitslosen von Marienthal*, die auch heute noch berühmte Studie über die sozialen Auswirkungen der Arbeitslosigkeit in einem österreichischen Dorf. Sowohl diese Studie, deren Hauptautorin sie war, als auch ihre führende Rolle in der sozialdemokratischen Jugendbewegung führten zu ihrer ersten Ehe und zu meiner Geburt. Und obwohl diese Ehe nicht lange hielt, blieb sie mit meinem Vater sein Leben lang befreundet.

Während dieser Zeit bereitete sich meine Mutter darauf vor, zukünftige Erziehungsministerin in einer sozialdemokratischen österreichischen Republik zu werden. Aber dann traten äußere Ereignisse dazwischen. Die Republik wurde liquidiert, die Sozialdemokraten verloren einen sehr kurzen Bürgerkrieg, und ihre Partei wurde für illegal erklärt. Sie setzte ihre Arbeit an der Universität fort und schloss sich dem Untergrund an, wobei sie ihre Mutter Betty und Schwester Rosi dafür gewinnen konnte, sich um mich zu kümmern. Ihre Tätigkeit als Untergrundkurierin führte zu ihrer Inhaftierung. Als sie ein Jahr später freigelassen wurde, geschah dies unter der Bedingung, dass sie das Land unverzüglich verlassen musste. Sie hatte die Möglichkeit, nach England zu emigrieren; mein Vater, der bereits nach Amerika ausgewandert war, brachte mich nach New York, bis sie sich in England niedergelassen hätte und ich ihr nachfolgen könnte.

Und wieder traten äußere Umstände dazwischen. Sie blieb während des gesamten Krieges in England, gestaltete dort nach Wien ausgestrahlte illegale Radiosendungen, und ich sah sie erst acht Jahre später wieder, als sie in Amerika ankam. Dort etablierte sie sich schnell als Professorin an der New York University, kehrte dann aber nach England zurück, um einen Parlamentsabgeordneten der Labour Party zu heiraten und ihre sozialpsychologischen Studien und ihr Engagement für soziale Reformen fortzusetzen. Sie beendete ihre offizielle Karriere als Professorin an der Universität von Sussex, und ganz nebenbei nahm diese engagierte Sozialdemokratin gar noch von der Königin den Titel eines Commander of the British Empire an. In ihrem Haus in Sussex richtete sie einen eigenen Salon ein, der allerdings eher persönlich als politisch ausgerichtet war, in erster Linie für die Kinder und Enkelkinder ihres Mannes, aber auch für ihre englischen Kollegen und alle alten amerikanischen Freunde, Verwandten und ehemaligen Mitarbeiter, die zufällig in der Nähe waren.

Obwohl sie offiziell im Ruhestand war, schrieb sie weiterhin Bücher und Artikel, darunter ein Buch über Freud[24] und eine weitere vielbeachtete Analyse über die soziale Bedeutung von Arbeit.[25] In den letzten Jahren schloss sich der Kreis ihrer Karriere mit wiederholten Einladungen zur Rückkehr nach Österreich, wo sie mit Ehrungen überhäuft wurde und mit führenden Persönlichkeiten der sozialdemokratischen Partei zusammentraf, unter denen einige Jugendfreunde waren. Nun, im Alter von 90 Jahren, hat sie gerade eine Übersetzung der französischen feministischen Dichterin Louize Labé aus dem 16. Jahrhundert in die englische Versform übertragen und wird sie demnächst auch veröffentlichen.[26]

Sie war die erste Schwiegertochter meiner Großmutter väterlicherseits. Deren zweite und meine erste Stiefmutter, Herta Herzog, kam aus einem ganz anderen Teil der Wiener Gesellschaft. Ihre Familie war katholisch, wohlhabend und lebte während der Jahre in der Diktatur unter recht annehmlichen Bedingungen in Österreich. Sie selbst war nicht politisch interessiert, studierte an der Universität Wien Psychologie und promovierte.[27] Sie begleitete meinen Vater Paul mit einem einjährigen Stipendium nach Amerika und blieb bei ihm, nachdem die Niederlage im Bürgerkrieg 1934 deutlich gemacht hatte, dass er in Österreich keine Zukunft mehr hatte. Und dort, in New York, wurde sie ohne eigenes Verschulden unerwartet mit der Ankunft eines mürrischen siebenjährigen Kindes konfrontiert. Ohne eigene Kinder, aber mit kontinuierlicher, vor allem von Flüchtlingen geleisteter Haushaltshilfe, setzte sie ihre Arbeit fort und wurde für ihre „Motivationsforschung" in der Werbung bekannt. Später führte sie eine glückliche zweite, kinderlose

24 Marie Jahoda. 1985. *Freud und das Dilemma der Psychologie*. Frankfurt a. M.: Fischer.
25 Marie Jahoda. 1983. *Wieviel Arbeit braucht der Mensch? Arbeit und Arbeitslosigkeit im 20. Jahrhundert*. Weinheim und Basel: Beltz.
26 Louize Labé. 1998. *Ach, meine Liebe, werft sie mir nicht vor. 24 Sonette französisch – deutsch – englisch*. Übertragen von Rainer Maria Rilke und Marie Jahoda. Nachwort von Marie Jahoda. Münster: Johannes Lang.
27 Herta Herzog. 1932. *Stimme und Persönlichkeit*. Wien: Diss. Univ. Wien. Vgl. Fleck, Lazarsfeld's wives, siehe *Rekonstruktionen*, Fußnote 82; Elisabeth Klaus und Josef Seethaler. 2016. *What do we really know about Herta Herzog? Exploring the life and work of a pioneer of communication research*. Frankfurt a. M.: Peter Lang Academic Research.

Ehe (mit einem Mann, den ich schon als Teenager bewunderte) und kehrte schließlich nach Europa zurück. Heute lebt sie auf der Forellenzuchtfarm ihrer Familie in den österreichischen Alpen, wo sie weiterhin analytische Aufsätze über die Reaktion des Publikums auf Fernsehdramen schreibt.[28]

Die dritte Schwiegertochter meiner Großmutter väterlicherseits war am Ende des Zweiten Weltkriegs eine amerikanische Doktorandin im Fachbereich Soziologie an der Columbia University. Patricia Kendall war dort Mitglied einer außerordentlich kreativen Gruppe junger Sozialforscher, zu deren kollektiver Arbeit sie maßgeblich beitrug. In gewisser Weise ließ sie die Gewohnheiten eines typischen Wiener Mittelklasse-Haushalts wieder aufleben, wobei sie in Manhattan lebte und mit ihrer Familie jeden Sommer nach New Hampshire zog, wo sie weiter forschte und schrieb.

Diese Frauen der zweiten Generation, die über all die Bildungsmöglichkeiten verfügten, die der ersten Generation fehlten, trugen dazu bei, jene Unterstützung zu institutionalisieren, die ihre Vorgängerinnen nie erhalten hatten. Keine von ihnen, da bin ich mir sicher, fühlte sich diskriminiert, weil sie Frauen waren, oder hatte das Gefühl, dass sie eine besondere Förderung benötigten. Aber obwohl sie fraglos davon ausgingen, dass sie häusliche Pflichten hatten, war ihr Familienleben bruchstückhaft, unterbrochen, unvollständig und nur mit der Hilfe anderer zu bewältigen. Ich wuchs unter dem Eindruck ihres beruflichen Erfolgs auf und ging davon aus, dass die Einschränkungen ihres Familienlebens persönlichen Wechselfällen entsprangen, die ich vermeiden würde.

Es war klar, dass ich in dieser Familie nicht überleben konnte, wenn ich keine berufliche Laufbahn einschlagen würde. Aber damit war keine Anstrengung verbunden: Ich kann mich nicht erinnern, jemals viel darüber nachgedacht zu haben. College und Doktoratsstudium waren vorprogrammiert und würden, so nahm ich an, zu einem Leben mit beruflicher Arbeit in Verbindung mit einer Familie führen. Allerdings hatte ich in diesem Bereich größere Ziele, da ich hoffte, vier Kinder auf die Welt zu bringen, die zusammen ein Streichquartett hätten bilden können. Diese Erwartungen blieben bis zum Abschluss meines Studiums lebendig, obwohl es auf dem Weg dorthin Anzeichen für Probleme gab, die einen aufmerksameren Menschen vielleicht gewarnt hätten.

---

28 Herta Herzog starb 2010.

Einige von uns in der High School bewarben sich sowohl am College von Radcliffe als auch von Swarthmore.[29] Wo wir dann tatsächlich studierten, war fast zufällig, einige verschlug es nach Radcliffe, mich und andere eben nach Swarthmore. Aber wir schienen in den beiden Colleges recht unterschiedlich gut zurecht zu kommen. Mehrere meiner Freundinnen, die in Radcliffe studierten, äußerten große Zweifel an ihrem Vorhaben und fragten sich, was sie denn als Nächstes tun sollten. Im Gegensatz dazu waren sich die meisten meiner Freundinnen in Swarthmore sicher, dass wir danach eine spezialisierte Universitätsausbildung beginnen würden, und das taten wir dann auch. Obwohl ich mir dieses Unterschieds bewusst war, dachte ich nicht viel darüber nach, was er bedeuten könnte, und bewarb mich in Radcliffe, um am Harvard Department of Social Relations zu promovieren. Und dort landete ich in den frühen 1950er Jahren denn auch, mitten im Zeitalter des „Weiblichkeitswahns".[30]

Wie lebten wir damals? Als Doktorandinnen stand uns keines der Wohnheime zur Verfügung. Aus meiner ersten Wohnung wurde ich hinausgeworfen, nachdem sich die Vermieterin beim Dekan des Radcliffe College beschwert hatte, dass ich nicht nur tagsüber, sondern auch abends Männer bei mir hatte. Man hatte mir zwar mitgeteilt, dass ich zu den Top-Bewerbern des Fachbereichs gehörte, aber da ich mich für den Radcliffe- und nicht für den Harvard-Abschluss beworben hatte, erhielt ich ein Stipendium in Höhe von nur 100 Dollar. Radcliffe verfügte nur über sehr geringe eigene Stipendiengelder.[31] Nichts von alledem hat mein Bewusstsein für die Probleme berufstätiger Frauen geschärft. Allerdings muss ich gestehen, dass ich doch ein wenig erschüttert war, als mein zukünftiger Ehemann mich seinem Doktorvater vorstellte und ihm mit einigem Stolz von meinen beruflichen Plänen

---

29 Radcliffe war das für Frauen reservierte College der Harvard University; 1999 wurde es in die Universität integriert. Swarthmore war ein privates koedukatives College.

30 Vgl. Betty Friedan. 1963. *Der Weiblichkeitswahn oder Die Mystifizierung der Frau*. Reinbek b. Hamburg: Rowohlt (dt. 1966). Bailyn bezieht sich hier auf dieses einflussreiche Buch, in dem das Wunschbild von Frauen, sie sollten sich ihrer Weiblichkeit erfreuen und ihre Erfüllung als Ehefrauen und Mütter finden, einer beißenden Kritik unterzogen wurde. Unter Friedans Führung organisierte NOW, die National Organisation of Women, im August 1970 die erste große Frauenrechtsdemonstration in New York.

31 Die verstaubten Beziehungen, die damals zwischen den beiden Institutionen bestanden, sind quasi in die lateinischen Formulierungen meines Radcliffe-Diploms „eingebettet" (das heute, wie ich vermute, ein Sammlerstück ist), das vom Präsidenten des Radcliffe College unterzeichnet und dann vom Präsidenten der Harvard University in einem langen Satz bestätigt wurde, den niemand, den ich kenne, übersetzen kann (L. Bailyn).

erzählte, und dessen Antwort lautete: „Kann sie tippen?" In Anbetracht der Tatsache, dass ich den Fakultätsklub nur durch die Hintertür betreten durfte und die Dinnerpartys mit den Männern in einem und den Frauen in einem anderen Raum endeten, wurde mir langsam klar, dass ich mich in einer anderen Welt befand als ich erwartet hatte.

Natürlich gab es dafür auch so manche Entschädigungen. Wir legten unsere Prüfungen in Radcliffe nach einem System ab, bei dem sich die Prüflinge selbst dazu verpflichteten, nicht zu schwindeln, was viel angenehmer war, als Tests unter strenger Aufsicht in Harvards Memorial Hall zu absolvieren. Und unsere Abschluss-Hüte erhielten wir bei der dezenteren und gemütlicheren Radcliffe-Abschlussfeier. Aber diese Annehmlichkeiten konnten keinen Ausgleich beim letztlich entscheidenden Problem bieten: einen Job zu finden. Mein Doktorvater Gordon Allport, ein weltweit anerkannter Vertreter der Sozialpsychologie und ein freundlicher und großzügiger Mann, teilte mir mit Bedauern mit, dass er mich zwar gerne als Dozentin an der Harvard University behalten würde, dies aber nicht tun könne, weil diese Position auch einige Tutorien in den Häusern mit sich bringe, die nur von einem Mann durchgeführt werden könnten. Also nahm ich eine Forschungsstelle an, die von einem meiner männlichen Kollegen abgelehnt worden war, und begann eine 15-jährige Irrfahrt mit Gelegenheitsjobs in Forschung und Lehre in der Gegend von Boston.

Damit war ich nicht allein. Es gab brillante Wissenschaftlerinnen, die ihren Ehemännern an die Orte ihrer verschiedenen Jobs folgten und dabei alle nur möglichen beruflichen Gelegenheiten beim Schopf ergriffen, die sich nebenher auftaten. Die beste Absolventin eines Jahrgangs der Harvard Law School, eine außerordentlich fähige Frau, wurde eine untergeordnete Teilzeitangestellte in einer Anwaltskanzlei, wofür sie sich sogar noch glücklich schätzte. Andererseits wurden wir dafür aber wiederum auch mit einigen Erleichterungen entschädigt. Wir haben unsere Kinder mit sehr wenig Hilfe, aber mit weniger Stress großgezogen, als wenn wir eine Festanstellung, eine Partnerstelle oder eine auf wenige Jahre befristete Stelle innegehabt hätten, und wir haben es geschafft, zumindest nebenbei beruflich weiterzuarbeiten. Und so waren wir bereit einzusteigen, als sich die Welt veränderte und die Universitäten, Unternehmen und Anwaltskanzleien begannen, aktiv nach Frauen zu suchen.

Es gab auch noch andere Lebenswege, die sich alle von denen meiner Mutter unterschieden. Viele Frauen dieser dritten Generation begannen ihre

Karriere, indem sie sich voll und ganz ihren Kindern widmeten – und sie hatten viel mehr Kinder als meine Mutter, ihre Schwester, ihre Schwägerinnen und meine Stiefmütter, die alle jeweils höchstens ein Kind hatten. Einige meiner Zeitgenossinnen, die sich zunächst nur ihren Familien widmeten, traten später in die Berufswelt ein, etwa mit Hilfe des Radcliffe-Instituts, und sind heute in hochrangigen Positionen tätig. Viele andere engagierten sich maßgeblich für ehrenamtliche soziale und kulturelle Aktivitäten, die unser aller Lebensqualität gehoben haben. Aufgrund unserer Ausbildung hatten wir also zahlreiche Wahlmöglichkeiten, wie wir unser Leben gestalten wollten. Was uns aber erst jetzt klar wird, insbesondere im Vergleich zu dem, was danach kam, ist die Tatsache, wie vollständig unsere Wahlmöglichkeiten von den Männern in unserem Leben abhingen. Ihre Verpflichtung, uns zu versorgen, wurde nicht in Frage gestellt, und wir taten, was wir konnten, um ihre Karrieren zu fördern und unser eigenes Leben in die von ihnen offen gelassenen Zwischenräume einzupassen.

Die nächste Generation, die unserer Töchter, ist mit anderen Erwartungen aufgewachsen. Sie sind rechtlich, institutionell und ideologisch handlungsfähiger und leben in einem anderen wirtschaftlichen Klima. Mit ihrer Erwartung, alles unter einen Hut zu bringen, haben sie eine ganze Reihe neuer Probleme sichtbar gemacht.

Meine Schwiegertochter[32] hat eine lang ersehnte und sehr willkommene neue weibliche Stimme in meine jetzige Familie gebracht. Sie hat sogar versprochen, mit mir einkaufen zu gehen und mir neue Kleider zu kaufen! Aber ihre Karriere entwickelt sich in einem völlig anderen Kontext als meine. Die Erwartungen haben sich umgekehrt. Sofort übernimmt sie ihren ersten akademischen Job in Chicago, während ihr Mann und ihr Hund in New Haven bleiben. Sie hat ihren eigenen Namen und ihre eigene Wohnung – das ist mehr, als Virginia Woolf gefordert hat.[33] Ich habe oft erklärt, dass mein Feminismus mich im Stich lässt, wenn es um das Wohl meines Sohnes geht. Und ich mache mir wirklich Sorgen. Wer wird dafür sorgen, dass er nahrhafte Mahlzeiten bekommt? Und wird das, was einem Enkelkind, an dem ich mich erfreuen kann, am nächsten kommt – während meine Schwiegertochter ihre vielversprechende Karriere entwickelt –, ein Enkelhund sein?

---

32 Rebecca Tannenbaum, Historikerin, seit 1993 mit Charles Bailyn verheiratet.
33 Vgl. Virginia Woolf. 2012. *Ein Zimmer für sich allein*. Leipzig: Reclam.

Aber mein Sohn ist nicht in Sorge, zumindest glaube ich das. Er sieht diese Situation, die für meine Generation völlig fremd gewesen wäre, als völlig natürlich an. Er und seine Frau leben in einem neuen ideologischen Kontext in einer institutionellen Welt der Doppelkarrieren mit gleichberechtigten Prioritäten für beide. Und das bringt neue Sorgen mit sich: Was wird aus den Gemeinschaften, den Kindern und sogar den Hunden, wenn alle Erwachsenen eines Haushalts eigenständige, unter hohem Druck stehende Karrieren machen?

Alte Probleme verblassen und neue tauchen auf. Nichtsdestotrotz gibt es einige Fortschritte. Als ich meiner Mutter erzählte, dass ich etwas über den Wandel im Leben von Frauen schreibe, schickte sie mir ein Zitat aus Aristoteles' *Poetik*. Zweifellos, schrieb Aristoteles, finde man „gute Manieren bei Personen jeder Art". Allerdings, so führte er weiter aus, seien – obwohl „die Manieren einer Frau oder eines Sklaven gut sein mögen" – Frauen im Allgemeinen „wohl eher schlecht als gut, und Sklaven ganz und gar schlecht". Ich schätze also, dass wir im Laufe der Geschichte doch einen langen Weg zurückgelegt haben.

Aber es war ein steiniger Weg mit Einschränkungen und Kämpfen in jeder Phase. In der Generation meiner Großmütter (der ersten Generation, an die ich mich aktiv erinnere) übertrafen die persönlichen Qualitäten bei Weitem die verfügbaren Möglichkeiten. Was zählte, waren Verstand, Charakter und Entschlossenheit, womit sie gegen eine nahezu undurchdringliche Mauer aus institutionellen und ideologischen Barrieren ankämpfen mussten. Daher stand nur sehr wenigen Frauen ein berufliches oder öffentliches Leben offen. Die nächste Generation, die Generation meiner Mutter, hatte weitaus mehr Möglichkeiten, vor allem im Bereich der Bildung, aber während sie sich dem Kampf für gesellschaftliche Fortschritte anschlossen, schränkten sie – sei es freiwillig oder aufgrund der Umstände – ihr Privat- und Familienleben zugunsten ihres öffentlichen Engagements ein, wobei sie in der größeren gesellschaftlichen Arena doch auf eine Rolle von Alibifrauen beschränkt blieben. Nur die Außergewöhnlichen unter ihnen waren in der Lage, sich zu profilieren, wofür sie mit den allgemeinen Erwartungen an die Gestaltung eines Frauen-Lebens brechen mussten. In der dritten Generation, der meinen, begannen sich diese Erwartungen zu verändern. Wir hatten bessere Ausgangsbedingungen und entdeckten verschiedene Möglichkeiten, ein zufriedenstellendes Leben zu führen, einige in der Öffentlichkeit, andere eher privat, wobei unsere Entscheidungen aber im Großen und Ganzen durch die der Männer in unserem Leben eingeschränkt wurden, von denen wiederum weitgehend unhinterfragt erwartet wurde, dass sie uns finanziell versorgten. Nun, in der vierten Generation, der unserer Töchter, ermutigt die Welt sie alle, sich eigenständig öffentlich zu profilieren, und sie streben nach Gleichberechtigung in einer Art und Weise, die ihre ganze Intelligenz und Vorstellungskraft – wie auch die ihrer Partner – herausfordert.

Ihnen habe ich nur Folgendes zu sagen. Die Karrieremöglichkeiten stehen nun offen und werden sogar durch die wirtschaftlichen Rahmenbedingungen und die öffentliche Politik forciert. Aber auch diese Möglichkeiten beruhen immer noch auf der Vorstellung vom Arbeitnehmer, der keine andere Verantwortung wahrnimmt als die, die sich aus dem Beschäftigungsverhältnis ergibt. Solange diese Voraussetzung bestehen bleibt – die immer noch grundlegend bestimmt, worin Erfolg besteht und wie er zu messen ist –, wird es für Frauen und zunehmend auch für Männer schwierig sein, die Spannungen in ihren komplizierten Lebenszusammenhängen abzubauen und nicht nur an einer befriedigenden Berufsarbeit, sondern auch an den Angelegenheiten ihrer Familien und Gemeinschaften teilzuhaben. Es ist nun an der Zeit, den Blick von einzelnen Frauen und den von ihnen gestalteten Lebenswegen auf die Strukturen der Arbeit selbst und auf die institutionellen, gesellschaftlichen und kulturellen Voraussetzungen zu richten, die ihnen zugrunde liegen. Dieses Bemühen steht im Mittelpunkt der aktuellen Arbeit des Radcliffe Public Policy Institute und anderer, die sich um diesen notwendigen Wandel bemühen.[34]

Abschließend möchte ich sagen, dass ich mir bewusst bin, dass alles, was ich hier geäußert habe, zwei schwerwiegende Einschränkungen aufweist. Erstens beruhen meine Beobachtungen auf dem Leben lediglich einiger weniger Frauen in einer einzigen Familie, das vielleicht in mancher Hinsicht typisch, unter anderen Gesichtspunkten aber sicherlich auch untypisch ist. Zweitens waren diese Frauen – obwohl keine von ihnen, wie ich schon ausgeführt habe, die Vorteile besonderen Vermögens oder ausgeprägter Geni-

---

34 Beispielhaft sind in dieser Hinsicht zu nennen: Rhona Rapoport (1927–2011), Direktorin des Institute of Family and Environmental Research, London; Deborah M. Kolb, Direktorin des Simmons Institute on Leadership and Change, Simmons College, Boston; Joyce K. Fletcher, Asa S. Knowles Research Fellow am Office for the Study of Work and Learning, Northeastern University, Boston; Maureen Harvey, Partner of LUME International LLP, Cambridge, MA (L. Bailyn).

alität genießen konnte oder kann – alle in dem Maße privilegiert, als sie im jeweiligen Kontext ihrer Zeit zumindest einige Wahlmöglichkeiten hatten, was zweifellos nicht auf alle Mitglieder der Gesellschaft zutrifft. Die Herausforderung besteht nun darin, diese Möglichkeiten – wie widersprüchlich sie sich in ihrer Umsetzung auch erweisen mögen – allen zugänglich zu machen: Männern wie Frauen, und insbesondere denjenigen in weniger privilegierten Positionen.

Familien
alben

Wir Frauen von heute
von Mitzi Jahoda

Wir Frauen von heute sind lebensfroh
und lassen die Alten sich grämen.
Wir zeigen den andern: es geht auch so!
Man braucht sich nicht mehr zu schämen.

Wir Frauen von heute sind arbeitsgewohnt
und nehmen, wie's kommt, das Leben.
Was nützt es schließlich, wenn man sich schont?
Dann lebt man nicht ganz, nur daneben.

Wir Frauen von heute gehen doch
auf die Straße, auch wenn es regnet.
Nur leider sind wir allzu oft noch
Männern von gestern begegnet.

[aus: *Arbeiter Zeitung* vom 2. Februar 1930]

Marie Jahoda
im Alter von 3 Jahren

Bildhauer Hugo Taglang mit der Büste von Josef Popper-Lynkeus in seinem Atelier um 1926.
Popper-Lynkeus war einer der beiden „Familiengötter" der Familie Carl und Betty Jahoda

Die Druckerei von Georg Jahoda und
Friedrich Siegel befand sich in der
Hinteren Zollamtsstraße 3, 1030 Wien

Hochzeitsfoto Carl und Betty
Jahoda, 1902 in Wien

Karl Kraus, 1928, der zweite
„Familiengott" der Familie Jahoda

Innenhof der Druckerei Jahoda & Siegel,
Ansicht von 2020

Eröffnung des Karl-Marx-Hofs am 12. Oktober 1930

Friedrich Adler, vermutlich beim
2. Internationalen Jugendtreffen in Wien 1929

Karl-Marx-Hof,
Ausschnitt der Hauptfassade

Basteln bei den Kinderfreunden im Karl-Marx-Hof

Alfred Adler (ganz rechts) bei seiner Ernennung zum Ehrenbürger der
Stadt Wien, 1930; zweiter von links: Bürgermeister Karl Seitz

Im Oktober 2021 wurde der Gemein-
debau Kegelgasse 17, 1030 Wien, nach
Marie Jahoda benannt

Marie Jahoda, 1931

Charlotte Bühler, 1937; sie betreute die
Dissertation Marie Jahodas am Psychologisches Institut der Universität Wien

Stiegenhauskonstruktion im Karl-Marx-Hof

Baustelle Karl-Marx-Hof um 1928

Abriss der Textilfabrik Marienthal im Jahr 1931. An diesem
Ort entstand die Studie „Die Arbeitslosen von Marienthal"
von Marie Jahoda, Paul F. Lazarsfeld und Hans Zeisel

Karl-Marx-Hof, Stiege 50 - hier wohnten Marie Jahoda und Paul F. Lazarsfeld mit der Tochter Lotte Anfang der 1930er Jahre

Otto Neurath (mit Hut) und Studentinnen sowie Studenten der sozialdemokratischen Arbeiterhochschule in den 1920er Jahren

Polizeigebäude und Gefängnis an der Elisabethpromenade,
heute Rossauer Lände, 1090 Wien; Ansicht von 1904

Zerstörungen am Karl-Marx-Hof
infolge der Februarkämpfe 1934

Marie Jahoda im Sommer 1937,
kurz vor ihrer Ausreise nach London

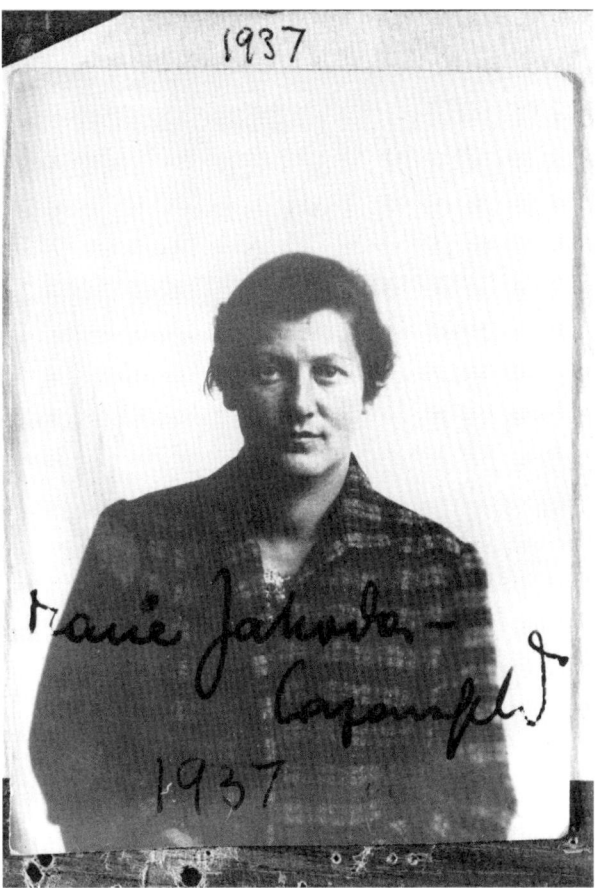

Marie Jahoda bei der
Entlassung aus der Haft 1937

Stiegenhaus Döblinger Hauptstraße 60,
1090 Wien; hier wohnte Marie Jahoda
bei ihrer Verhaftung im November 1936

Marie Jahoda, Ostern 1934, auf
dem Schneeberg, Niederösterreich

Marie Jahoda und ihre Mutter Betty Jahoda, 1937

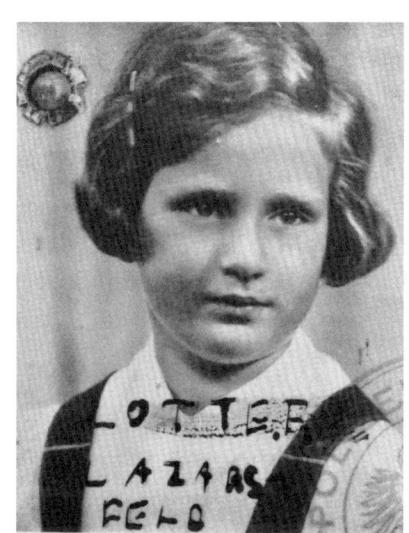

Lotte Bailyn, geborene Lazarsfeld,
Passfoto für die Ausreise in die USA, 1937

Lotte Lazarsfeld mit ihrer Mutter Marie Jahoda, 1936

Werkstättengebäude des Sozialprojekts für arbeitslose Bergarbeiter in
Cwmavon, Südwales; über das Projekt
führte Marie Jahoda 1937 und 1938
eine Feldstudie durch, publiziert unter
dem Titel „Arbeitslose bei der Arbeit"

Milchgebinde der Kooperative in Cwmavon, 1936;
die selbst produzierte Milch wurde nur an Mitglieder
zum Selbstkostenpreis verkauft, nicht auf dem Markt

Peter Scott, Leiter des Sozialprojekts, bei der Eröffnung einer
Möbeltischlerei in Brynmawr, (1. Reihe, 3. von links), 1931

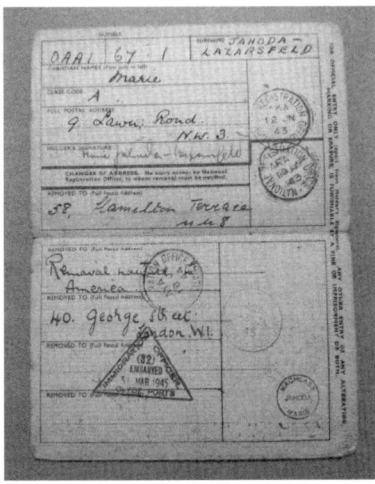

Bild links: Britische
Identitätskarte Marie
Jahodas mit dem Ein-
trag ihrer Ausreise nach
Kanada im März 1945

Bild rechts: Marie
Jahoda in London, 1937

Joseph Buttinger, Vorsitzender
der Revolutionären Sozialisten in
der Illegalität; Aufnahme um 1970

Lotte Bailyn mit ihrer
Freundin Trudy Festinger, 1944

Marie Jahoda im Central Park, New York, April 1945

Walter Hacker (rechts) im Gespräch
mit Peter Pelinka, 1981

Marie Jahoda mit ihren Geschwistern 1955:
von links Rosa, Eduard, Marie und Fritz

Paul F. Lazarsfeld,
1960er Jahre

Marie Jahoda mit ihrer Tochter Lotte, 1950

Marie Jahoda in den Ötztaler Bergen bei einem Österreichbesuch 1954

Marie Jahoda mit Cello, 1953 in New York

Marie Jahoda in Keymer, West Sussex, England, um 1986

Marie Jahoda mit Enkel
Charles Bailyn, 1960

Marie Jahoda mit Austen Albu und
Mutter Betty Jahoda um 1958 in England

Marie Jahoda im Brunel College of
Advanced Technolgy in den 1960er Jahren

Lotte Bailyn am MIT, Cambridge MA, 2003

Feier zur Namensgebung der „Marie Jahoda Schule" in der Herbst-
straße, 1160 Wien, Jänner 2003; von links Bernard Bailyn, John Bailyn,
Lotte Bailyn und Sigrun Haslinger (Direktorin der Schule)

Lotte Bailyn bei ihrem Statement in
der „Marie Jahoda Schule"

Lotte Bailyn am MIT, 1990

Familien Bailyn und Lazarsfeld zu Thanksgiving, November 2023; vom links Jane Bailyn (Tochter von Charles), John Bailyn, Sarah Lazarsfeld (Lottes Nichte), Lotte Bailyn, John Lazarsfeld (Lottes Neffe), Charles Bailyn, Sava Bailyn (Tochter von John)

Eingangstor zur
„Marie Jahoda Schule"
in 1160 Wien

Lotte Bailyn mit ihrer Cousine
Ellie (Eleanor) Horwitz im
Garten ihres Hauses, Herbst 2022

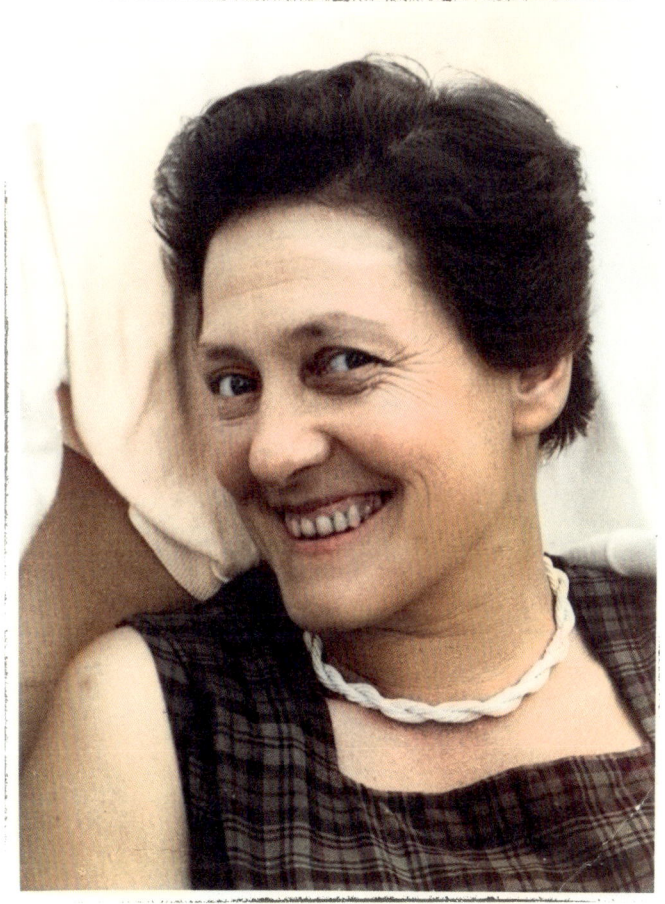

Marie Jahoda um 1959 in England

Anhang

Anhang

Genealogie Lotte Bailyn,
Vier Generationen

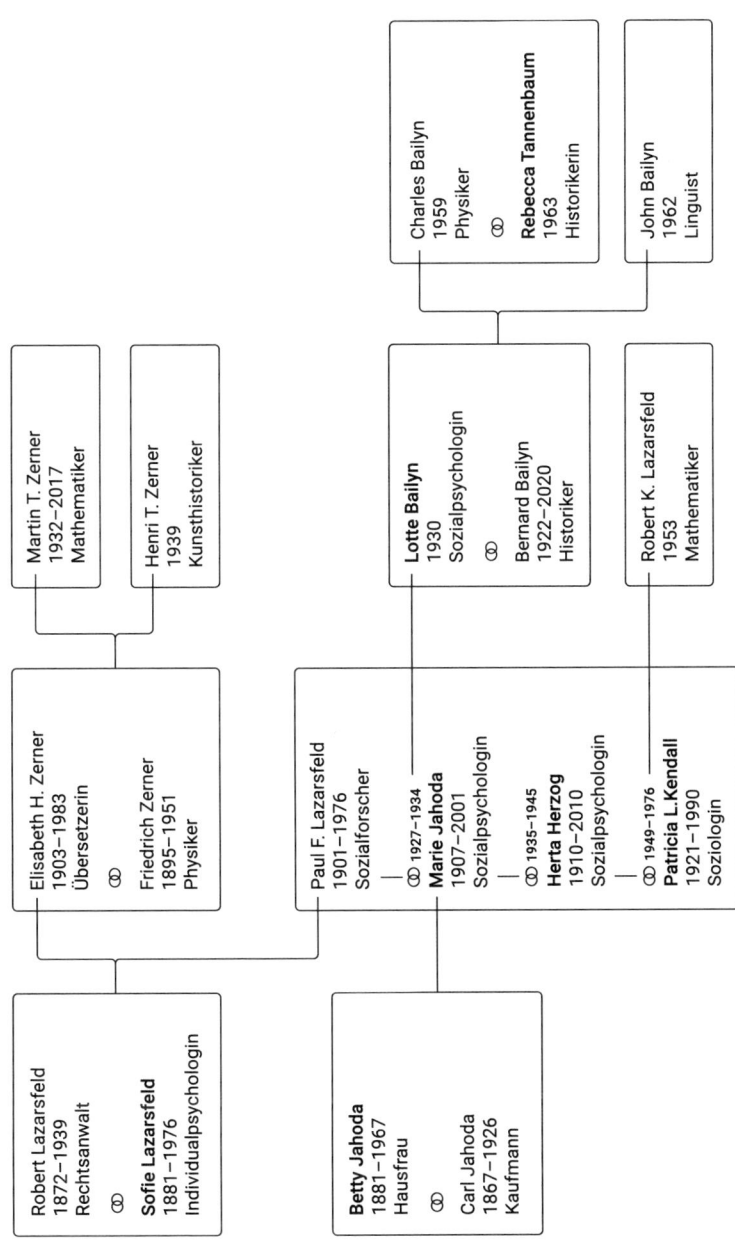

Charles Bailyn
1959
Physiker

∞

Rebecca Tannenbaum
1963
Historikerin

John Bailyn
1962
Linguist

Martin T. Zerner
1932–2017
Mathematiker

Henri T. Zerner
1939
Kunsthistoriker

Lotte Bailyn
1930
Sozialpsychologin

∞

Bernard Bailyn
1922–2020
Historiker

Robert K. Lazarsfeld
1953
Mathematiker

Elisabeth H. Zerner
1903–1983
Übersetzerin

∞

Friedrich Zerner
1895–1951
Physiker

Paul F. Lazarsfeld
1901–1976
Sozialforscher

∞ 1927–1934
Marie Jahoda
1907–2001
Sozialpsychologin

∞ 1935–1945
Herta Herzog
1910–2010
Sozialpsychologin

∞ 1949–1976
Patricia L.Kendall
1921–1990
Soziologin

Robert Lazarsfeld
1872–1939
Rechtsanwalt

∞

Sofie Lazarsfeld
1881–1976
Individualpsychologin

Betty Jahoda
1881–1967
Hausfrau

∞

Carl Jahoda
1867–1926
Kaufmann

Genealogie Marie Jahoda, Rekonstruktionen

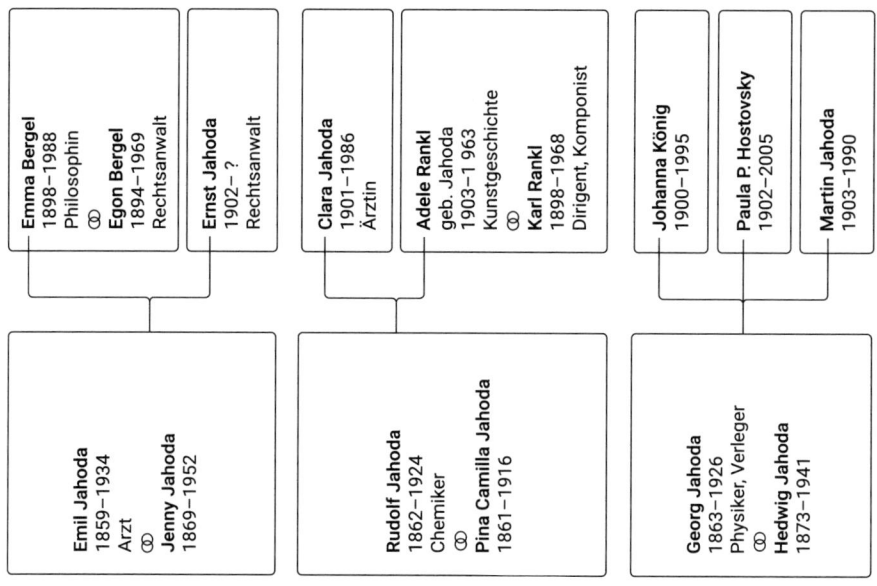

Emma Bergel
1898–1988
Philosophin
⚭
Egon Bergel
1894–1969
Rechtsanwalt

Ernst Jahoda
1902–?
Rechtsanwalt

Clara Jahoda
1901–1986
Ärztin

Adele Rankl
geb. Jahoda
1903–1 963
Kunstgeschichte
⚭
Karl Rankl
1898–1968
Dirigent, Komponist

Johanna König
1900–1995

Paula P. Hostovsky
1902–2005

Martin Jahoda
1903–1990

Emil Jahoda
1859–1934
Arzt
⚭
Jenny Jahoda
1869–1952

Rudolf Jahoda
1862–1924
Chemiker
⚭
Pina Camilla Jahoda
1861–1916

Georg Jahoda
1863–1926
Physiker, Verleger
⚭
Hedwig Jahoda
1873–1941

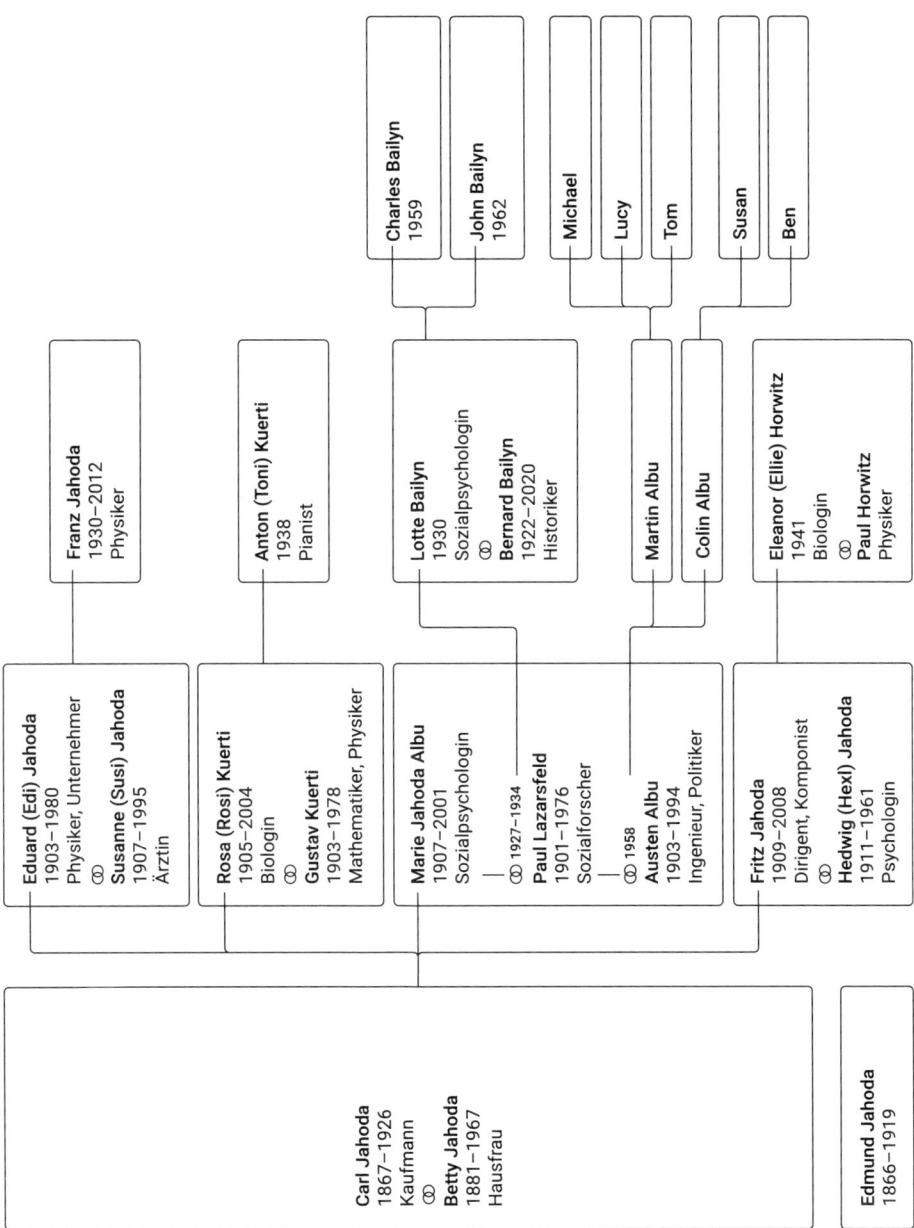

Carl Jahoda
1867–1926
Kaufmann
∞
Betty Jahoda
1881–1967
Hausfrau

Edmund Jahoda
1866–1919

Eduard (Edi) Jahoda
1903–1980
Physiker, Unternehmer
∞
Susanne (Susi) Jahoda
1907–1995
Ärztin

Franz Jahoda
1930–2012
Physiker

Rosa (Rosi) Kuerti
1905–2004
Biologin
∞
Gustav Kuerti
1903–1978
Mathematiker, Physiker

Anton (Toni) Kuerti
1938
Pianist

Marie Jahoda Albu
1907–2001
Sozialpsychologin

∞ 1927–1934
Paul Lazarsfeld
1901–1976
Sozialforscher

∞ 1958
Austen Albu
1903–1994
Ingenieur, Politiker

Lotte Bailyn
1930
Sozialpsychologin
∞
Bernard Bailyn
1922–2020
Historiker

Charles Bailyn
1959

John Bailyn
1962

Martin Albu

Colin Albu

Michael

Lucy

Tom

Susan

Ben

Fritz Jahoda
1909–2008
Dirigent, Komponist
∞
Hedwig (Hexl) Jahoda
1911–1961
Psychologin

Eleanor (Ellie) Horwitz
1941
Biologin
∞
Paul Horwitz
Physiker

Biografische Daten Marie Jahoda

geschiedene Lazarsfeld, verheiratete Albu
geb. Wien, am 26. Januar 1907
gest. Keymer, West Sussex, am 28. April 2001
Vater: Carl Jahoda, Wien 1867 – Wien 1926
Mutter: Betty Jahoda, geb. Propst, Dobromyl, Galizien 1881 –
    New York 1967

1918	Realgymnasium für Mädchen; seit 1924 Mitglied des Verbandes sozialistischer Mittelschüler
1926	Matura in Wien
1926–1928	Besuch des Hochschulmäßigen Lehrerbildungskurses des Pädagogischen Instituts der Stadt Wien; 1928 Diplom als prov. Volksschullehrerin
1926–1931	Studium der Psychologie an der Universität Wien; 1932 Promotion zur Dr. phil.
1927–1934	Ehe mit dem Soziologen Paul Felix Lazarsfeld (Wien 1901 – New York 1976); 1934 geschieden
1928–1929	Einjähriger Aufenthalt in Paris
1929–1930	Projektmitarbeiterin bei Gustav Ichheiser (1897–1969) am Berufsberatungsamt der Stadt Wien
1930	Geburt der Tochter Lotte Franziska Lazarsfeld; seit 1952 verh. Bailyn
1931–1936	Mitarbeiterin der Österreichischen Wirtschaftspsychologischen Forschungsstelle in Wien, seit 1934 wissenschaftliche Leiterin (gem. mit Gertrude Wagner)
1932–1933	Mitarbeiterin am Gesellschafts- und Wirtschaftsmuseum in Wien bei Otto Neurath (1882–1945)
1933–1934	Hilfslehrerin an Volksschulen der Stadt Wien
1936–1937	Inhaftiert wegen ihrer Untergrundarbeit für die Revolutionären Sozialisten Österreichs (RS); im Juli 1937 zu drei Monaten Kerker verurteilt
1937	Nach nationalen und internationalen Protesten vorzeitige Freilassung unter der Bedingung, Österreich ohne Pass zu verlassen

1937–1945 Exil in Großbritannien; zunächst freischaffende
           Sozialwissenschaftlerin
1941–1943 Redakteurin und Sprecherin beim britischen Geheimsender
           „Radio Rotes Wien" in Woburn bei London
1945   Übersiedlung in die USA; 1950 Annahme der US-amerikani-
           schen Staatsbürgerschaft
1945–1949 Freischaffende Sozialwissenschaftlerin in New York
1949–1958 Associate bzw. 1953 Full Professor of Social Psychology an der
           New York University in New York City, N. Y.
1958   Rückkehr nach Großbritannien; 1962 Annahme auch der briti-
           schen Staatsbürgerschaft
1958–1994 Ehe mit dem Ingenieur und Labour-Politiker Austen Harry
           Albu (London 1903 – Firgrove, Rochdale 1994)
1958–1965 Senior Lecturer in Psychology, kurz danach Research Fellow
           am Brunel College of Advanced Technology in Uxbridge bei
           London; mit der Umwandlung in eine Universität 1962 Profes-
           sor of Psychology
1965–1973 Professor of Social Psychology an der University of Sussex in
           Falmer, Aufbau des ersten Department of Social Psychology in
           Großbritannien; 1973 emeritiert
1971–1995 Senior Research Consultant, seit 1985 Visiting Professor der
           Science Policy Research Unit der University of Sussex

Biografische Daten Lotte Bailyn, geb. Lazarsfeld

geb. Wien, am 17. Juli 1930
Vater: Paul F. Lazarsfeld, Wien 1901 – New York 1976
Mutter: Marie Jahoda, Wien 1907 – Keymer 2001
Scheidung der Eltern 1934

1937	Jahoda muss aus politischen Gründen Österreich verlassen; Lotte geht mit Lazarsfeld, der 1936 Herta Herzog geheiratet hat, nach New York
1945	Jahoda kommt in die USA, lebt und arbeitet in New York; Scheidung der Ehe zwischen Lazarsfeld und Herzog
1949	Lazarsfeld heiratet die Soziologin Patricia Kendall
1951	Bachelor in Mathematik am Swarthmore College, PA, nahe Philadelphia; danach Master-Studium in Sozialpsychologie am Radcliffe College in Cambridge, MA
1952	Heirat mit Bernard Bailyn (1922–2020), der ab 1949 der historischen Fakultät von Harvard angehört, ab 1953 als Professor
1956	PhD in Sozialpsychologie an der Harvard University, Cambridge, MA
1957–1968	Mitarbeit an verschiedenen Forschungsprojekten mit befristeten Verträgen und halbtägigen Beschäftigungen
1958	Jahoda übersiedelt nach England und heiratet in zweiter Ehe Austen Albu
1959	Geburt des Sohnes Charles, Professor für Astronomie und Physik an der Yale University, CT
1962	Geburt des Sohnes John, Professor für Linguistik an der Stony Brook University, NY
ab 1969	Forschungsassistentin bei Edgar Schein, vor allem Untersuchungen über Karrieren von MIT-AbsolventInnen; ab 1978 Festanstellung
1969	Forschungsaufenthalt in England bei Rhona und Robert Rapoport zum Thema des Familienlebens berufstätiger Paare

1973	Sabbatical in Wien
1976	Tod des Vaters Paul Lazarsfeld
1980	Publikation *Living with Technology: Issues at Mid-Career* (Cambridge: MIT Press) erscheint
ab 1980	Professorin an der MIT Sloan School of Management; ab 1991 Inhaberin der T Wilson-Professor of Management (nun emerita)
1986–1987	Sabbatical und Forschungsaufenthalt an der University of Cambridge, England
1993	Publikation *Breaking the Mold: Women, Men, and Time in the New Corporate World* (New York: Free Press) erscheint; in dieser Publikation zeigt Bailyn umfassend, dass Organisationen dann am effektivsten sind, wenn sowohl innerbetriebliche Ziele als auch Bedürfnisse der Beschäftigten außerhalb des Betriebs Beachtung finden
1993	Heirat des Sohnes Charles
1995–1997	Gastprofessorin am Radcliffe Public Policy Institute
1997–1999	Dekanin der MIT Faculty, unter Bailyns Vorsitz erscheint ein Aufsehen erregender und folgenreicher Bericht über Geschlechterungleichheit an der School of Science
2001	Tod der Mutter Marie Jahoda
2002	Publikation *Beyond Work-Family Balance: Advancing Gender Equity and Workplace Performance* (San Francisco: Jossey Bass) erscheint
2002	50. Hochzeittag in St. Petersburg und Wien
2002	Geburt der Enkelin Jane Swope, Tochter des Sohnes Charles
2005	Heirat des Sohnes John
2006	Neuauflage der Publikation von 1993 mit neuem Untertitel: *Breaking the Mold. Redesigning Work for Productive and Satisfying Lives* (Ithaca: NY Cornell University Press)
2010	Besuch der Familie in Wien anlässlich ihres 80. Geburtstages
2011	Geburt der Enkelin Sava Marie, Tochter des Sohnes John
2012	Ehrendiplom am Swarthmore College anlässlich der 140-Jahr Feier
2020	Tod des Ehemannes Bernard Bailyn

2021	Verleihung der Centennial Medal der Harvard Graduate School of Arts and Sciences für Bailyns transformative Wissenschaft
2022	Verleihung eines Ehrendoktorats an der Hebräischen Universität Jerusalem, Israel
2024	voraussichtliches Erscheinen der Publikation: *Retiring: Creating a Life that Works for You*

Editorischer Bericht

Diese Ausgabe von Marie Jahodas *Rekonstruktionen* folgt der englischen Originalfassung aus dem Archiv der Geschichte der Soziologie in Österreich (AGSÖ) an der Universität Graz. Diese enthält keine Anmerkungen. Gedichte, Liedtexte und Verszeilen, die in den Wiener Jahren entstanden, sind im englischen Text deutsch eingefügt. Eine Ausnahme ist das 1937 im Wiener Gefängnis entstandene Gedicht, das Jahoda wegen der ihm zugeschriebenen Bedeutung und in Rücksicht auf ihre anglophonen Nachkommen ins Englische übersetzte. Das Gedicht über das Altern schrieb sie 1994 unter dem Eindruck der Alzheimer-Erkrankung ihres Mannes in englischer Sprache. Runde Klammern sind Setzungen der Autorin, mit denen sie zumeist auf Lücken und Unsicherheiten ihres Erinnerungsvermögens hinweisen wollte.

Bei der ersten Veröffentlichung des Textes im Jahr 1997[1] wurde der Text von Hella Beister übersetzt. Wir haben diese Übersetzung weitgehend übernommen, sie allerdings durch zwei Bearbeitungen verändert: Georg Hauptfeld übertrug die in der Erstfassung entfallenen Passagen aus dem Englischen und näherte die Übersetzung als Ganzes dem österreichischen Deutsch an.

Die in der Erstveröffentlichung hinzugefügten Fußnoten sind aktualisiert, mit weiterführender Literatur versehen und darüber hinaus erweitert. Zusätzliche Fußnotenkommentare waren uns unter drei Gesichtspunkten wichtig: Marie Jahoda benannte die Mitglieder ihrer Familie meist mit Vornamen. Deshalb haben wir *erstens* Familiennamen und wesentliche Lebensdaten der Genannten ergänzt. Leserinnen und Lesern soll das Verständnis über die Verwandtschaftsbeziehungen innerhalb der Familie Jahoda erleichtert werden. Demselben Zweck dient der grafische genealogische Überblick zur Familie Jahoda im Kapitel „Aus den Familienalben". *Zweitens* informieren Fußnotenkommentare über Personen aus Jahodas Freundeskreisen sowie aus ihrer Kollegenschaft, um die außerordentliche Breite ihrer vielfältigen sozialen Netzwerke sichtbar zu machen. Und *drittens* ging es uns darum, Hintergründe zu den von Jahoda angesprochenen historischen Ereignissen zu skizzieren.

---

1   Marie Jahoda. 1997. *„Ich habe die Welt nicht verändert." Lebenserinnerungen einer Pionierin der Sozialforschung*, hrsg. Steffani Engler und Brigitte Hasenjürgen. Frankfurt a. Main und New York: Campus.

Natürlich können heute alle diese Informationen auch aus dem Internet bezogen werden. Wir gehen jedoch davon aus, dass eine Mehrheit der Leserschaft die Dienstleistung der Fußnoten mit den zahlreichen Kontextinformationen schätzt, und jene, die sich belästigt oder bevormundet fühlen, in der Minderheit sind. Darüber hinaus enthalten viele der Kommentare vertiefende Informationen, die über das leicht zugängliche Internet-Wissen hinausgehen. Am *update* des Fußnotenapparates hat Christian Fleck mitgearbeitet.

Eingriffe in den Text beschränken sich auf Flüchtigkeitsfehler und geringfügige Irrtümer, die Marie Jahoda unterlaufen sind. Darüber hinaus zeigen eckige Klammern die wenigen Einfügungen der Herausgeberin und Herausgeber an: Da sind einerseits die deutschen Übersetzungen von Sprichwörtern in lateinischer und französischer Sprache und andererseits die englischen Versionen zweier Gedichte, nämlich Jahodas Übersetzung des ursprünglich deutschen Gefängnisgedichtes ins Englische und die original englische Version des Gedichtes über das Altern.

Lotte Bailyns Essay beruht auf einem Vortrag mit dem Titel *Four Generations: A Memoir of Women's Lives*, den sie am 6. Mai 1997 am Radcliffe College, Cambridge, MA, gehalten hat. Das *paper* erschien, mit sechs Anmerkungen versehen, in der *Matina S. Horner Distinguished Visiting Professor Lecture Series*, herausgegeben vom Radcliffe Public Policy Institute. Die Übersetzung ins Deutsche machten Josef Berghold und Christian Fleck. Ähnlich wie bei *Rekonstruktionen* waren wir gemeinsam mit Christian Fleck bemüht, die im Essay angesprochenen familiären Kontexte und Sachverhalte im Zusammenhang mit der Kultur des US-amerikanischen Universitätssystems durch zahlreiche Fußnotenkommentare zu erläutern. Lotte Bailyns Fußnoten sind in diesen Anmerkungsapparat übernommen und namentlich kenntlich gemacht.

Dem vorliegenden Buch sind vier Bände einer Marie Jahoda-Edition vorausgegangen, die die Herausgeberin und die Herausgeber in den Jahren 2017 bis 2022 veröffentlicht haben.[2]

---

2 Marie Jahoda. 2017. *Lebensgeschichtliche Protokolle der arbeitenden Klassen 1850–1930. Dissertation 1932*. Innsbruck: Studienverlag; Marie Jahoda. 2019a. *Arbeitslose bei der Arbeit*. Innsbruck: Studienverlag; Marie Jahoda. 2019b. *Aufsätze und Essays*. Innsbruck: Studienverlag; Johann Bacher, Waltraud Kannonier-Finster und Meinrad Ziegler (Hrsg.). 2022. *Akteneinsicht. Marie Jahoda in Haft*. Innsbruck: Studienverlag.

Bildnachweise

Der Verlag, die Herausgeberin und die Herausgeber haben sich bemüht, alle Rechte ausfindig zu machen; sollte das im Einzelfall nicht gelungen sein, ersuchen wir, bestehende Ansprüche gegenüber dem Verlag vorzutragen.

216 Archiv für die Geschichte der Soziologie in Österreich am Institut für Soziologie der Universität Graz (im Folgenden kurz AGSÖ), Nachlass Marie Jahoda
   Verein für Geschichte der ArbeiterInnenbewegung, Wien (im Folgenden kurz VGA)
   © Meinrad Ziegler
217 © Galerie Faber, Wien, Foto Trude Fleischmann
   AGSÖ, Nachlass Marie Jahoda
   © Meinrad Ziegler
218 Sammlung Lilli Bauer
219 VGA
   VGA
   VGA
220 Bildarchiv der Österreichischen Nationalbibliothek
   © Meinrad Ziegler
   AGSÖ, Nachlass Marie Jahoda
221 Bildarchiv der Österreichischen Nationalbibliothek, Foto Albin Kobé
   © Meinrad Ziegler
222 VGA, Foto Martin Gerlach jun.
   AGSÖ, Nachlass Marie Jahoda
223 © Meinrad Ziegler
   VGA
224 Wienbibliothek im Rathaus, Druckschriftensammlung
   VGA
   AGSÖ, Nachlass Marie Jahoda
225 VGA
   © Meinrad Ziegler
226 AGSÖ, Nachlass Marie Jahoda
   AGSÖ, Nachlass Marie Jahoda
227 © Lotte Bailyn
   © Lotte Bailyn
228 Brynmawr and District Museum, © Fox Photo Ltd
   Brynmawr and District Museum, © Fox Photo Ltd
229 Brynmawr and District Museum, Fotoarchiv
   beide Fotos: AGSÖ, Nachlass Marie Jahoda
213 VGA, Foto Georg Mikes
   © Lotte Bailyn
   AGSÖ, Nachlass Marie Jahoda
231 VGA, Foto Rudolf Semotan
   AGSÖ, Nachlass Marie Jahoda
   Paul F. Lazarsfeld Archiv der Universität Wien, Universitätsbibliothek
232 © Lotte Bailyn
   AGSÖ, Nachlass Marie Jahoda
233 AGSÖ, Nachlass Marie Jahoda

234 AGSÖ, Nachlass Marie Jahoda
AGSÖ, Nachlass Marie Jahoda
235 AGSÖ, Nachlass Marie Jahoda
AGSÖ, Nachlass Marie Jahoda
236 © und Foto Mark Ostow, Boston
237 © Lotte Bailyn
© Lotte Bailyn
238 © Lotte Bailyn
© Lotte Bailyn
239 © Meinrad Ziegler
© Meinrad Ziegler
241 AGSÖ, Nachlass Marie Jahoda

Danksagung

Keine Publikation ist ausschließlich das Werk der Autorinnen, Autoren und Herausgeberinnen, Herausgeber. Dass an dieser Ausgabe der Rekonstruktionen so viele Kolleginnen und Kollegen mit Rat und Tat mitgewirkt haben, verstehen wir vor allem als Referenz gegenüber Marie Jahoda, ihrem Werk und Forschungsstil sowie ihrem kritischen gesellschaftspolitischen Denken und Handeln.

Wir danken Georg Hauptfeld für Engagement, Bemühen und Sorgfalt, Jahodas in englischer Sprache verfasstes Manuskript in gutes österreichisches Deutsch zu übertragen.

Wir danken Christian Fleck für seine umfassende Unterstützung unserer Arbeit an dieser Publikation. Er hat wesentlich zur Kontextualisierung von Jahodas Manuskript beigetragen sowie ihre Briefe übersetzt und kommentiert. Erwähnt werden muss an dieser Stelle auch seine kontinuierliche Publikationstätigkeit über Jahoda und ihre Forschungsarbeiten in früheren Jahren, die grundlegend für unsere Arbeiten in diesem Zusammenhang waren.

Wir danken Lotte Bailyn für die Freigabe ihres Essays über die Frauen in ihrer Familie und für die freundliche Unterstützung dieser Ausgabe der Rekonstruktionen.

Wir danken Michael Holzer für die Kunstfertigkeit bei den Familienalben und Genealogien sowie für die grafischen Mittel, Orte der Ruhe und Erholung zwischen den einzelnen Beiträgen der Publikation einzurichten. Wilfried Winkler danken wir für freundschaftlichen Rat in allen grafischen Belangen.

Wir danken Doris Daberto für die Transkription der Briefe Marie Jahodas.

Wir danken Lilli Bauer, Wien, der Galerie Faber, Wien, und dem Fotograf Mark Owen, Boston, für die großherzige Freigabe von Fotografien sowie Georg Spitaler, Verein für die Geschichte der ArbeiterInnenbewegung, für Unterstützung bei der Auswahl der Fotografien in diesem Buch.

Wir danken Hanna Hacker für Auskünfte über ihren Vater.

Wir danken Kolleginnen und Freunden, die mit Rat und Expertise geholfen haben, schwierige Entscheidungen über Inhalte und Edition der Publikation zu treffen:

Maria Wolf, Institut für Erziehungswissenschaften der Universität Innsbruck, danken wir für den anregenden Diskussionsprozess zur Einordnung von Marie Jahoda und Lotte Bailyn in wissenschaftliche und gesellschaftspolitische Diskurse.

Ursula Schneider, Forschungsinstitut Brenner-Archiv an der Universität Innsbruck, sind wir für viele Gespräche über editionswissenschaftliche Probleme dankbar und verbunden.

Georg Hubmann, Marie Jahoda – Otto Bauer Institut Linz, unterstützt unsere Arbeiten zu Marie Jahoda seit sieben Jahren, wir verdanken ihm unzählige Anregungen und eine kontinuierliche Auseinandersetzung zu inhaltlichen und didaktischen Fragen. Wir freuen uns auf weitere Kooperationen mit ihm.

Wir danken Ingrid Bauer, Birgit Birnbacher, Andreas Kranebitter, Edeltraud Scheuringer, Margit Schreiner, Marlene Weiterschan und Ruth Wodak für Mitfühlen und Mitdenken bei unterschiedlichen Zweifeln, die sich während der Arbeit an diesem Buch ergeben haben.

Gerne bedanken wir uns bei den Institutionen, die das Projekt materiell und durch ihre Tätigkeit gefördert haben: Arbeiterkammer Wien, Abteilung Wirtschaftswissenschaft und Statistik sowie Institut für Historische Sozialforschung; Arbeiterkammer Oberösterreich; Stadt Linz; Marie Jahoda – Otto Bauer Institut Linz; Linzer Hochschulfonds; Archiv für die Geschichte der Soziologie in Österreich an der Universität Graz; Verein für die Geschichte der ArbeiterInnenbewegung, Wien.

Ein letzter Dank geht an Josef Ehmer, der 2023 verstorben ist. Er hat sich für dieses Projekt interessiert und uns in der Anfangsphase wichtige Hinweise gegeben.

Autorin, Autor, Herausgeberin, Herausgeber

Johann Bacher ist Professor für Soziologie und Empirische Sozialforschung
am Institut für Soziologie der Johannes Kepler Universität Linz.
johann.bacher@jku.at

Christian Fleck ist Fellow am Institut für Höhere Studien (IHS), Wien.
fleck@ihs.ac.at

Michael Holzer ist Grafik- und Möbeldesigner aus Linz.
www.michaelholzer.at / studio@michaelholzer.at

Waltraud Kannonier-Finster ist Soziologin und war Ass.Prof. am Institut
für Soziologie der Leopold-Franzens-Universität Innsbruck.
waltraud.finster@dahina.com

Meinrad Ziegler ist Universitätsdozent am Institut für Soziologie der
Johannes Kepler Universität Linz.
meinrad.ziegler@jku.at

Personenverzeichnis